칼 바르트의 신학

The Theoloy of Karl Barth 칼 바르트의
신학

김명용 지음

이레서원

칼 바르트의 신학

김명용 지음

초판 1쇄 발행 2007. 9. 11
초판 7쇄 발행 2020. 6. 9

발행처 도서출판 이레서원
발행인 문영이
출판신고 2005년 9월 13일 제2015-000099호
편집장 이혜성
편집 송혜숙, 오수현
영업 김정태
총무 곽현자

경기도 고양시 일산동구 중앙로 1160 오원플라자 801호
전화 02)402-3238, 406-3273 / 팩스 02)401-3387
E-mail: jireh@changjisa.com
Website: jireh.kr facebook.com/jirehpub

값은 표지에 있습니다.

ISBN 978-89-7435-398-8 03230

글 저작권 ©2007 김명용

* 신 저작권법에 의하여 한국 내에서 보호받는 저작물이므로 저작권자의 서면 허락 없이
이 책의 어떠한 부분이라도 전자적인 혹은 기계적인 형태나 방법을 포함하여
그 어떤 형태로든 무단전재와 무단복제 하는 것을 금합니다.

머리말

칼 바르트(Karl Barth)는 20C 최고의 신학의 교부이다. 그의 신학은 산 같이 높고 바다같이 깊지만 그 모든 것이 복음의 위대함과 웅장함을 표현하고 있다. 예수 그리스도의 복음이 인류의 상상을 초월하는 위대한 복음이었던 것처럼 바르트의 신학 역시 인간의 상상을 초월하는 웅장한 복음을 선포하고 있다. 바르트는 예수 그리스도가 우리의 유일한 메시야임을 증거하는 복음의 신학자였다. 그러나 바르트가 이 위대하고 웅장한 복음을 완전히 발견할 때까지는 상당한 시간이 필요했고 바르트 신학 속에서의 신학적 발전이 있어야만 했다.

바르트는 20C의 신학의 물줄기를 바꾸고 새로운 신학을 발전시킨 신학의 천재였다. 바르트는 「로마서 강해」를 통해 세계 신학의 물줄기를 크게 바꾸었다. 그러나 「로마서 강해」 이후에도 바르트는 계속 새로운 신학을 발전시키면서 세계 신학을 크게 발전시키고 또한 변화시켰다. 바르트 신학 이해가 쉽지 않은 것은 바르트의 글의 방대함에도 원인이 있지만 바르트 신학 안에 신학적 발전과 변화가 깊이 존재하고 있기 때문이다.

본서는 바르트 신학의 위와 같은 특징을 깊이 고려해서 바르트 신학의 핵심적인 특징을 설명하면서 바르트 신학 속에 나타나고 있는 신학적 변화와 발전을 동시에 언급하도록 노력했다. 바르트 신학 속에 나타나는 신학적 변화와 발전은 과거의 가르침과 무엇이 근본적으로 다른 것인가를 이해하는 데 많은 도움이 될 것이고, 바르트 신학의 핵심적인 특징들은 무엇 때문에 바르트가 세계적인 신학자이고 신학의 천재인가를 알게 할 것이다. 이 책이 예수 그리스도의 복음의 위대함과 웅장함을 바르게 표현하고자 노력했던 20C 신학의 천재의 사상을 이해하는데 도움이 되기를 바란다.

마지막으로 이 책이 출간될 수 있도록 기쁜 마음으로 도와주신 이레서원 대표 김완섭 목사님과 전문가의 솜씨로 책을 출간해 주신 편집국장 윤상문 목사님과 편집부 직원 여러분에게 진심어린 감사를 드린다.

2007년 9월 7일
김명용

목차

머리말 • 5

생애 • 11

바르트 신학의 특징 • 37

하나님의 말씀의 신학 • 40
하나님의 주권의 신학 • 41
하나님의 은총의 신학 • 44
살아계신 하나님 • 46
하나님의 나라를 위한 신학 • 50

로마서 강해 Der Römerbrief • 53

젊은 칼 바르트의 자유주의 신학사상 • 56
「로마서 강해」 제 1판(1919)에 나타난 칼 바르트의 신학사상 • 58
    세상과 다른 하나님 _ 58
    하나님 나라 건설의 전제인 하나님의 능력 _ 63
    세상을 부정하고 긍정하는 하나님의 변증법적 활동 _ 66
    역사 속에서 성장하는 하나님의 나라 _ 71
「로마서 강해」 제 2판(1922)에 나타난 칼 바르트의 신학사상 • 73
    전적 타자이신 하나님 _ 74
    세상 속에 존재하지 않는 하나님의 나라 _ 77
    하나님의 심판과 세상의 위기 _ 78
    하나님의 존재와 행위의 불가해성 _ 80
    세상에 존재하는 하나님 계시의 역설적 가능성 _ 83
    「로마서 강해」 제 2판의 신학적 가치와 바르트 후기 신학에서의 신학적 발전 _ 85

바르멘 신학선언 Barmer Theologische Erklärung, 1934 • 89

계시론 • 103

계시와 성서 • 107
하나님의 말씀의 삼중 양태 _ 107
하나님의 말씀이면서 인간적 증언인 성서 _ 109
왜 성서는 오류에도 불구하고 하나님의 말씀일 수 있을까? _ 113
하나님의 말씀의 사건성 _ 119
정경의 표준 _ 124
이스라엘의 역사와 계시 • 126
자연신학의 부정 • 129
계시와 종교 • 132
무엇이 진리인가? _ 312
종교의 속임수 _ 134
계시와 종교의 차이 _ 137
빛과 빛들 • 140

예정론 • 147

전통적 예정론과 이에 대한 비판 • 150
예정의 교리개요 _ 150
예정의 교리에 대한 신학적 비판과 반론들 _ 153
칼 바르트의 예정론의 주요내용 • 155
1936년의 예정론(Gottes Gnadenwahl) _ 156
1942년의 예정론(Selbstbestimmug Gottes) _ 162
로마서 9장은 무시무시한 이중예정론을 가르치는 본문일까? • 169

신론 • 175

하나님의 인간성 • 177
하나님의 고난과 죽음 • 182
오직 은총의 하나님 • 187
변치 않는 하나님과 인간의 기도 • 191

창조론 • 199

사화(Sage)로서의 하나님의 창조이야기 • 201
창조(Schöpfung)와 계약(Bund) • 211
　창조의 내적 근거로서의 계약 _ 211
　예수 그리스도 안에서 창조된 세상 _ 213
하나님 형상으로서의 인간 • 218
무(Das Nichtige) • 224

화해론 • 227

객관적 화해론 • 230
객관적 화해론의 신학적 파장 • 237
교만과 태만과 기만으로서의 죄 • 244
인간의 행위인 믿음 • 251

윤리학 • 259

복음의 형식인 율법 • 262
기독교 윤리와 비기독교 윤리 • 267
기도로 시작되는 기독교 윤리 • 269
하나님의 직접적인 명령으로서의 윤리학 • 272

하나님 나라를 향한 윤리학 • 279
　하나님 나라의 선취로서의 예수 그리스도의 부활 _ 279
　하나님 나라를 향한 그리스도인의 부르심 _ 282

바르트 신학의 발전과 사회주의 • 285

사회주의 운동을 전적으로 긍정한 자펜빌의 젊은 목사 칼 바르트 • 288
사회주의 운동을 부정하면서도 긍정한 「로마서 강해」 제 1판의 변증법적 신학 • 292
사회주의 운동을 전적으로 부정한 「로마서 강해」 제 2판의 역설의 신학 • 300
사회주의 운동의 하나님 나라의 유비의 가능성을 인정한 후기 바르트의 신학적 입장 • 303

바르트 신학과 한국 장로교회의 분열 • 307

한국 장로교회의 분열 원인으로서의 미국 장로교회의 분열 • 311
성서무오설과 성서의 권위 • 320
폭넓은 개혁신학에 기초한 한국 장로교회의 일치 • 330

*** 중요한 문헌 • 333

생애

생애

20C 최고의 신학교부로 알려져 있는 칼 바르트(Karl Barth)는 1886년 5월 10일 스위스 바젤(Basel)에서 출생했다. 바르트를 독일의 신학자로 알고 있는 사람들이 많이 있지만, 바르트는 스위스 사람이고, 독일의 루터파 신학자가 아니고, 스위스의 개혁파 신학자였다. 그런데 바르트가 루터파 신학이 지배하는 독일교회의 신학적 아버지가 된 것은 1934년 5월 31일에 발표된 히틀러(Adolf Hitler)에 저항하는 독일의 고백교회(Bekennende Kirche)의 신학성명인 바르멘 신학선언(Barmer Theologische Erklärung)을 기초한 것과 깊이 관련되어 있다. 당시 바르트는 독일의 고백교회의 신학적 스승이었는데, 제 2차 세계대전이 끝난 후 재건된 독일교회가 그들의 역사적 전통을 히틀러 시대의 독일의 고백교회에 두기로 함에 따라 자연스럽게 독일교회의 신학적 스승의 자리에 오르게 되었다.

바르트는 스위스 바젤에서 태어났지만 그가 유년기와 소년기를 보낸 곳은 스위스의 수도인 베른(Bern)이었다. 이는 바르트의 아버지인 프리츠 바르트(Fritz Barth)가 베른 대학교 신학부의 교수직을 맡게 되었기 때문이었다. 프리츠 바르트는 1889년부터 베른 대학교 신학부에서 교회사와 신약학을 가르쳤다. 바르트의 할아버지인 프란츠 알버트 바르트(Franz Albert Barth)도 신학을 공부했고 죽기까지 바젤에서 목회한 목사였다. 바르트는 목회자와 신학자 가문에서 프리츠 바르트와 안나 자토리우스(Anna Sartorius) 사이에서 3남 2녀 중 장남으로 태어났다.

1904년부터 1911년까지는 바르트가 신학수업을 한 시기였고, 또한 제네바의 개혁파 교회의 전도사로 목회를 시작한 시기였다. 1904년 바르트는 베른에서 신학공부를 시작했고, 이내 독일의 베를린(Berlin)으로 옮겨서 신학공부를 계속했다. 이 베를린에서 바르트는 당시 최고의 자유주의 신학자로 명성이 높았던 아돌프 하르낙(Adolf von Harnack) 교수의 강의를 열심히 들었는데, 바르트는 하르낙이 주관하는 세미나에 너무나 열중해서 베를린의 풍경을 느끼거나 문화생활에 전혀 참여할 마음도 없을 정도였다. 바르트는 이 하르낙의 강의 외에 구약학의 종교사학파의 거장이었던 헤르만 궁켈(Herrmann Gunkel)의 강의와 알브레히트 리츨(Albercht Ritschl)의 문하생이었던 율리우스 카프탄(Julius Kaftan)의 강의를 열심히 들었다. 그러나 바르트가 하르낙의 강의에 심취하면서 자유주의 신학으로 기울어가는 것을 느낀 바르트의 아버지는 이를 매우 우려했다. 마침내 바르트의 아버지는 아버지로서의 책임적 역할을 하기로 결심하고 아들 바르트에게 튀빙엔(Tübingen) 대학교로 옮길 것을 명했다. 아버지 바르트는 튀빙엔의 복음적이고 보수적인 신약학자 아돌프 슐라터(Adolf Schlatter)에게서 아들이 배우기를 바랐다. 아버지의 명령 때문에 할 수 없이 학교를 튀빙엔으로 옮긴 바르트는 베를린에서와 같은 신학공부의 기쁨을 느낄 수 없었다. 결국 바르트는 1908년 튀빙엔을 떠나 마부르크(Marburg)로 학교를 옮겼다. 이 마부르크에는 하르낙과 쌍벽을 이루고 있었던 또 한 명의 최고의 자유주의 신학자 빌헤름 헤르만(Wilhelm Herrmann)이 있었다.

　마부르크에서 헤르만의 강의를 듣고 있었던 바르트는 그야말로 감동의 연속이었다. 바르트는 헤르만의 강의를 들으면서 새 세계가 동터 오르는 감격과 희열을 맛보았다. 그만큼 바르트는 헤르만의 강의에 심취했고 젊은 청년 바르트는 완전히 헤르만의 제자로 바뀌고 있었다. 헤르만의 자유주의 신학은 신칸트학파의 영향권 속에 있는 신학으로 순수이성의 영역에서는 하나님은 증명 불가능하지만 실천적 영역에서 하나님은 경험된다는 관점을 갖고 있었다. 계시는 역사적으로 증명되는 것이 아니고 인간 내부에서 경험되는 것이다. 계시는 인간의 인간성과 종교성 속에 내재하고 있다. 하나님은 개별적으로 경험되는 인격적 신이지 객관화할 수 있는 존재는 아니다. 이와 같은 헤르만의 가르침은 젊은 바르트의 가슴 속에 깊이 새겨졌고, 바르트는 자유주의 정신에 물든 신학자로 1909년 제네바(Geneva)로 돌아와서 제네바 개혁교회의 전도사가 되었다.

　후일 바르트가 「로마서 강해(Der Römberbrief)」를 쓰면서 헤르만의 자유주의 신학과 이별을 고하지만 그럼에도 불구하고 바르트의 사상 속에는 헤르만적인 요소가 남아있다. 바르트가 인간성과 신성 사이의 근본적 차이를 인식하지 못한 헤르만의 신학적 오류를 「로마서 강해」에서 강력하게 비판했지만 하나님과의 만남이 개별적인 특징을 갖고 있다는 점은 바르트의 후기 신학에 이르기까지 깊이 존재하고 있다. 헤르만은 규범적(normativ)인 교의학이나 윤리학을 반대했다. 그에 의하면 규범적인 교의학이나 윤리학은 성령의 역사에 반대된다. 신앙은 절대로 양도할 수 없는 개인성과 관련되어 있고 종교적 경험과 판단은 자율성과 떼어놓을 수 없다. 헤르만에 의하면 신앙은 슐라이어마허(F. E. D. Schleiermacher)가 말한 것과 같은 절대의존의 감정이 아니고, 자유로운 복종의 경험이다.

바르트에 의하면 기독교 윤리의 핵심은 규범적이라기보다는 구체적이고 개별적이다. 지금 이곳에서 개별적으로 명령하시는 하나님의 명령에 복종하는 것이 기독교 윤리의 핵심이다. 하나님의 명령은 모든 사람에게 동일하지 않다는 것이다. 하나님과의 개별적인 만남에 대한 강조와 이 만남 속에서 듣고 경험되는 하나님의 개별적인 명령에 대한 바르트의 가르침은 헤르만의 개별적으로 경험되는 인격적 신(神) 개념과 큰 간격이 있지 않다.

1911년부터 1921년까지는 바르트가 스위스의 작은 공업도시인 자펜빌(Safenwil)에서 목회하던 시기였다. 이 시기의 바르트는 자펜빌의 노동자 문제에 부딪치면서 사회주의 정신의 실천을 요구했던 젊은 목회자였다. 바르트는 이 작은 공업도시에서 편물공 55명을 조직화해서 공장주와 대결을 했고, 교회에서는 사회주의 정신의 실천을 하나님 나라 운동과 동일시하는 설교를 했다. 바르트는 자펜빌의 붉은 목사로 알려졌고, 철저한 종교 사회주의자였다. 1915년 바르트는 스위스의 사회민주당원이 되었다.

그러나 1914년 8월 초에 발발한 제 1차 세계대전은 바르트의 신학정신과 삶에 엄청난 충격을 주었고, 새로운 바르트의 탄생을 만드는 계기가 되었다. 자유주의 신학자요 종교사회주의자였던 바르트는 제 1차 세계대전과 더불어 자신을 가르친 신학스승들에 대해 깊은 회의를 느끼기 시작했고 새로운 신학정신을 모색하게 되었다. 1915년 4월 바르트는 마부르크에서 거행된 동생 페터(Peter)의 결혼식에 참석하고 돌아오는 길에 자신의 친구인 투르나이젠(E. Thurneysen)과 함께 받볼(Bad Ball)에 들러 크리스토프 블룸하르트(Ch. Blumhardt)를 만나게 되는데 이 만남이 새로운 바르트를 탄생시킨 결정적 계기였다.

블룸하르트는 그의 아버지 요한 크리스토프 블룸하르트(J. Ch. Blumhardt)와 더불어 독일 서남부 지방의 슈베비쉬(Schwäbisch) 경건주의 신학과 운동의 대표적 인물이었다. 이 블룸하르트 부자는 "예수께서 승리자이시다!"(Jesus ist Sieger!)라는 상징적 표어로 널리 알려져 있는 사람들인데, 아버지 블룸하르트는 고틀리빈(Gottliebin)이라는 여성에게서 마귀를 쫓아내고 병을 고친 사건으로 유명하다. 블룸하르트 부자는 이 사건에서 세상의 악과 마귀와 죽음의 세력을 축출하는 예수 그리스도의 부활의 능력을 인식했고, 승리자이신 예수를 그들의 가르침과 설교의 주제로 삼았다.

블룸하르트는 유럽대륙의 종교사회주의 운동의 가장 위대한 지도자였다. 그는 하나님 나라를 선포했고, 하나님께서 하나님 없이 사는 자들을 위해 죽으셨기 때문에 일반시민 사회에서 멸시를 받고 사회적으로 천대받는 사람들에게 하나님 나라의 메시지는 제일 중요한 위치를 차지한다고 설교했다. 이 설교는 신학뿐만 아니라 교회적으로 이루 말할 수 없는 파문을 일으켰다. 블룸하르트는 1899년 사회민주당 당원이 되었고 1906년까지 뷔르템베르크(Württemberg) 주 의회 의원으로 일했다. 그러나 그는 그 다음 선거에서 당선이 거의 확실시 되었지만 사회주의 운동의 거칠고 폭력적인 활동을 목도하면서 사회민주당원으로 주 의회 의원으로 돌아가는 것을 스스로 포기하고, 받볼에서 진정한 하나님 나라의 운동이 무엇인지 가르치고 있었다. 그는 사회주의 운동과 하나님 나라 운동의 직접적 일치를 거부했고, 악과 폭력으로 휩싸여 있는 사회주의 운동은 하나님 나라를 반영할 수 없다고 생각했다. 바르트가 블룸하르트를 만난 해인 1915년은 블룸하르트가 세상을 떠나기 4년 전이었다. 제 1차 세계대전의 충격 속에서 자유주의의 길도 사회주의의 길도 더 이상 걸을 수 없을 정도로 혼미해진 청년 목사 바르트의 신학의 길은 백발노인 블룸하르트를 만나면서 새로운 길을 발견하게 되었는데, 바로 이 새로운 길이 19C의 자유주의 신학을 무너뜨리고 20C의 새로운 정통주의 신학의 길을 연 길이었다. 그는 이 블룸하르트를 만나면서 세상과 하나님의 근본적 차이를 알게 되었고, 하나님 나라와 사회주의와의 차이도 깨닫게 되었다. 바르트는 블룸하르트가 사회주의 신학자가 아니라 하나님의 나라의 신학자이고, 하나님 나라의 신학자로 종교사회주의 운동의 스승이라는 것을 발견했다.

　블룸하르트를 만나고 난 이후 바르트는 당시까지 출간된 블룸하르트의 설교집과 기념논문집과 그와 관련된 모든 저술들을 탐구했다. 그는 아버지 블룸하르트까지 깊이 연구했다. 이것은 바르트가 얼마나 블룸하르트와의 만남에서 흥분과 감격을 느꼈는가를 나타내주는 사실이다. 또한 그는 블룸하르트의 기도서에 대해서도 깊은 감명을 받았는데, 바르트에 의하면 그 기도서는 산같이 높고 바다같이 깊은 책이었다. 바르트가 일생동안 기도를 강조한 신학자가 된 것도 이 블룸하르트와의 만남과 무관하지 않다.

　블룸하르트와의 만남과 그의 신학적 가르침을 통해 새 세계에 눈을 뜨게 된 바르트는 성서를 다시 읽기 시작했다. 바르트는 성서연구에서 놀라운 경험을 하게 되는데, 이 새로운 놀라운 점은 과거 자신이 경험하지 못했던 것이었다. 헤르만의 제자로 헤르만 신학의 안경으로 성서를 읽었던 바르트는 헤르만 신학의 안경을 벗고 블룸하르트가 가르쳐준 새로운 시각으로 성서를 보게 되었는데, 과거에 알지 못했던 성서의 세계가 새롭게 눈앞에 펼쳐지는 것이었다. 바르트는 성서의 중요주제와 메시지가 무엇인지를 깨닫기 시작했고, 19C의 자유주의 신학의 가르침과는 전혀 다른 세계와 가르침이 성서 속에 존재하고 있다는 것을 알게 되었다. 제 1차 세계대전의 포화 속에서 성서에 대한 새로운 연구가 집대성된 책이 1919년 출간된 바르트의 「로마서 강해」 제 1판이다. 바르트는 이 저술에서 19C의 신학과 역사관을 뒤엎는 놀라운 새로운 신학적 시도를 하게 되는데, 바로 이 시도가 20C의 최대의 신학자 바르트가 탄생하는 순간이였다. 그러나 바르트의 「로마서 강해」 제 1판이 세상에 나오는 것은 순탄치 않았다. 자펜빌의 무명의 젊은 목사가 쓴 로마서에 대한 연구서를 출간해 줄 출판사가 없었기 때문이었다. 그는 스위스의 세 개의 출판사로부터 출판을 거절당했다. 바르트의 「로마서 강해」가 출판된 것은 취리히(Zürich)의 사업가 루돌프 페스탈로찌(Rudolf Pestalozzi)가 출판을 위한 보조금을 지불하겠다고 나섰기 때문에 베른의 배슐린(G. A. Bäschlin)이 이 책을 출판해주었다. 1000부를 인쇄했지만 기증본으로 나간 300부를 제외하고는 나머지는 재고품으로 남아있었다. 20C 신학을 탄생시킨 역사적 저술인 「로마서 강해」 제 1판이 영원히 역사의 뒤로 사라질 수도 있는 상황이었다. 바르트의 「로마서 강해」 제 1판이 역사의 무대로 등장하게 된 것은 독일의 뮌헨(München)의 카이저(Kaiser) 출판사가 이 책의 판권을 인수하면서부터였다. 이 일은 카이저 출판사의 신학담당 고문이었던 게오르그 메르츠(Georg Merz)에 의해 일어났다. 「로마서 강해」의 위대성을 깨달은 메르츠는 카이저 출판사 사장 렘프(Albert Lempp)를 설득해서 판권을 인수하게 했고, 마침내 세계적 저술을 세상에 내놓았다. 이때부터 바르트의 「로마서 강해」 제 1판은 날개달린 듯 팔려나가기 시작했고, 유럽 신학계는 칼 바르트라는 젊은 신학자의 탄생을 놀라움으로 바라보게 되었다. 마침내 이 「로마서 강해」 제 1판은 바르트를 시골의 목회자에서 대학에서 신학을 가르치는 교수로 그 위치를 바꾸는 계기를 만들었다. 바르트는 독일의 괴팅엔(Göttingen) 대학으로부터 부름을 받았고, 1921년부터 괴팅엔 대학에서 개혁신학을 가르치는 교수가 되었다.

1921년부터 1930년까지는 바르트가 독일의 괴팅엔 대학과 뮌스터(Münster) 대학의 교수로 일했던 시기이다. 이 시기에 바르트는 세계를 뒤흔든 놀라운 저서인 「로마서 강해」 제 2판(1922)을 출간시켰다. 「로마서 강해」 제 1판은 영어로 번역되지 않았기 때문에 영미계통의 신학자들은 그 내용을 알지 못했다. 그러나 「로마서 강해」 제 2판은 영어로 번역되었기 때문에 전 세계 신학자들의 큰 관심의 대상이 되었고 세계 신학의 물줄기를 바꾸는 분수령이 되었다. 1922년에 바르트는 투르나이젠과 고가르텐(F. Gogarten)과 함께 「시간과 시간 사이」(Zwischen den Zeiten)라는 잡지를 발간했는데 이 잡지는 자유주의 신학을 무너뜨리고 바르트를 중심으로 새로이 형성된 변증법적 신학(Dialektische Theologie)을 널리 알리는 잡지였다. 바르트는 1922년 뮌스터 대학으로부터 명예 신학박사 학위를 받았다. 바르트가 명예 신학박사 학위를 받은 해가 1922년이고, 괴팅엔 대학의 교수로 임명된 때가 1921년이므로, 바르트는 박사학위도 없이 신학교수가 된 인물이었다. 바르트가 받은 명예 신학박사 학위에는 종교적, 신학적 문제들을 수정하는 일에 큰 공로를 세웠기 때문에 이 학위를 수여한다고 쓰여 있었다. 바르트는 자신에게 명예 신학박사 학위를 수여한 뮌스터 대학으로 1925년 자리를 옮겼다.

그가 뮌스터 대학으로부터 받은 명예 신학박사 학위는 1939년 6월에 뮌스터 대학으로부터 다시 박탈당했다. 이는 바르트의 히틀러 정권에 대한 저항과 관련되어 있었다. 바르트가 명예 신학박사 학위를 박탈당한 것은 오히려 영광스러운 일이었다. 1945년 히틀러가 망한 후 뮌스터 대학은 1946년 위대한 신학 교수였던 바르트에게 취소했던 명예 신학박사 학위를 다시 수여했다.

이 시기에 바르트가 명예 신학박사 학위를 받은 것보다 훨씬 중요한 사건은 베를린의 옛 신학스승이었던 하르낙교수와의 신학논쟁이다. 이 논쟁은 1920년 바르트가 아라우(Aarau)에서 강연한 "성서적 질문들과 통찰들과 전망들"(Biblische Fragen, Einsichten und Ausblicke)이라는 강연에서 시작되었다. 하르낙은 바르트가 아라우에서 행한 이 강연의 내용 가운데 한 줄도 동의할 수가 없었다. 하르낙은 1923년 "신학자들 가운데 학문적 신학을 조소하는 사람들에게 보내는 15개의 질문"이라는 글을 「기독교 세계」(Die Christliche Welt)에 발표하는데, 이는 바르트를 향한 강력한 비판이었다. 이 바르트를 향한 공개적 비판과 공개적 질문 때문에 바르트는 이에 답하지 않을 수 없는 처지에 몰리게 되었고, 결국 당대 최고의 자유주의 신학의 스승과 괴팅엔의 젊은 교수 바르트 사이에 신학논쟁이 불붙게 되었다.

하르낙은 이 논쟁에서 바르트가 신학교 교직을 설교직으로 변질시켜버린, 학문적 신학대신 부흥회에서나 경험할 수 있는 부흥설교를 하는 것을 신학의 과제로 삼고 있는, 매우 우려할만한 인물이라고 비판했다. 바르트는 학문적 신학의 한계를 언급하면서 신학의 과제와 설교의 과제는 동일하다고 강조했다. 즉 하르낙은 예수를 설교하기 이전에 예수가 역사적으로 어떤 인물임을 학문적으로 먼저 밝히는 것이 중요함을 강조한 것이고, 바르트는 역사비평학으로 하나님이신 예수의 참 모습을 밝혀내지 못함을 주장하면서 학문적 신학의 한계를 인정하고 하나님의 말씀을 찾는 새로운 길을 시작해야 함을 강조한 것이었다. 하르낙의 눈에는 바르트가 주관주의에 빠진 자이고 성서를 제멋대로 해석하는 설교자 같은 존재로 보였고, 바르트의 눈에는 과거 자신의 신학스승이었던 하르낙이 가르치고 있는 길은 참 하나님을 결코 발견할 수 없는 인간의 막다른 길이자 곤경으로 보였다. 하르낙은 바르트가 발전시키는 신학은 결코 발전되지 않을 것이고 틀림없이 와해될 것이라고 단언했지만[1] 신학의 역사는 하르낙의 예언과는 정반대로 바르트가 발전시킨 신학의 길이 20C를 휩쓰는 폭풍이 되었고 교회를 살리는 거대한 신학운동이 되었다.

 1930년에서 1935년까지는 바르트가 본(Bonn) 대학교 교수로 있다가 해직당하고 자신의 고향인 스위스 바젤로 돌아가게 된 기간이었다. 그는 1930년에 독일 본 대학의 조직신학 교수로 자리를 옮겼고, 또한 이 해에 영국 글라스고(Glasgow) 대학으로부터 명예신학박사학위를 받았다. 이 시기는 바르트가 히틀러 정권과의 투쟁이 시작되던 시기인데, 바르트는 위험해지는 정치상황을 그의 예언자적 감각으로 바르게 파악하고 1933년 6월에 「오늘의 신학적 실존」(*Theologische Existenz Heute*)이라는 잡지를 출간하게 되는데, 이 잡지는 당시의 급박한 정치적 상

---

1) J. Moltmann(ed.), *Anfänge der dialektischen Theologie Teil I*(München: Kaiser, 1977), 330. 이 책 321에서 347쪽에 바르트와 하르낙의 사이의 공개신학논쟁이 실려 있다.

황 속에서 신학의 예언자직을 잘 감당한 귀중한 잡지였다. 1934년 5월 31일 바르멘(Barmen)에서 모인 독일의 고백교회는 자신들의 신학적 입장을 천명하게 되는데, 이것이 바로 그 유명한 '바르멘 신학선언'(Barmer Theologische Erklärung)이다. 이 신학선언은 히틀러와 교회 내의 히틀러의 추종세력인 독일의 그리스도인 연맹(Deutsche Christen)과 이들에 의해 옹립된 국가주교 루트비히 뮐러(L. Müller)에 대항하는 신학성명으로, 바르트가 이 신학성명의 초안을 썼다. 이로 인해 바르트는 후일 히틀러 정권의 패망 이후 새로 재건된 독일교회의 신학적 스승이 되었지만 신학선언이 발표되던 당시의 상황에서는 지극히 위험한 상황을 스스로 초래하는 일이었다. 바르트는 1934년 11월 26일 교수직이 유보당하고 징계위원회에 회부되었다. 그 직접적 이유는 강의할 때에 나치식 경례를 하고 시작해야 한다는 명령을 어겼기 때문이었다. 바르트는 자신이 신학강의에서 할 수 있는 유일한 것은 하나님께 대한 기도라고 주장했고, 경건주의자들이 사용했던 기도문으로 기도하고 강의를 했다. 1934년 12월 20일 바르트는 교수직을 마침내 박탈당했다. 교수직을 박탈당한 바르트는 독일 내에서는 교수직을 이어갈 수가 없었기 때문에 1935년 6월 25일 자신의 고향인 바젤로 돌아왔고, 바젤 대학의 교수로 취임하게 되었다.

바르트가 1934년 교수직을 박탈당하고 1935년 스위스 바젤로 돌아온 것은 이 위대한 신학자의 목숨을 살리는 계기가 되었다. 만일 바르트가 계속 독일에 남아있었다면 그는 히틀러 정권에 의해 목숨을 잃었을 것이다. 바르트가 떠난 이후 독일의 고백교회의 또 한 명의 신학적 지도자였던 디트리히 본회퍼(D. Bonhoeffer)가 히틀러 암살사건에 가담되었다가 체포되어 사형당한 사건은 본회퍼만의 일이 아니었을 것이다. 만일 바르트가 독일 땅에 남아있었다면 본회퍼 이상으로 히틀러에 대한 저항운동을 감행했을 것이고 그 결과 목숨을 잃는 비극으로 나타났을 것이다. 1938년 바르트의 모든 저술들은 독일 땅에서 출판이 금지되었고, 그해 9월 19일에 바르트는 체코의 프라하에 있는 신학대학장 로마드카(Josef Hromdka)에게 체코의 국민들이 히틀러에 저항해서 무력으로 싸워야 함을 역설하는 편지를 보냈다.

1935년부터 1962년까지는 바르트가 자기의 고향인 바젤 대학의 교수생활을 했던 시기이다. 이 시기에 20C 신학대전이라고 칭송을 받는 「교회교의학」(Die Kirchliche Dogmatik)의 대부분을 집필했다. 「교회교의학」 첫 권은 1932년에 출간되었지만 두 번째 책은 1938년에 출간되었다. 즉 「교회교의학」의 두 번째 책부터 1967년에 출간된 마지막 책인 「세례론」을 제외하고는 모든 책이 이때 저술되었다. 이 시기에 바르트는 히틀러 정권의 몰락을 지켜보게 되었고, 자신의 교수직을 박탈했던 본 대학으로부터 다시 교수로 부름을 받게 되었다. 바르트는 본 대학으로 다시 돌아가지는 않았지만 1946년과 1947년 두 차례에 걸쳐 본 대학에 가서 감격스러운 특별강연을 했다. 1948년 바르트는 네덜란드 암스테르담(Amsterdam)에서 열린 WCC 총회에 참석해서 "인간의 무질서와 하나님의 구원계획"(Die Unordnung der Menschen und Gottes Heilsplan)이란 제목으로 주제 강연을 했다. 이는 바르트가 전쟁 이후의 세계교회를 이끌 실질적인 신학적 지도자라는 것을 상징적으로 나타내는 사건이었다.

1945년 이후 세계는 동서진영으로 양분되었고 동서간의 냉전이 본격화되었다. 이 시기에 바르트는 히틀러 시절 독일의 국가사회주의를 극렬하게 비판한 것처럼 동구의 국가사회주의인 공산주의를 왜 극렬하게 비판하지 않았는지에 대해 많은 비판을 받았다. 세계 신학의 실질적인 스승인 바르트가 당연히 공산주의에 대해 극렬한 비판을 해야 마땅한데, 왜 극렬하게 비판하지 않았을까? 그는 동구의 공산주의 못지않게 서구의 자본주의와 반공이데올로기 속에 심각한 악이 존재하고 있다고 보았기 때문이었다. 바르트는 서구의 반공이데올로기에 자신을 결코 일치시킬 수 없었다. 그의 눈에는 냉전체제 자체가 악의 근원인데, 이 냉전체제를 강화시키는 것은 악을 증폭시키는 것이었다. 바르트는 서방 세계 속에 있는 신학자로 서방의 반공이데올로기에 편승하는 것을 해서는 안 될 악으로 판단했다. 많은 서방의 교회가 반공이데올로기로 무장하는 현실이 바르트의 눈에는 더 시급히 극복해야 할 악이었다.

  1956년 바르트는 아라우(Aarau)에서 기념비적인 강연을 하는데, 이 강연의 제목이 "하나님의 인간성"(Die Menschlichkeit Gottes)이었다. 이 강연이 기념비적인 이유는 하나님은 인간과 다르다는 헬라철학의 도그마를 뒤엎는 강연이었기 때문이었다. 기독교 신학 역시 이 헬라철학의 도그마 위에서 신과 인간의 차이를 강조했고, 시간의 세계와 영원의 세계 사이의 질적 차이를 강조했다. 불변의 신과 변하는 인간, 전능한 신과 무능한 인간 등의 신과 인간을 구별하는 헬라철학의 도그마를 기독교 신학이 그대로 수용해서 이천년 기독교의 정통신학의 도그마로 자리 잡고 있었다. 바르트 역시 「로마서 강해」 제 2판에서 이 헬라철학적인 정통 도그마로 19C의 자유주의 신학을 부수고 20C의 정통주의 신학, 곧 신정통주의 신학을 세웠다. 「로마서 강해」 제 2판에 의하면 시간과 영원은 본질적으로 다른 것이고, 하나님과 인간 역시 본질적으로 다르다.

그런데 바르트는 이 "하나님의 인간성"이라는 강연에서 하나님이 인간적(menschlich)임을 강조한 것이다. 이 강조는 34년 전 「로마서 강해」 제 2판에서 강조한 하나님과의 인간과의 질적 차이를 강조한 자신의 주장을 스스로 뒤엎는 주장이었다. 그에 의하면 하나님은 예수 그리스도 안에서 파악해야 하는데, 예수 그리스도 안에서 파악되는 하나님은 인간이신 하나님이라는 것이다. 바르트는 예수 그리스도의 십자가에서 하나님의 무능을 발견하게 되는데 이 발견은 이천년 기독교 신학의 도그마를 뒤엎는 충격적인 발견이었다. 하나님의 인간성과 이 인간적인 하나님의 고난과 무능과 죽음의 발견은, 고난당할 수 없고 전능하기만 한 헬라철학의 신관을 철저히 부수는 새로운 기독교 신관의 시작이었다.

1962년부터 1968년까지는 바젤 대학에서 은퇴한 바르트가 만년의 생을 보냈던 시기이다. 바르트는 1961년 여름학기를 마치고 명예교수로 추대되었다. 40년간의 교수생활을 마감하는 순간이었다. 그러나 바르트는 후임교수가 결정되지 않았기 때문에 한 학기 더 강의를 하게 되었는데 이때 강의한 것을 책으로 출간한 것이 「개신교 신학입문」 (Einführung in die evangelische Theologie)이다. 이 「개신교 신학입문」은 만년의 바르트 신학을 간결하게 이해할 수 있는 좋은 책이다. 이 시기에 바르트는 미국도 방문하고 바티칸도 방문했다. 바르트의 미국 방문은 구름 떼 같은 많은 청중들을 몰고 다니는 방문이었고, 또한 바르트는 가톨릭교회로부터 제 2차 바티칸 공의회에 초대받았다. 바르트의 바티칸 방문은 가톨릭교회에 대한 바르트의 극단적인 부정을 많이 수정하는 계기가 되었다. 바르트는 젊은 시절 가톨릭을 적그리스도로 표현하고 공격도 했지만 바티칸 방문을 통해 바르트는 적그리스도라는 표현은 지나치다고 생각하게 되었다.

1962년부터 바르트의 건강은 많이 약해지고 있었다. 바르트는 병원에 입원하기도 했고, 퇴원하면 다시 글을 쓰기도 했지만 옛날처럼 왕성하게 글을 쓰는 것이 쉽지 않았다. 바르트가 세상을 떠난 날은 1968년 12월 10일이었는데, 그는 자신이 그날 밤에 죽을 것이라고는 상상하지 못하고 있었다. 죽기 전날 밤에도 바르트는 자신의 평생의 친구였던 투르나이젠과 세계의 여러 가지 어려운 문제에 대해 의견을 나누고 걱정하는 전화통화를 오래했다. 그리고 잠든 바르트는 잠자는 상태로 조용히 세상을 떠났다. 그는 세계기도주간을 맞이해서 강연할 강연문을 책상 위에 써 놓은 채 세상을 떠났다. 다음 날 아침 언제나 그랬던 것처럼 부인이 그에게 모차르트(Mozart) 음악을 들려주려고 방에 들어갔을 때는 이미 그는 주님께 가고 없었고, 그의 유해만 남아있었다.

바르트의 생애를 그의 신학의 관점에서 보면 크게 세 시대로 나누어 볼 수 있다. 첫째는 전기 신학의 시대로 「로마서 강해」로 대표되는 시대이다. 이 시기는 신학적 변천과 발전이 매우 급격하게 일어났던 시대인데 변증법적 신학의 시기라고 규정할 수 있다. 「로마서 강해」 제1판(1919)은 하나님 나라의 역사 속에서의 성장의 가능성을 열고 있는 헤겔(Hegel)적 특성을 일부 지니고 있는 변증법적 신학이고 「로마서 강해」 제 2판(1922)은 하나님의 계시와 하나님의 나라의 역사 속에서의 존재가능성을 역설(Paradox)로 규정하고 있는 키에르케고르(Kierkegaard)적 특징이 많은 역설적 변증법의 신학이었다. 바르트가 신학 공부를 마친 직후의 헤르만적인 자유주의적 신학에서 「로마서 강해」 제 2판의 역설적 변증법의 신학으로의 신학적 발전이 끊임없이 일어났던 시기인데, 이 신학적 발전의 중심에는 제 1차 세계대전이 존재하고 있었다. 바르트의 전기 신학은 제 1차 세계대전의 충격과 깊이 관련되어 있고, 이 제 1차 세계대전의 비극을 신학적으로 해설하고 극복하는 과정 속에서 신학적 변천과 발전이 일어나게 되었다. 바르트의 중기 신학의 시대는 말씀의 신학의 시대인데 1924년경부터 1942년 「교회교의학」 II/2의 예정론이 쓰이기 이전까지의 시대로 규정할 수 있다. 바르트의 말씀의 신학의 맹아는 괴팅엔(Göttingen) 교의학으로 알려져 있는 「기독교 종교에 대한 강론」(Unterricht in der Christlichen Religion)에서 이미 나타나기 시작했고 이 맹아는 1927년 「기독교교의학」(Der Entwurf der Christlichen Dogmatik)에서 더 구체적으로 발전했고, 이것이 1932년 「교회교의학」 I/1에서부터 완숙한 모습을 드러냈다. 이 말씀의 신학은 1922년의 「로마서 강해」 제 2판과 상당한 차이를 보이는 신학이다. 그 차이의 핵심은 「로마서 강해」 제 2판에서는 시간과 영원의 질적 차이라는 도식 때문에 하나님의 계시는 세상적 도구를 가질 수 없었는데, 말씀의 신학에 와서는 인간 예수가 하나님의 말씀의 도구라고 보는 데 있다. 성서 역시 「로마서 강해」 제 2판에서는 하나님의 계시를 담지하고자 하나 결국 실패하는 좌절된 인간적 도구였지만 말씀의 신학에 와서는 성서는 예수 그리스도와 더불어 하나님의 말씀의 삼중 양태 중 하나이다. 바르트는 말씀의 신학의 시대에 와서 예수 그리스도께서 하나님의 계시의 도구라는 것을 분명히 했다.

그런데 1942년 「교회교의학」의 예정론을 후기 바르트 신학으로 넘어가는 분수령으로 보는 이유는 계시에 대한 바르트의 인식의 발전과 연계되어 있다. 바르트는 말씀의 신학의 시대에는 예수 그리스도를 하나님의 계시로 분명 인식하고 있었지만, 세밀히 살펴보면 인간 예수는 하나님의 계시를 담고 있는 계시의 도구였다. 바르트가 자주 쓰는 용어를 빌리면 주체(Subjekt)이신 하나님께서 자신을 드러내시는 도구인 술어(Prädikat)였다. 그런데 1942년 「교회교의학」 예정론에서부터 이 신학사상에 혁명적 변화가 일어나는데 그 핵심은 인간 예수가 계시의 술어가 아니고 계시 자체라는 점이다. 바르트에 의하면 예수 그리스도께서 보이지 않는 하나님의 형상이다. 인간 예수는 하나님의 신성을 은폐시키는 도구가 아니라 하나님의 신성이 무엇인지 나타내는 계시 자체이다. 1956년의 강연인 "하나님의 인간성"은 바로 이 변천된 바르트의 신학사상을 알게 하는 놀라운 강연이다. 이런 이유 때문에 바르트의 중기 신학의 시대는 개략적으로 1924년에서 1942년 이전까지로 잡는 것이 좋을 것이다. 물론 이 중기 신학의 시대에도 신학적 발전은 계속 일어나는데 그 가운데 중요한 발전은 1931년의 안셀름(Anselm) 연구인 「지식을 추구하는 신앙」(Fides quarens Intellectum)에서 볼 수 있다. 이 안셀름 연구는 바르트 신학이 자연신학의 잔재를 없애는 분수령이 되는 저술로 알려져 있다.

  1942년 「교회교의학」의 예정론은 후기 바르트 신학의 출발을 알리는 기념비적인 저술이었다. 후기 바르트 신학은 그리스도 중심적인 은총의 신학이라고 규정할 수 있는데, 바로 이 그리스도 중심적인 은총의 신학에 대하여 뚜렷이 그 모습을 드러낸 저술이 1942년 「교회교의학」의 예정론이었다. 「교회교의학」의 예정론은 1936년의 바르트의 "하나님의 은총의 선택"이라는 강연과 비교해보면 신학적 차이가 매우 뚜렷이 나타나고 있다. 이것은 이 시기에 바르트의 신학이 또 한번 매우 중요한 발전과 변천이 일어났다는 것을 나타낸다. 그 핵심은 심판과 은혜의 하나님이라는 하나님의 행위의 두 가지 특징 가운데 심판 개념이 사라지고 은혜라는 하나의 행위만 바르트에 의해 강조되고 있는 것이다. 1942년 이후의 바르트에 의하면 하나님의 행위는 오직 선택이고, 은혜이고 사랑이다. 예수 그리스도의 십자가에서 언급될 수 있는 하나님은 오직 자비와 사랑의 하나님으로, 인간을 심판하고 징벌하는 하나님은 아니다. 1942년 이후의 바르트 신학은 매우 충격적이고, 그런 까닭에 칭찬과 비판이 어우러지는 많은 신학적 논쟁을 야기시켰다.

1922년 「로마서 강해」 제 2판에 나타나는 하나님은 세상을 심판하는 하나님이었다. 바르트는 제 1차 세계대전의 처참한 비극 속에서 하나님의 거룩하심을 느꼈고, 인간의 교만과 세상의 죄악에 대한 하나님의 심판을 느꼈다. 그에 의하면 인간과 세상은 하나님 앞에서 심판을 받아 갈기갈기 부수어진다. 인간과 세상이 하나님을 만나는 순간은 위기의 순간이고 그 거룩하신 분 앞에서 심판받아 부서지는 순간이다. 그런데 그는 1942년 이후부터 이 심판하시는 하나님을 언급하지 않고 있는 것이다. 이 심판은 1942년 이후부터는 십자가에서 해결된 것의 그늘(Schatten)이라는 관점에서만 언급되고 있다. 바르트에 의하면 하나님의 모든 심판은 예수 그리스도께서 짊어지셨다. 예수 그리스도 단 한 분만이 심판받으신 분이고 버림받으신 분이다. 하나님께서는 예수 그리스도를 심판하시고 버리시고 대신 모든 인류를 선택하고 구원하신다. 하나님의 행위는 선택이고 사랑이고 긍휼과 자비일 뿐이지, 인간을 버리거나 심판하시는 하나님은 없다. 인간을 버리거나 심판하시는 하나님이 없다는 놀라운 사실이 십자가에서 명백히 계시되어 있다. 바르트에 의하면 단지 이 놀라운 하나님의 선택과 사랑이 거부되고 있는 곳에, 즉 하나님의 은총과 자비가 거부되고 있는 곳에 십자가에서 이미 해결된 심판이 존재할 뿐이다.

1922년의 「로마서 강해」 제 2판과 1942년의 「교회교의학」 예정론 이후의 신학을 비교할 때 「로마서 강해」에서는 하나님의 심판을 강조하고 1942년 이후부터는 하나님의 은총을 강조했다고 쉽게 생각할 수도 있다. 그러나 유념해야 하는 것은 「로마서 강해」 제 2판의 신학과 「교회교의학」 예정론 이후의 신학이 매우 다른 신학이라는 점이다. 바르트는 하나님의 심판을 하나님의 현존하는 행위로 보고 있는 것이 아니고 1942년 이후부터는 십자가에서 해결된 어떤 것, 곧 십자가 뒤편에 있는 그늘로만 이해하고 있다는 점이다. 바르트는 예수 그리스도의 십자가에서 긍휼과 자비의 신을 발견했고, 이 긍휼과 자비의 신이 아닌 신은 모두 우상으로 규정했다. 율법주의자들의 하나님은 결코 십자가에 계시된 하나님과는 일치하지 않는다. 바르트의 관점에서 보면 율법주의자들의 신은 우상에 불과하다. 그는 율법주의자들을 자신의 일생의 적으로 규정했고, 교회 안에 존재하는 율법주의의 악령을 쫓아내기 위해 힘썼다. 후기 바르트의 신학은 십자가에 계시된 놀라운 은총과 자비의 하나님을 전하는 신학이었고, 이 하나님의 승리의 길을 전하는 신학이었다.

바르트는 1886년 출생해서 1913년 바이올린 연주자였던 넬리 호프만(Nelly Hoffmann)과 결혼했고 딸 프란치스카(Franziska)와 네 명의 아들 마르쿠스, 크리스토프, 마티아스, 한스 야콥(Markus, Christoph, Matthias, Hans Jakob)이 있었다. 이 중에 셋째 아들이었던 마티아스가 1941년 6월에 등산 중에 추락해서 사망하는 비극이 있었다. 만아들 마르쿠스는 바르트가 1967년 「교회교의학」 세례론을 집필할 때 아버지 신학에 아들이 영향을 미치는 특이한 일을 만든 장본인이었다. 바르트는 자신의 아들인 마르쿠스의 글을 읽고 세례론의 본질의 많은 부분을 알게 되었고 이를 자신의 세례론에 반영했다.

바르트의 생애에 자신의 가족 이상으로 바르트에게 큰 영향을 끼친 인물은 그의 여비서 샬롯데 폰 키르쉬바움(Charlotte von Kirschbaum)이었다. 폰 키르쉬바움은 1924년에 바르트를 만나게 되었고, 얼마 후 바르트의 비서가 되었다. 바르트의 「교회교의학」은 이 여비서를 제외하고는 결코 생각할 수 없을 정도로, 마지막 세례론을 제외하고는 전부 이 여비서의 손을 거쳐 출간되었다. 20세기의 신학대전인 「교회교의학」은 바르트의 작품인 동시에 이 여비서 폰 키르쉬바움의 작품이었다. 폰 키르쉬바움은 바르트의 글을 단순히 타이프 쳐주는 비서가 아니었다. 바르트가 연구하는 모든 신학적 주제를 같이 연구하고 고대로부터 현대에 이르기까지 중요한 신학자들의 핵심 사상들과 인용할 문헌들을 사전에 준비해 놓은 바르트 신학과 저술의 훌륭한 동반자였다. 바르트는 끊임없이 이 여비서와 신학적 대화를 했고, 그 대화에서 얻은 창조적 결과물을 그의 「교회교의학」 집필에 사용했다. 만년의 바르트가 저술활동에 심각한 장애를 받은 것은 자신의 건강이 약해졌기 때문만은 아니었다. 평생의 신학과 저술의 동반자였던 여비서 폰 키르쉬바움이 병이 깊어지면서 바르트와의 학문적 길에서 이탈하여 요양소로 갔기 때문이다.

폰 키르쉬바움이 왜 평생을 바쳐 바르트 신학을 위해 헌신했는가는 많은 사람들의 관심의 대상이 되었다. 또 이런 까닭에 폰 키르쉬바움만을 연구한 문헌들과 책이 출간되고 있다.[2] 이 연구문헌들을 통해 밝혀지고 있는 바는 폰 키르쉬바움이 바르트를 도운 것은 하나님으로부

---

[2] 대표적 책으로 다음을 참고하라. S. Selinger, *Charlotte von Kirschbaum and Karl Barth* (Pennsilvania: 1998)

터 받은 자신의 소명으로 생각했기 때문일 것이라는 것이다. 폰 키르쉬바움은 이 천재적 신학자와의 만남 속에서 자신의 평생의 소명을 깨달았고, 자신의 영혼과 육체의 모든 힘이 다할 때까지 바르트의 그늘에서 이 천재적 신학자를 도왔다. 바르트의 「교회교의학」을 읽는 사람들은 자신의 영혼과 육체의 모든 힘이 다할 때까지 이 일을 위해 헌신한 여비서 폰 키르쉬바움의 노고도 같이 읽어야 할 것이다.

바르트의 모차르트 사랑은 단순한 음악애호의 차원을 넘어 신학적 차원에서 대단한 관심을 끄는 영역이다. 바르트는 1956년 모차르트 탄생 200주년을 기념하는 기념예식에 신학자가 음악가들 앞에서 모차르트에 대해 강연하도록 초대받았고, "모차르트의 자유"라는 제목의 강연을 했다. 그는 이해에 위의 강연이 들어있는 「모차르트」(Mozart)라는 책을 출간했다. 바르트는 모차르트에 대해 매우 전문적인 지식을 갖고 있었고, 모차르트의 음악을 신학적으로 해석했다. 바르트에 의하면 바흐(Bach)의 음악보다 모차르트의 음악이 하나님의 사랑과 은총을 더 깊고 분명하게 표현하고 있기 때문에 하나님께서도 모차르트의 음악을 더 듣고 싶어하실 것이라고 말했다. 또 바르트는 다음과 같이 언급했다. "천사들이 하나님의 칭송을 받을 때 바흐의 음악을 연주할지는 확실치 않다. 그러나 천사들이 자기들끼리 있을 때는 모차르트 음악을 연주할 것이 틀림없고, 사랑의 하나님께서는 틀림없이 이 음악이 좋아서 특별히 귀 기울일 것이다."[3] 이 말의 뜻은 공식적인 예배에는 바흐의 음악이 연주되고 있지만 사실은 모차르트의 음악이 더 천상의 아름다운 음악이고 그런 까닭에 천사들도 자기들끼리 있을 때는 모차르트의 음악을 연주하면서 즐거워하고 있고, 하나님께서도 이 음

---

3) K. Kupisch, *Karl Barth*(Stuttgart: J. F. Steinkopf, 1977), 125.

악이 너무 듣고 싶으셔서 천사들이 즐기고 있는 이 모차르트 음악을 남모르게 귀를 기울이고 계실 것이라는 뜻이다. 또한 바르트 자신은 가톨릭 신자는 아니지만 만일 자신이 14일 동안 교황이 될 수 있다면, 그 14일 동안 모차르트 음악에 축복의 선언을 하고 싶다고 익살스럽게 말했다.

바르트에 의하면 모차르트의 음악은 그 어떤 신학교부들의 가르침 이상으로 복음을 잘 표현하고 있다. 모차르트의 음악은 삶의 슬픔과 어둠이 잘 표현되고 있지만 그 너머에서 빛나는 하나님의 은총과 삶의 기쁨과 생동감을 잘 표현하고 있다고 바르트는 생각했다. 모차르트의 음악은 용기와 활력과 순수함과 평화를 주는 음악이다. 이 음악은 어둠과 슬픔 속에 빛나는 복음의 기쁨을 표현하는 음악이다. 그는 모차르트의 음악을 이렇게 보았기 때문에, 클라페르트(B, Klappert)는 바르트 신학에서 모차르트의 음악은 하나님 나라의 유비적 특징을 갖고 있다고 보았다.

바젤의 브루더홀츠(Bruderholz) 거리 26번지에 있는 바르트의 집은 바르트가 만년의 생을 보냈던 집이다. 이 집에는 바르트의 서재가 옛날의 모습 그대로 남아있다. 바르트의 서재에는 바르트가 사랑했던 모차르트의 초상이 위대한 신학자 존 칼빈(J. Calvin)의 초상과 나란히 걸려있다. 칼빈의 신학이 바르트에 끼친 영향이 지대한 것과 못지않게 모차르트의 음악이 바르트를 감동시켰다는 것을 의미하는 것이다. 바르트는 칼빈의 신학에 못지않게 모차르트의 음악이 하늘의 영광과 신비를 표현하고 있다고 생각했는지 모른다. 그런데 바르트의 책상 바로 전면에는 십자가에 달린 그리스도의 그림이 걸려있다. 십자가에 달린 그리스도는 칼빈의 신학이나 모차르트의 음악과는 비교할 수 없는 바르트 신학의 중심 중의 중심이기 때문이다. 바르트가 참으로 사랑했던 분은 십자가에 달리신 그리스도이셨고, 그 그리스도의 은혜를 생각하면서 평생 감사의 삶을 살았던 사람이 바르트였다. 바르트는 자신이 쓴 「교회교의학」이 위대하다고 생각하지 않았고, 자신의 신앙이 좋다고 생각하지도 않았다. 바르트는 오직 그리스도의 은혜만이 크고 위대하다고 생각했던 사람이었다. 1968년 12월 13일 바젤의 회른리 묘지(Friedhof Hörnli)에서 있었던 장례식에서 가톨릭 신학자 한스 큉(H. Küng)은 조사를 읊으면서 자신과 바르트 사이에 있었던 일화를 언급하면서 바르트가 다음과 같은 말을 했다고 전했다. "당신은 나의 신앙이 좋다고 했습니다. 그러나 나는 나의 신앙이 좋다고 생각하지 않습니다. 언젠가 내가 주님께 부름 받는 날이 오더라도, 그때는 나의 업적이나 내가 쓴 교의학 책을 등에 지고 갈 수는 없는 일입니다. 그렇다면 아마 천사들이 웃을 것입니다. 그때 나는 내가 좋은 생각을 해 왔다거나 내가 좋은 신앙을 가졌었노라고 말하지도 않을 것입니다. 다만 이 한 마디 말만 말하렵니다. 주님, 이 불쌍한 죄인에게 은혜를 베풀어주옵소서라고."[4] 바르트는 오직 하나님의 긍휼과 자비에 희망을 걸고 있던 사람이었고, 인간과 세상을 버리지 아니하시고 살리시는 사랑과 은총의 하나님을 십자가에서 발견했던 사람이었다.

---

4) *Ibid.*, 134.

바르트 신학의 특징

바르트 신학의 특징

　바르트의 저서 가운데 그의 초기의 저서인 「로마서 강해」 제 1판 (1919) 및 제 2판(1922)과 9250면에 달하는 그의 주 저서인 「교회교의학」 (전체 13권)만 읽으려 해도 많은 사람들은 그 양의 방대함 때문에 다 읽지 못하고 중도에서 포기하기 쉽다. 이 「로마서 강해」와 「교회교의학」 외에도 바르트는 수많은 책과 논문을 썼고, 수많은 강연과 설교를 했기 때문에 바르트의 저술의 전체를 읽고 이해하면서 바르트의 신학에 접근하는 일은 대단히 힘들다.

　이 방대한 바르트의 신학을 간단히 요약할 수 있을까? 바르트의 방대한 신학을 요약하고 그 신학의 특징을 빨리 언급하는 것은 대단히 어렵고 상당 부분 무모한 면들이 있지만 독자들의 형편을 감안해서 바르트 신학의 가장 중요한 특징을 몇 가지 언급하면 다음과 같다.

　"하나님의 말씀의 신학, 하나님의 주권의 신학, 하나님의 은총의 신학, 하나님의 나라를 위한 신학, 살아계신 하나님에 대한 신학" 등이다. 각 특징들을 하나씩 살펴보며 바르트의 신학에로 깊이 있게 나아가보자.

하나님의 말씀의 신학

바르트의 신학은 하나님의 말씀의 신학이다. 바르트는 성서를 하나님의 말씀이라고 생각했고, 하나님의 말씀인 성서를 기초로 해서 그의 신학을 완성시켰다. 20C의 신학자 가운데 바르트만큼 성서를 많이 인용하고, 성서를 철저히 주석한 연후에 신학적 체계를 발전시킨 신학자를 찾는 것은 쉽지 않을 것이다. 바르트가 세계적인 명성을 얻게 된 책인「로마서 강해」역시 로마서를 주석하면서 19C의 자유주의 신학의 신학적 오류를 파헤친 성서주석에 기초한 신학적 역작이었다. 바르트는 자유주의 신학에 의해 크게 훼손된 성서의 권위를 20C에 다시 회복시킨 신학자였고, 성서의 권위의 진정한 기초를 세계의 교회와 신학이 바르게 이해할 수 있도록 다시 정립시킨 신학자였다. 20C에 바르트가 없었다면, 오늘날 전 세계의 교회에서 성서가 하나님의 말씀의 책으로 읽히면서 결정적인 권위를 갖고 교회를 지배하는 현상이 존재하고 있을지는 그 누구도 장담하지 못할 것이다. 바르트는 성서비평학의 한계를 가르치면서 성서의 권위의 본질을 매우 훌륭하게 설파했고, 하나님의 말씀에 근거한 신학을 체계화시켜 전 세계에 하나님의 말씀이 오늘 무엇을 말하는가를 우렁차게 전했다. 바르트는 철저히 하나님의 말씀의 종이었고, 자신이 하나님의 말씀의 사역자로 있음을 기쁘고 영광스럽게 생각했다. 바르트에 의하면 목사의 최고의 영광은 하나님의 말씀을 맡고 있는 것인데, 곧 설교의 영광이었다.

바르트의 하나님의 말씀의 신학은 성서의 문자주의에 기울어진 신학이 아니고 하나님의 말씀 자체인 예수 그리스도에 초점을 두고 있는 신학이었다. 바르트에 의하면 성서의 권위는 철저히 예수 그리스도에 의존하고 있다. 바르트의 신학이 그리스도 중심적 신학이라고 하는 것은 바르트의 신학이 하나님의 말씀의 신학이라는 것과 대립되는 개념이 아니다. 바르트에 의하면 예수 그리스도께서 하나님의 계시 자체이고 하나님의 말씀 자체이기 때문에 당연히 그리스도교 신학은 그리스도 중심적 신학일 수밖에 없다. 바르트는 하나님의 말씀 자체인 예수 그리스도에게 정초하는 신학을 발전시켰고, 이 그리스도 중심적 신학은 바르트가 나이가 들어감에 따라 더욱 분명히 나타나는데, 특히 그의 「교회교의학」 예정론에서부터 본격적으로 나타나고 있다. 바르트의 그리스도 중심적 신학은 그의 말씀의 신학의 정점이라고 볼 수 있다. 바르트가 하나님의 말씀의 신학을 발전시킨 이유는 철저히 하나님의 계시에 근거한 신학을 발전시키고자 하는 의지에 기인했기 때문이다. 그 하나님의 계시의 정점이 예수 그리스도의 계시였기 때문에 바르트는 그리스도 중심적 신학을 발전시켰고, 이 그리스도 중심적 신학이 엄청난 놀라움과 새로움을 세계 신학계에 가져다 주었다.

하나님의 주권(Herrschaft)의 신학

"예수께서 승리자이시다!"(Jesus ist Sieger!)라는 말은 바르트의 유명한 「로마서 강해」(특히 제 1판)를 탄생시킨 신학정신이다. 바르트는 이 위대한 신학정신을 블룸하르트에게서 배웠다. 블룸하르트는 자유주의 신학자 헤르만의 제자였던 바르트를 변화시켜 20C 최고의 신학교부로 만들어내는 데 결정적인 영향을 끼친 바르트의 신학정신의 스승이었다.

　예수께서 승리자이시다라는 말은 예수의 부활을 그 내용으로 하고 있는 부활신학에 대한 새로운 표현이었다. 세상을 사로잡고 있는 죄와 죽음의 세력은 예수 그리스도의 부활로 말미암아 깨어졌다. 승리자는 예수이시고, 예수께 속해 있는 자만이 참으로 승리자가 될 수 있다.

　바르트의 「로마서 강해」 제 1판(1919)은 인간의 힘으로 세상을 이길 수 없다는 것을 전 세계에 알리고 경종을 울린 저술이었다. 19C의 자유주의 신학은 세상의 진보와 낙관주의를 피력한 신학이었지만 바르트는 제 1차 세계대전의 포화 속에서 인간과 세상 속에 존재하는 깊고 무서운 악을 경험했고, 파국으로 치닫는 세상과 역사의 위기를 절감했다. 바르트는 로마서에 대한 깊은 연구를 통해 인간과 세상이 죄와 죽음의 힘에 사로잡혀 있고, 인간과 세상은 스스로의 힘으로 이 죄와 죽음의 힘에서 벗어날 수 없다는 놀라운 사실을 깨닫게 되었다.

　그렇다면 인간과 세상의 희망은 어디에 있는 것일까? 바르트에 의하면 인간과 세상의 희망은 오직 승리자이신 예수 그리스도께 있다. 죄와 죽음의 세력을 깨뜨리신 분은 오직 예수 그리스도뿐이시다. 바르트에 의하면 예수 그리스도 밖에서는 결코 승리가 없다. 예수 그리스도 없이 세상을 개혁하고 승리하고자 하는 모든 노력은 참담한 실패로 돌아갈 수밖에 없다. 왜냐하면 인간과 세상을 사로잡고 있는 죄악과 죽음의 힘이 너무 강하기 때문이다.

　그러나 예수께서 승리하셨고 부활하신 예수께서 살아계셔서 세상을 변화시키고 계신다. 바르트에 있어서 하나님께서 살아계신다는 말은 지금 여기에서 행동하시고 말씀하신다는 뜻인 동시에, 부활의 능력으로 현존하고 계신다는 뜻이기도 하다. 부활하신 예수 그리스도께서 인간과 세상의 악을 파괴시키시고, 죄와 죽음의 힘을 무력화시키고 계신다. 그러므로 우리의 승리는 오직 예수 그리스도 안에 있고, 승리자이신 예수와 함께 할 때만 승리가 있다.

예수께서 승리자이시다는 바르트의 선언은 인간만세를 외치던 19C 자유주의 신학에 대한 거대한 도전이자 거부였다. 바르트에 의하면 인간의 마지막은 해골이지 승리가 아니다. 세상을 건지시는 진정한 구원자이신 예수를 떠나서는 절망과 해골과 죽음이 마지막이지 어떠한 승리도 존재하지 않는다. 인간은 죄인일 뿐이지 스스로 신국(神國)을 만들어내는 거룩한 존재가 아니다. 승리는 부활에 있고, 예수 그리스도 안에 있다. 바르트의 신학은 단 한 분 구원자이신 예수 안에만 진정한 승리가 있다는 것을 선언한 신학이었다.

1916년의 바르트의 아라우(Aarau)에서의 강연인 "단 하나 꼭 필요한 것"(Das eine Notwendige)은 하나님의 주권과 통치의 중요성을 세계에 일깨운 매우 중요한 강연이었다. 인류와 세상의 구원은 오직 하나님으로부터 오는 것이지 세상으로부터 오는 것이 아니다. 단 하나 꼭 필요한 것은 하나님의 통치와 주권이고, 단 하나의 꼭 필요한 분은 하나님이시다. 바르트가 그의 친구 투르나이젠과 공동으로 출간한 설교집의 제목 역시 같은 의미를 갖는 설교집이었다. 「하나님을 찾으라, 그리하면 살리라!」(Suchet Gott, so werdet ihr leben!) 바르트는 세상을 살리는 분은 오직 하나님이시고, 그 하나님의 능력과 통치가 세상을 사로잡고 있는 악과 죽음의 세력을 깨뜨리는 단 하나의 능력임을 강조한 신학자였다.

하나님의 은총(Gnade)의 신학

예수께서 승리자이시다라는 것이 바르트의 부활신학을 요약한 것이라면 인간을 향한 하나님의 무한한 긍정과 은총은 바르트의 십자가 신학을 요약한 말이다. 예수 그리스도의 부활 속에 세상을 구원하시는 하나님의 주권과 능력과 권능이 나타났다면 예수 그리스도의 십자가 속에는 세상을 구원하는 하나님의 극단적인 자비와 사랑이 계시되어 있다.

바르트에 의하면 예수 그리스도는 우리를 위해 심판받으신 하나님이시다. 심판자께서 우리를 위해 대신 심판받으셨다. 그는 예수 그리스도의 십자가에서 인간을 위한 하나님의 죽음의 계시를 읽었고, 자신을 희생하면서까지 인간을 버리지 아니하시는 하나님의 한량없는 자비와 사랑을 알게 되었다. 그에 의하면 하나님께서는 인류를 살리시기 위해 자신의 외아들을 버리셨다.

십자가에서 하나님의 사랑과 은총을 읽은 것은 바르트 이전의 거의 모든 그리스도교 신학자들과 사상가들 역시 동일했다. 그런데 바르트와 바르트 이전의 대다수의 그리스도교 신학자들과 사상가들과의 근본적인 차이는, 바르트 이전의 대다수의 신학자들과 사상가들은 예수 그리스도의 십자가에도 불구하고 하나님의 행위는 사랑과 심판이라는 두 개의 행위가 있다고 본 것에 반해 바르트는 예수 그리스도의 십자가를 통해 보여준 하나님의 행위는 오직 사랑과 은총뿐임을 계시하고 있다고 보았다. 바르트에 의하면 예수 그리스도의 십자가에서 파악되는 하나님의 행위는 오직 사랑이고 은총이고 자비이다. 예수 그리스도의 십자가에는 인간을 대신해서 죽으시는 하나님이 계시되어 있는데, 곧 인간을 사랑하셔서 인간을 심판하시지 못하시고, 대신 죽으시면서 인간을 살리고자 하시는 하나님이 계시되어 있다.

십자가는 인간을 향한 하나님의 무한한 긍정과 은총을 의미한다. 십자가는 인간을 버리지 아니하시는 하나님의 계시이고 인간을 향한 하나님의 무한한 긍정(Ja)의 계시이다. 예수 그리스도의 십자가를 통해 인간에게 주어져 있는 미래는 오직 희망이고 오직 기쁨이고 오직 긍정일 뿐이다. 십자가는 인간을 향한 모든 부정적인 것의 폐기를 의미하고, 심판과 죽음의 완전한 종말을 의미한다. 왜냐하면 하나님께서 인간의 모든 부정적인 것들, 심판과 죽음을 스스로 짊어지셨기 때문이다.

바르트는 인간을 공포에 몰아넣는 율법주의자들의 심판하시는 하나님의 모습은 십자가 신학에 근본적으로 충돌된다고 간주했다. 그는 율법주의자들을 자신의 일생의 적으로 규정했다. 왜냐하면 율법주의자들은 그리스도의 죽음을 헛되이 만들기 때문이었다. 하나님은 언제나 자비와 은총의 신이시지 공포와 협박의 신이 아니다. 공포와 협박의 신과 십자가에 계시된 하나님은 아무런 관계가 없다.

바르트에 의하면 하나님은 철저히 십자가에서 파악해야 한다. 하나님을 십자가에서 파악하지 아니하고 일반종교나 철학, 혹은 자연신학적으로 파악하면 안 된다. 일반종교나 철학, 혹은 자연신학적으로 하나님을 파악하면 율법적인 신이 등장하기 쉽다. 바르트가 자연신학을 강력하게 거부한 이유는 자연신학적으로 파악된 신이 결코 십자가에서 계시된 신과 일치하지 않기 때문이었다. 일반종교나 철학, 혹은 자연신학적으로 파악한 신은 우상일 뿐이지 참 하나님은 아니다. 참 하나님은 율법적인 신이 아니고 오직 은총과 자비의 신이시다. 그분의 은총과 자비는 세상이 상상조차 할 수 없는 극단적인 은총과 자비였다. 그 은총과 자비는 일곱 번씩 일흔 번도 용서하는 은총과 자비이고, 오직 인간을 살리시고 사랑하고자 하시는 은총과 자비이다.

바르트의 인간을 향한 하나님의 무한한 긍정과 은총의 신학은 후기 바르트의 신학 속에서 본격화되었다. 특히 1942년의 「교회교의학」 예정론이 출간되면서 바르트의 놀라운 은총의 신학이 뚜렷이 그 모습을 드러내었다. 이 후기에 등장하는 바르트의 은총의 신학은 만인구원론을 비롯한 수많은 신학적 논쟁을 야기하게 만든 계기도 되지만 십자가 신학의 참모습을 드러낸 것이라는 거대한 칭송도 듣게 되었다. 위르겐 몰트만(J. Moltmann)은 바르트의 신학에 대해 많은 비판을 했음에도 불구하고, 그의 십자가의 신학과 예정론에서 매우 깊은 감명을 받았다고 술회했고, 바르트의 십자가 신학과 예정론을 더욱 발전시켜 몰트만 특유의 십자가 신학을 완성했다.

살아계신 하나님

하나님께서 살아계신다는 것은 신앙인이면 누구나 다 알고 있는 사실이다. 그렇기 때문에 이 살아계신 하나님이 바르트 신학의 결정적인 특징이라고 말하면 많은 사람들이 의아해하고 누구나 다 아는 사실에 무슨 큰 의미가 있는지 의문을 제기할 것이다. 그런데 하나님께서 살아계신다는 사실은 신앙인이면 누구나 다 아는 단순한 명제이지만 이것의 참된 의미를 드러낸 신학이 바르트의 신학이다. 그에 의하면 하나님께서는 살아계시고 지금 이곳에서 행동하시고 말씀하고 계신다.

신학의 대상은 하나님이다. 그런데 그 하나님께서 살아계시고 지금 이곳에서 행동하시고 말씀하고 계시기 때문에 신학의 관심과 초점 역시 지금 이곳에서 행동하시고 말씀하고 계시는 하나님께 맞추어야 한다. 그런 까닭에 바르트에 의하면 신학은 언제나 새로 시작해야 한다. 신학은 어떤 이론이나 체계로 굳어져서는 안 된다. 과거에 깨달았던 어떤 이론으로 오늘 이곳에서 말씀하시는 하나님을 규정할 수 없다. 왜냐하면 하나님께서는 지금 이곳에서 새롭게 다시 말씀하고 계시기 때문이다. 그에 의하면 신학자들은 언제나 지금 이곳에서 행동하시고 말씀하시는 하나님을 향해 귀를 열어야 하고 관심을 집중시켜야 한다.

바르트는 자신의 일생동안 끊임없이 자신의 신학을 변천시키고 발전시킨 신학자였다. 바르트의 전체신학을 하나의 체계로 모순 없이 엮는 일은 매우 힘든 일이다. 왜냐하면 초기의 바르트의 신학과 중기의 바르트의 신학과 후기의 바르트의 신학이 모순 없이 일치하고 있지 않기 때문이다. 이것은 바르트가 과거에 자신이 주장한 이론에 집착하지 아니하고 언제나 새로이 행동하시고 새로이 말씀하시는 하나님께 집중하고 있었던 것과 깊이 관련이 있다. 바르트는 한때 각광을 받았던 자신의 신학이론에서 언제나 떠날 준비가 되어 있었던 신학자였다. "내가 한때 주장했던 것을 계속 똑같이 주장했다면 나는 나 자신의 주장과 체계에 충실한 사람으로 아마 남아 있었을 것이다. 그러나 중요한 것은 나 자신의 주장에 충실한 것이 아니라 살아계신 말씀인

---

5) E. Busch, *Die grosse Leidenschaft*(München: Kaiser, 1998), 25.

하나님의 말씀에 충실한 것이다"⁵⁾ 라고 바르트는 언급했다. 바르트에 의하면 신학자들은 과거에 이룩해 놓은 업적으로 오늘을 살아갈 수 없는 사람들이다. 그들은 지금 이곳에서 행동하시며 말씀하시는 살아계신 하나님을 자신의 신학적 작업의 대상으로 삼고 있기 때문이다. 그러므로 신학자들은 끊임없이 새로 시작해야 한다.

끊임없이 새로 시작해야 하는 신학자들의 과제는 모든 설교자들의 과제와 동일하다. 30년 전의 설교를 오늘 반복해서는 안 된다. 주기철 목사의 설교나 한경직 목사의 설교를 오늘 반복해서는 안 되고, 서울 강남지역에서 설교된 말씀을 어촌의 교회에서 반복해서도 안 된다. 하나님께서는 지금 이곳에서 말씀하시는 살아계신 하나님이라는 점을 설교자는 끊임없이 유념해야 한다. 그런 까닭에 설교자는 지금 이곳에서 행동하시며 말씀하시는 살아계신 하나님의 음성을 들어야 하고 그 음성을 자신의 교회의 회중에게 설교해야 한다.

독일 히틀러의 군대가 체코를 침공했을 때인 1938년, 바르트는 프라하(Praha)의 신학 대학장이었던 로마드카에게 보낸 편지에서 체코의 국민들이 히틀러의 군대에 대항해서 긴급히 무력으로 저항할 필요성을 역설했다. 바르트는 맹목적인 평화주의자가 아니었다. 많은 교회지도자들이 평화주의 원칙에 얽매여 무력저항의 긴급성을 보지 못하는 것을 바르트는 규범주의 윤리의 근본적 위험으로 판단했다. 그에 의하면 히틀러의 군대가 침공한 급박한 상황에서 체코의 교회와 국민을 향한 하나님의 말씀은 이 침공에 대한 무력저항이었다. 물론 그는 하나님의 말씀은 일반적으로 평화의 길에 있다는 것을 너무나 잘 알고 있는 신학자였다. 그러나 히틀러의 상황이라는 긴급 상황 속에서의 하나님의 명령은 이에 대한 저항이라고 판단한 것이다. 성서나 기독교 전통에서 나온 어떤 원리나 신학체계를 존중하고 참고하는 것과 이 원리나 체계에 얽매이는 것은 근본적인 차이가 있다. 바르트가 하나님은 살아계신 하나님이라고 강조한 것은 하나님은 인간이 만든 원리나 체계를 부수고 새로이 말씀하실 수 있고, 또 말씀하시는 하나님이시라는 뜻이다. 바르트는 히틀러 상황 속에서의 하나님의 말씀은 히틀러에 대한 무력 저항이라는 것이다. 이런 이유 때문에 그는 2차 세계대전 때 자원해서 스위스의 방위대에 들어가서 라인(Rhein) 강변을 지켰다.

바르트가 사민당에 두 번씩(1915년, 1932년)이나 당원으로 가입하면서도 사회주의 대해 상대적 가치밖에 인정하지 않은 이유도 같은 맥락 속에 있다. 그가 일생에 걸쳐서 사회주의를 선호하고 있었던 신학자이고, 사회주의를 하나님 나라의 유비내지는 상응하는 어떤 것으로 인식하고 있었지만 그럼에도 불구하고 바르트는 하나님 나라와 사회주의와의 직접적 일치를 거부한 것은 특정 이데올로기와 하나님 나라와의 완전한 일치가 살아계신 하나님의 활동을 훼손시킬 수 있기 때문이었다. 그는 하나님께서 어떤 특정 지역의 사회주의를 거부하실 가능성을 언제나 인식하고 있었다. 바르트는 평화주의나 사회주의 같은 훌륭한 정신이나 이데올로기도 하나님께서 버리실 수 있다는 것을 예리하게 인식하고 있었다. 하나님께서는 사회주의를 쓰실 수도 있지만 버리실 수도 있다. 독일의 사회주의를 하나님께서 쓰실 것인지 스위스의 사회주의를 하나님께서 쓰실 것인지는 지금 여기에서 하나님께 다시 물어야 한다. 어제 스위스의 사회주의를 쓰셨다고 해서 오늘 하나님께서 그 사회주의 속에 계실 것이라는 확신은 어디에도 없다. 하나님께서는 지금 여기에서 다시 말씀하신다. 따라서 신학자와 교회의 설교자들은 그 말씀을 다시 들어야 한다. 바르트가 살아계신 하나님을 강조한 것은 바르트의 신학이 우상파괴의 신학이라는 뜻이다. 그에 의하면 하나님 외에 그 어떤 절대적인 것은 존재할 수 없다. 로마 교황의 가르침도 절대적이지 않다. 로마 교황의 가르침만 듣고 이를 절대화하는 사람은 이미 우상숭배에 빠지고 있는 사람이다. 이들은 평화주의를 절대화하는 사람과 똑같은 오류를 범하는 사람들이다.

클라페르트는 이와 같은 바르트의 신학적 특징을 '콘텍스트적 신학'이라고 칭했다.[6] 이 콘텍스트적 신학이란 지금 여기에서 하나님의 음성을 듣는 신학이란 뜻이다. 바르트는 아시아 신학자들이 유럽의 신학을 그대로 옮기는 것에 대해 주의를 요청했다. 왜냐하면 유럽의 역사와 정황 속에서 주어지는 하나님의 말씀과 아시아의 역사와 정황 속에서 주어지는 하나님의 말씀이 일치하지 않을 수 있기 때문이었다. 살아계신 하나님의 음성을 듣는 일은 한편으로는 예수 그리스도 계시와 성서적 증언을 존중해야 하고, 또 한편으로는 주어진 정황과 시점을 깊이 고려해야 한다. 바르트가 한 손에는 성서를, 또 한 손에는 신문을 들고 지금 하나님께서 어디에서 일하고 계시는지를 파악해야 한다는 가르침도 같은 맥락을 가진 가르침이다.

하나님의 나라를 위한 신학

클라페르트는 바르트 신학의 특징으로 맨 먼저 바르트 신학은 하나

---

6) B. Klappert, *Versöhnung und Befreiung*(Neukirchen: Neukirchener Verlag, 1994), 85-88.
7) *Ibid.*, 82-84.

님 나라의 신학이라고 언급했다.[7] 바르트 신학은 「로마서 강해」 제1판(1919)부터 하나님의 나라를 위한 신학이라는 강한 특징을 띠고 있다. 이 강한 특징은 그의 「교회교의학」 화해론에서도 계속 뚜렷이 나타나고 있다. 바르트의 신학은 영혼만의 구원을 위한 신학이 아니고, 영혼과 육체 전체로써의 인간의 구원을 위한 신학이고, 이 세상에 존재하는 악과 죽음의 세력의 근원인 무(Das Nichtige)의 지배를 종식시키고 하나님의 은혜의 통치를 구현하는 데 초점을 두고 있는 신학이다. 바르트에 있어서 하나님의 통치는 하나님의 은혜의 통치를 의미하고 이 하나님의 은혜가 세상을 가득 뒤덮는 나라, 곧 하나님의 나라를 구현하는 통치이다. 그에 의하면 예수 그리스도께서는 이 나라를 건설하시기 위해 지금도 싸우고 계신다. 바르트의 「교회교의학」 화해론의 제3권은 하나님의 은혜의 통치를 구현하기 위해 싸우고 계시는 예수 그리스도의 활동에 집중하고 있다. 이 하나님의 은혜의 통치를 위한 예수 그리스도의 싸움은 인간의 해방을 위한 싸움이다. 그런 까닭에 바르트의 하나님의 나라를 위한 신학은 해방신학의 특징을 갖고 있다. 클라페르트에 의하면 바르트의 신학은 메시아적 신학이고 해방의 신학이다.[8]

바르트에 의하면 성령의 활동은 무의 세력에 지배당하고 있는 인간의 해방을 향하고 있을 뿐만 아니라 세상이 하나님의 영광의 무대가 되는 나라를 향하고 있다. 바르트에 의하면 예수 그리스도의 부활은 이 영광의 나라의 선취적 사건이다. 몰트만이나 판넨베르크(W. Pannenberg)의 신학 속에 매우 중요하게 나타나는 예수 그리스도의 부활이 종말의 하나님 나라의 선취라는 개념은 몰트만이나 판넨베르크 이

---

8) *Ibid.*, 84-85.

전에 이미 바르트의 신학 속에 나타나고 있다는 점을 유념해야 한다. 몰트만이 1964년 출간한 「희망의 신학」(Theologie der Hoffnung) 속에 나타나는 세계변혁과 하나님 나라를 위한 해방의 사역이라는 20C 후반 세계를 뒤바꾼 매우 중요한 신학적 개념의 상당 부분이 이미 바르트의 「교회교의학」 화해론 속에 나타나고 있다. 바르트에 의하면 성령은 인류를 해방시키고 하나님의 나라를 만들어가는 영이시다. 예수 그리스도의 부활은 이 하나님의 나라의 선취적 사건이고, 이 하나님의 나라는 성령을 통해 확대되어 나간다.

로마서 강해
(Der Römerbrief)

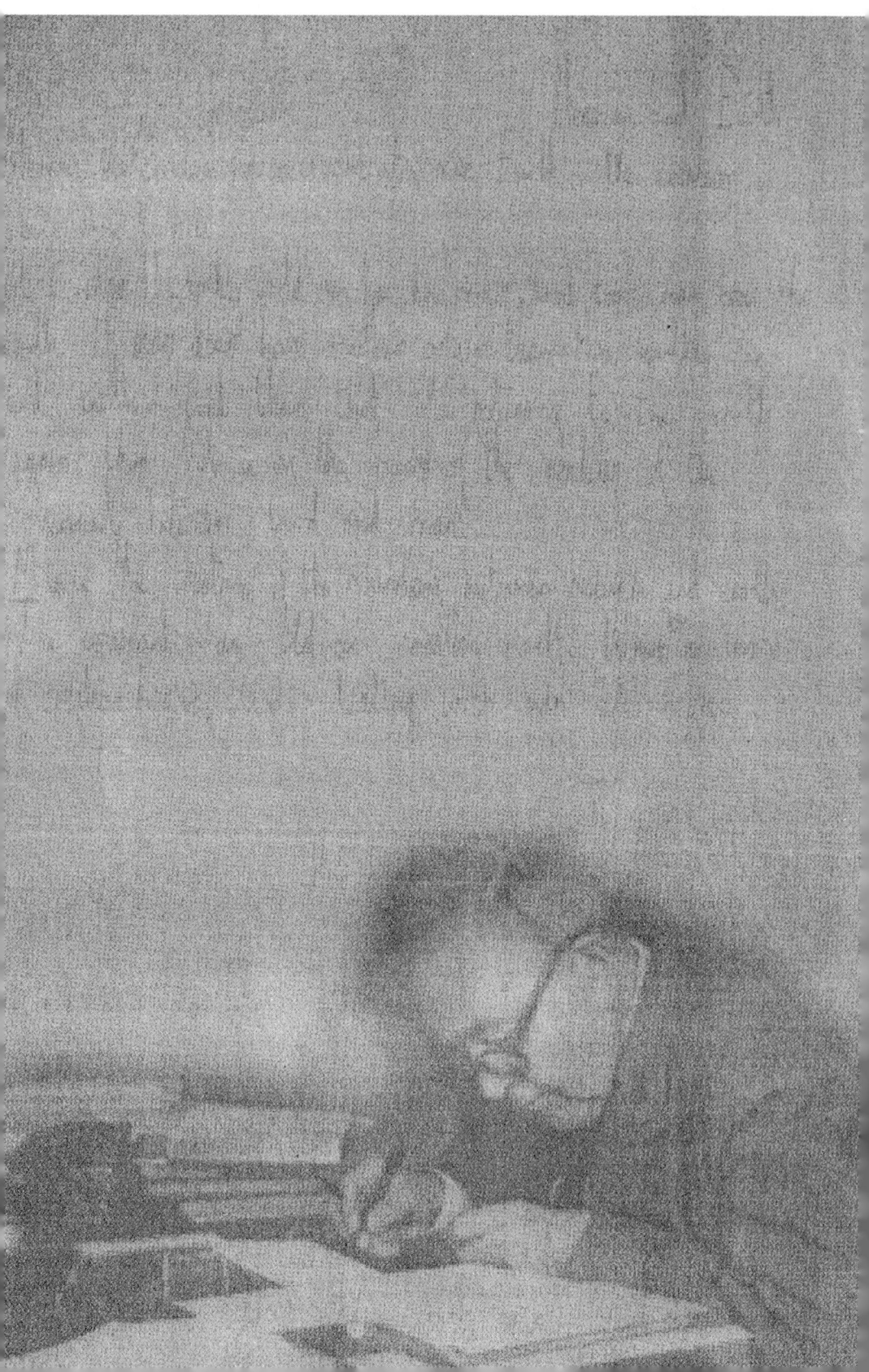

로마서 강해
(Der Römerbrief)

　20C 신학은 세기가 바뀌던 해인 1900년부터 시작된 것은 아니었다.[9] 1900년에 비록 세기가 바뀌었지만 구라파 땅은 여전히 19C의 신학이 지배하고 있었다. 1899년 10월에 시작되어 1900년 3월에 끝난 겨울학기에 하르낙은 베를린 대학에서 그의 자유주의 신학의 명저인 「기독교의 본질」(Das Wesen des Christentums)을 강의했다. 그는 그 강의에서 역사의 진보와 낙관주의를 피력했고 하나님과 세계 및 종교와 문화와의 연대성과 조화를 주저 없이 강조했다. 마부르크 대학에서는 하르낙과 더불어 당시의 신학을 지배하던 또 한 분의 자유주의 신학자 헤르만의 신학이 빛을 발하고 있었다. 20C의 신학이 동터 오르기까지는 아직 10여년의 세월을 더 필요로 하고 있었다.

　20C의 신학은 1914년 8월에 발생한 제 1차 세계대전의 충격과 더불어 태동하기 시작했다. 20C 신학의 대냉사 칼 바르트는 제 1차 세계대전의 포화 속에서 19C의 신학은 더 이상 장래를 기약할 수 없는 신학이라는 것을 절감했다.[10] 그 까닭은 19C의 자유주의 신학이 전

---

9) H. Zahrnt, *The Question of God*(London: William Collins Sons, 1969), 15.

쟁을 승인하는 신학이라는 것을 경험했기 때문이었다. 93명의 독일 지식인들이 빌헬름 2세(Kaiser Wilhelm II)의 전쟁선포에 지지성명을 발표한 부끄러운 성명서에 당시의 최고의 자유주의 신학자 하르낙과 헤르만의 이름이 들어있는 놀라운 사건이 발생한 것이었다. 20C 신학은 이 충격 속에서 태동했다. 이 충격은 마침내 바르트의 「로마서 강해」라는 충격의 저술을 탄생시켰고 구라파 전역을 지배하던 19C 자유주의 신학은 크게 붕괴되기 시작했다. 이 「로마서 강해」는 "자유주의 신학의 지배에 종지부를 찍은 개신교 신학의 코페르니쿠스적 혁명"[11] 이었다. 칼 바르트는 이 「로마서 강해」를 1919년에 제 1판을 출간시켰는데 3년 뒤에 이 「로마서 강해」를 완전히 다시 써서 제 2판을 출간시켰다.

젊은 칼 바르트의 자유주의 신학사상

칼 바르트는 20C에 새로 재건된 정통주의, 곧 신정통주의 신학의 대표적인 신학자로 알려져 있지만 1915년 이전까지의 젊은 시절의 칼 바르트는 자유주의 신학자 빌헬름 헤르만의 제자였다. 그는 마부르크에서 헤르만에게 배웠고 헤르만의 사상이 젊은 바르트의 정신에 깊은 영향을 주었다. 제 1차 세계대전이 일어난 직후까지 바르트는 자유주의 신학자였다. 이 시기까지의 바르트의 강연 및 설교는 자유주의 정신에 완전히 물들어 있었다. 그는 하나님과 인간 사이에 근본적인 질

---

10) K. Barth, *Evangelische Theologie im 19 Jahrhundert*(Zürich: Evangelischer Verlag, 1957), 6.
11) H. M. Conn, *Contemporary World Theology*(New Jersey: Presbyterian and Reformed publishing Co., 1973), 10.

적 차이가 있다고 생각지 않았다. 1914년 바르트의 설교를 들어보면 하나님은 인간과 근본적인 질적인 차이가 있는 분이 아니고 인간보다는 더 나은 이상적인 분이라는 생각 정도에 머물러 있었다. 하나님은 나보다 나은 분이고 "좀 더 위대한 분이고 중요한 분이다."[12] 하나님은 인간이 생각할 수 있는 "가장 훌륭한 분"[13]일 뿐 인간과는 질적으로 다른 타자는 아니다. 하나님과 인간과의 차이는 하나님이 위대한 인격이라면 인간은 그보다 조금 못한 작은 인격이라는 차원에서 찾아볼 수 있었다.

1914년까지의 바르트는 예수 그리스도의 부활까지도 세상과는 질적으로 다른 어떤 것으로 생각하지 않았다. 그는 예수 그리스도의 부활을 자연의 부활 현상 같은 차원에서 이해했다.[14] "자연이 부활한다. …부활축제라는 것도 사실은 순수한 자연축제였는데, 후일 그리스도의 부활축제와 연계되었다."[15] 그러나 이와 같은 자연부활의 사상은 1915년 이후부터는 나타나지 않는다. 1915년 이후부터 예수 그리스도의 부활은 더 이상 자연의 부활과는 관련이 없다. 부활은 세상 속에 기존하는 것과는 전혀 다른 혁명적인 것으로 "새로운 창조"[16]이다. 그것은 "전적으로 새로운 것"[17]이고, 탐바하(Tambach)의 강연에서 바르트가 한 말을 빌리면 부활의 신은 "전적 타자"[18]이다.

---

12) K. Barth, *Predigten 1914*(Zürich: 1974), 316.
13) *Ibid.*, 259.
14) K. Barth, *Predigten 1914*, 188f.
15) *Ibid.*
16) K. Barth, "Biblische Fragen, Einsichten und Ausblicke", J. Moltmann(ed), *Anfänge der dialektischen Theologie Teil 1*(München: 1977), 72.
17) *Ibid.* 73.
18) K. Barth, "Der Christ in der Gesellschaft", J. Moltmann(ed), *Anfänge der dialektischen Theologie Teil I*, 35.

1915년부터 바르트는 부활은 세상 속에서는 결코 발견될 수 없는 새로운 것임을 인식한 것이다. 예수 그리스도의 부활은 죽음의 세력을 깨뜨리는 하나님의 새로운 힘이다. 부활은 낡은 세계를 청산하고 새 세계를 동터 오르게 하는 하나님의 승리의 출발점으로 바르트는 인식하게 되었다. 그러므로 부활의 날의 승리자 예수 그리스도는 1915년부터 새로이 등장하는 칼 바르트 신학의 중요한 계기를 제공하는 원천이 된다.

「로마서 강해」 제 1판에 나타난 칼 바르트의 신학사상

세상과 다른 하나님

칼 바르트의 유명한 명제인 "하나님은 하나님이고 세상은 세상이다"라는 표현은 1915년부터 등장한다. 바르트는 1915년 11월 15일 바젤에서 행한 "전쟁시대와 하나님의 나라"라는 제목의 강연에서 "하나님은 하나님이고 세상은 세상이다"[19] 라는 명제를 주장하기 시작했다. 우리의 새로운 시작은 "하나님을 하나님으로 인식하는 것"[20]에서부터이다. 바르트의 이와 같은 신학적 변천은 1914년 발생한 제 1차 세계대전과 연유된 자유주의 신학 스승에 대한 실망과 1915년 4월 독일 남서부 지방에 있는 받볼에서의 블룸하르트와의 만남에서 비롯되었다고 일반적으로 인식되고 있다.

---

19) E. Jüngel, *Barth-Studien*(Zürich/Köln: 1982), 33.
20) *Ibid.*

칼 바르트는 1915년 4월 10일에서 15일까지 받볼에 머물면서 블룸하르트가 주제하는 기도회에 참석했고 개인적으로 블룸하르트를 만나서 깊은 대화를 나누었다. 이 블룸하르트와의 만남에서 바르트는 세상적인 것(das Weltliche)과 신적인 것(das Götliche), 현존하는 것(das Gegenwärtige)과 오고 있는 것(das Kommende) 사이의 근본적인 차이를 인식하게 되었고, 하나님은 현존하는 세상과는 다른 분으로 오고 계시는 분이시고 세상을 근본적으로 새롭게 하시는 분(Erneuerer)이라는 것을 알게 되었다. 현존하는 옛 질서의 이 세계를 새롭게 하시는 하나님만이 우리의 희망이다. 우리는 이 하나님의 오심을 고요히 참을성 있게 기다려야 하고, 이 하나님의 오심의 징조가 보일 때는 서둘러 그 쪽으로 뛰어가서 적극적으로 동참해야 한다. 그는 블룸하르트에게서 인간이 하나님의 우선하는 결단과 행위의 권한을 찬탈해서 스스로 하나님보다 앞설 수 없음을 깊이 인식했다. 왜냐하면 하나님께서 앞서 행하시는 곳에서만 하나님의 나라가 건설되기 때문이다.

받볼에서 스위스로 돌아온 바르트는 췬델(F. Zündel)이 쓴 블룸하르트의 아버지인 요한 크리스토프 블룸하르트에 관한 책도 접하게 되면서 그 부자의 깊은 사상에 감명을 받게 되었다. 그는 블룸하르트 부자를 통해 하나님만이 희망이심을 알게 되었다. 이 시기에 그가 평화에 대해 쓴 글을 보면 그의 신학적 변천을 이내 짐작할 수 있다. "평화가 없음은 전쟁 때문이 아니다. 전쟁 역시 평화가 없음의 근본 원인이 못된다. …하나님께서 평화이시다. 평화가 없는 것은 하나님께서 그곳에 계시지 않기 때문이고 우리가 하나님 없이 평화를 이룩하려 했기 때문이다."[21] 칼 바르트는 하나님께서 계시지 않

---

21) E. Busch, *Karl Barths Lebenslauf*(München: 1978), 98.

음이 세계 내의 위기의 근원임을 인식하게 되었다.

1915년 이후부터 등장하는 바르트의 신학적 변천은 그의 성서 연구를 통해 한층 더 깊어지게 되었다. 이 시기에 바르트는 성서가 세상의 다른 책과는 근본적으로 다른 책임을 발견하게 되었다. 19C의 자유주의 신학자들의 관점에서 볼 때 성서는 거룩한 인간의 종교적 체험을 기록한 문서에 지나지 않았다. 성서는 기독교의 조상들이 체험한 신 체험, 종교적 체험을 기록한 문서였다. 타종교의 조상들도 기독교의 조상들과 유사한 신 체험, 종교적 체험이 물론 가능하다고 19C의 자유주의 신학자들은 생각했다. 따라서 성서의 세계는 타종교의 세계와 근본적인 질적 차이가 있다고 볼 수는 없었다. 성서에 들어 있는 숭고한 도덕적 정신은 타종교 속에서도 그 유사한 내용을 많이 찾아볼 수 있었던 것이다.

그러나 1915년 이후에 계속된 칼 바르트의 성서연구는 그때까지의 자유주의 신학적인 그의 사상을 근본적으로 뒤바꾸어 놓았다. 1916년 가을 로이트빌(Leutwil)에서 칼 바르트는 "성서 안에 있는 새로운 세계"(Die neue Welt in der Bibel)라는 제목의, 그의 신학적 변천을 뚜렷이 감지할 수 있는 중요한 강연을 했다. 이 강연에서 바르트는 성서 안에는 신기한 새 세계, 곧 하나님의 세계가 있음을 역설했다. 성서 안에 있는 세계는 세상의 도덕적 차원의 세계가 아닌 새 계약의 세계가 현존한다. 율법주의자보다도 세리와 창녀가 먼저 하나님의 나라에 들어가는 이 새 계약의 세계는 도덕적 오만보다는 겸손과 회개와 신앙을 요구하는 곳이다. 삼손, 다윗, 아모스 및 베드로와 같은 성서의 영웅들은 결코 도덕적으로 좋은 표본들은 아니었다.[22] 바르트는 성서 안에는 세상의

---

22) K. Barth, "Die neue Welt in der Bibel", 전경연 편역,「성서안의 새로운 세계」(서울: 향린사,

책과 종교 속에 발견되지 않는 인간을 향한 하나님의 말씀이 존재하고 있다는 사실을 알게 된 것이다. 그러나 세상의 책, 종교 속에는 인간들의 사상, 철학 같은 것이 발견될 뿐이다. 성서 속에는 전적으로 다른 새 세계, 곧 하나님의 세계가 있는 것이다. "우리는 성서 안에서 한 새로운 세계, 하나님, 하나님의 주권, 하나님의 영광, 하나님의 헤아릴 수 없는 사랑을 발견한다. 인간의 역사가 아니라 하나님의 역사이다! 사람들의 덕이 아니라 우리를 어두움에서부터 기이한 빛 가운데로 불러내신 그분의 덕이다! 인간들의 입장이 아니라 하나님의 입장이다!"[23] 성서 안에는 세상에서 발견할 수 없는 하나님의 말씀과 역사가 있다는 것을 바르트는 발견한 것이다. "성서의 내용을 이루는 것은 하나님에 관한 올바른 사상이다. 성서는 우리가 어떻게 하나님과 이야기하는가를 일러주는 것이 아니라 그가 무엇을 우리에게 말씀하시는가를 알려준다."[24] 성서의 길은 종교의 길과 다르다. 그러므로 성서가 말하는 세계는 종교와는 "다른 보다 위대한 새 세계"[25]에 관한 것이다.

바르트는 성서의 세계는 세상에 있는 것과는 "다르고" "새롭고" "위대하고" "신비스러운"[26] 세계라고 보았다. 그러므로 역사 안에 하나님이 들어오시는 것은 역사에 "전적으로 다르고 새로운… 하나의 역사가 시작되는"[27] 것을 뜻한다. 그것은 "하나의 새로운 세계가 우리의 일상적인 옛 세계 안으로 돌입하는 것이다."[28] 그러므로 새 세계를

1973), 13.
23) *Ibid.*, 19.
24) *Ibid.*, 17-18.
25) *Ibid.*, 17.
26) *Ibid.*, 19.
27) *Ibid.*, 12.
28) *Ibid.*, 12-13.

만드는 근원은 하나님의 오심이다. "불의한 땅의 한복판에서 하나님의 의를 수립하고 죽은 자들을 모두 살리고 한 새로운 세계를 생겨나게"[29] 하시는 분은 하나님이시다. 하나님의 생명과 부활의 능력이 세상을 새롭게 하신다. 이것이 칼 바르트가 "성서 안에 있는 새로운 세계"라는 강연에서 발견한 내용이었다.

1915년 이후부터 등장하는 칼 바르트의 새로운 신학적 발전은 1919년 출판된 「로마서 강해」제 1판에 그 내용이 집약되어 있다. 「로마서 강해」제 1판에 등장하는 새로운 신학의 혁신적 내용은 하나님과 세상의 질적 차이라는 말로 요약할 수 있다. 하나님은 이 세상에 지금까지 존재했던 어떤 것이 아니고 세상에 대해 전적으로 새로운 자이다. 하나님은 세상 속에 있었던 분이 아니고 "오고 계시는 분"[30]이다. 하나님의 오심은 새로운 세계가 이 세상에 돌입하는 것을 의미한다. 지금까지의 세상과는 질적으로 다른 세계가 세상 속에 자리 잡게 되는 것이 하나님의 오심의 의미이다. 하나님은 세상을 새롭게 하시는 분이다. 하나님은 옛 세계를 바꾸고 새 세계를 만드시는 분이다.

옛 세계를 새로운 세계로 바꾸시는 하나님이시기 때문에 하나님의 오심과 활동은 기존하던 옛 질서의 변화와 연결된다. 하나님의 영은 세상에 기존하던 것을 보호하는데 관심이 있지 않고 변혁시키시는데 관심이 있다.[31] 하나님의 영은 세상을 변혁시키시는 영이다. 그러나 하나님이 세상을 변혁시키는 것을 인간이 세상을 변혁시키는 것과 직접적으로 혼동하면 안 된다. 바로 여기에 19C 자유주의 신학자들의 문

---

29) *Ibid.*, 23.
30) K. Barth, *Der Römerbrief, Unveräderter Nachdruck der I. Auflage von 1919*(Zürich: 1936), 이하 RI로 표기, 238.
31) *RI*, 234.

제점이 있었다고 바르트는 보았다. "하나님의 새롭게 하시는 일이 인간적인 진보라는 것과 혼동되어서는 안 된다."[32] 이 혼동은 인간의 죄악을 깊이 인식하지 않는 데서 온다. 칼 바르트는 제 1차 세계대전의 포성을 들으면서 인간의 죄악성과 이기심을 깊이 느끼고 있었다. 18C의 계몽주의 시대와 19C의 자유주의 시대의 긴 세월을 보내면서 사람들은 과학의 진보가 세상의 유토피아를 가져다 줄 것으로 보고 있었다. 의학이 발달하면 인간의 질병은 없어질 것이고 비행기를 만들어 하늘 꼭대기까지 날아갈 수 있다는 부푼 꿈에 사람들은 사로잡혀 있었다. 그러나 그 꿈은 제 1차 세계대전과 더불어 산산조각이 나고 있었다.

하나님 나라 건설의 전제인 하나님의 능력

칼 바르트가 신학도 시절에 영향을 받았던 자유주의 신학자들은 한결같이 우리 주 예수 그리스도에게서 배워야 할 참된 기독교의 진수는 예수 그리스도의 고상한 인격이라고 가르쳤다. 예수 그리스도의 십자가의 죽음은 이웃 사랑을 위해 자신을 희생한 거룩한 인격을 계시하는 사건이었다. 이 거룩한 인격이 오고 있는 세대에 계승되어 기독교의 본질을 형성한다고 주장했다. 이와 같은 사상에 영향을 받았던 바르트는 1914년 "복음은 하나님 사랑과 이웃 사랑에 대한 예수의 단순한 가르침 이외의 다른 것은 아니다"[33]라고 설교했다.

그러나 바르트는 로마서를 연구하면서 세계사가 죽음의 힘과 영의

---

32) RI, 381.
33) K. Barth, Predigten 1914, 83.

힘 사이의 전투라는 것을 깨달았다. 그리고 이 죽음의 힘의 세력은 오직 더 큰 힘인 하나님의 힘에 의해서만 분쇄된다는 것을 발견했다.[34] 그는 세상 속에 존재하는 죽음의 힘과 성령의 힘의 구조적 차원을 로마서를 연구하면서 발견한 것이다. 세상에는 죽음의 힘과 성령의 힘이 존재한다. "세계사의 주제는 개별자로서의 인간의 마음씨를 묻는 것이 아니고 거대한 객관적인 세력들, 즉 죄의 세력과 의의 세력 간의 투쟁이다. 이 세력들 중 어느 쪽의 지배하에 존재하느냐에 따라⋯ 개별자로서의 인간의 존재가 죽음으로 가느냐, 아니면 삶으로 가느냐가 결판난다."[35] 그러므로 결정적인 문제는 이 세력들 중 어느 편에 가담하느냐의 문제이지 단순한 마음씨나 도덕의 문제는 아니다.[36] 이와 같은 바르트의 말 속에서 우리는 바르트가 이미 자유주의 신학의 근본 터전을 떠나고 있다는 것을 알 수 있다.

「로마서 강해」 제 1판의 칼 바르트에 의하면 죽음의 힘의 왕국은 인간의 개인적인 노력에 의해서는 결코 분쇄되지 않는다. 죽음의 힘이 지배하는 왕국은 오직 "그것보다 더 큰 하나님의 힘"[37]에 의해서만 분쇄된다. 바로 이와 같은 시각 때문에 바르트는 인간의 도덕적 경건을 이루고자 하는 개인적 노력은 불가능하다고 보았다. 그 노력은 결국 "오호라 나는 곤고한 사람이로다. 이 사망의 몸에서 누가 나를 건져내랴"(롬 7:24)라는 깊은 절망으로 끝나게 된다. 바로 이와 같은 관점에서 바르트는 자유주의를 거부하고 경건주의를 비판했다. 인간의 개인적 도덕적 경건을 신뢰했던 헤르만의 제자 바르트는 인간의 도덕적 경건

---

34) *RI*, 140.
35) *RI*, 172.
36) *RI*, 146.
37) *RI*, 140.

을 위한 개인적 노력에 대한 강조는 세상을 지배하는 힘의 구조적 성격을 모르는 데서 나오게 된 자유주의의 오류라고 생각하게 되었다. 경건주의의 근본적인 문제점도 자유주의와 동일하다. 그것은 스스로 경건에 이르려고 노력하나 결국 그곳에 도달하지 못한다는 점이다.[38] 그 노력은 결국 참담한 실패로 돌아간다. 바로 그곳에 "경건주의의 지옥"이 있다고 바르트는 보았다.

죽음의 힘의 왕국을 분쇄하는 길은 그리스도 안에 있다. 하나님의 능력은 그리스도 안에 나타난다. 우리가 그리스도께 사로잡혀 그리스도의 몸의 지체가 될 때 하나님의 참된 능력이 우리를 통해 나타난다. 바로 이런 관점에서 바르트는 "내가 그리스도의 몸에서 빠져나오면… 자동적으로 나는 죽음의 몸속에 존재하게 된다"[39]고 언급하고 있다. 그리스도의 몸에서 빠져나온 자들은 자동적으로 죽음의 세력의 지배를 받게 된다.

인간을 구원하고 새롭게 하는 것, 그리고 세상을 구원하며 세상을 새롭게 하는 것은 「로마서 강해」 제 1판의 칼 바르트에 의하면 오직 하나님의 능력에 달려있다. 죽음의 세력을 깨뜨리고 예수 그리스도를 부활시킨 하나님의 능력만이 인간과 세상을 구원하고 새롭게 하는 힘이다. "우리의 새로운 존재는 바로 이 힘에 의해 이끌림을 받고 지배받을 때 가능하다."[40] 이 힘이 "그 구원하시는 능력"[41]이고, "오고 있는 하나님의 나라를 성장시키는 에네르기이다."[42] 하나님의 나라는 "새 하늘과 새 땅을 이끌어 들이기 위해 하나님 자신이 너희 안에 행

---

[38] E. Busch, *Karl Barth und die Pietisten*(München: Kaiser Verlag, 1978), 55.
[39] *RI*, 216.
[40] *RI*, 194.
[41] *RI*, 219.
[42] *RI*, 221.

하시는 것"⁴³⁾을 통해서 온다. "승리는 시온을 통해서 오는 것이다."⁴⁴⁾ 하나님이 없는 한 승리는 없다. 예수 그리스도를 부활시킨 하나님의 능력이 세상 속에 새 하늘과 새 땅을 건설하는 전제인 것이다. 하나님의 나라는 하나님에 의해, 그리고 하나님의 능력에 의해 건설된다.

세상을 부정하고 긍정하는 하나님의 변증법적 활동

세상을 새롭게 하는 하나님의 활동은 「로마서 강해」 제 1판의 바르트에 의하면 세상에 대한 부정과 긍정이라는 양면을 지니고 있다. 앞에서 우리는 하나님의 나라는 세상의 도덕, 윤리, 정치, 이념과 무관하다는 바르트의 주장을 살펴보았다. 하나님의 나라는 인간적인 진보와 결코 혼동되어서도 안 되고 인간적인 어떤 것이 하나님 나라의 영광을 찬탈해서도 안 된다. 하나님의 나라는 세상의 혁명이라는 것까지도 부정하고 혁명하는 극단적인 혁명이다. 이런 관점에서 보면 모든 인간적인 것은 하나님 앞에서 하등의 가치도 갖지 못하게 된다.

그러나 이것은 바르트가 오고 있는 하나님의 나라와 세상적인 것을 구별하려는 노력에서 언급된 내용이다. 이와 같은 노력의 핵심은 하나님만이 하나님의 나라를 건설한다는 데 있다. 이런 관점에서 보면 인간적인 것은 하나님의 나라를 대신할 수 있는 가치를 지니지 못한다. 그러나 바르트는 「로마서 강해」 제 1판에서 이와 같은 인간적인 것의 부정에서 그의 주장을 끝마치지 않았다. 바르트는 또 다른 측면의 하나님의 나라의 중요한 일면을 「로마서 강해」 제 1판에 제시하고

---

43) *RI*, 381.
44) K. Barth, "Auf das Reich Gottes warten", Karl Barth/E. Thurneysen, *Suchet Gott, so werdet ihr leben*(München: 1928), 186.

있다. 즉 오고 있는 하나님의 나라는 세상 속에, 그리고 인간 속에 그 뿌리를 박고 자라고 있다는 점이다. 성령이 "네 안에"[45] 그리스도께서 "너희 안에"[46] 하나님의 법이 "우리의 마음 속에"[47] 있다.

바로 여기에서 바르트의 「로마서 강해」 제 1판을 이해하는 데 혼선이 생기게 된다. 왜냐하면 바르트가 한쪽에서는 인간성의 가치를 전면적으로 부정하고 또 한쪽에서는 매우 긍정하고 있기 때문이다. 이 인간성을 긍정하는 측면을 좀 더 살펴보면 바르트는 거의 자유주의 신학을 그대로 반복하는 듯한 언급이라고 할 수 있는 "신(神) 개념은 우리에게 우리 자신만큼 직접적으로 주어져 있다"[48] 라는 표현까지 그의 책에서 언급하고 있다. 바로 이와 같은 언급 때문에 바흐만(Ph. Bachmann)은 "하나님이 우리를 사랑하셔서 우리의 죄를 사하신다는 점에 대해서… 이 「로마서 강해」는 거의 언급하고 있지 않다. 하나님이 우리에게 그리고 우리와 함께 행동하시는 것이 아니고 우리 속에서 행동하신다. 하나님과 우리와의 사귐이라는 기본적 사상 대신에 우리 안에 내주하시는 하나님이라는 사상이 등장하고 있다"[49]고 지적하면서 바르트의 「로마서 강해」 제 1판을 자유주의 신학의 연장선상에 있는 강해라고 해석하고 있다. 부쉬(E. Busch) 역시 바르트의 「로마서 강해」 제 1판을 자유주의 신학자 헤르만의 신학의 영향권 속에 있는 신학으로, 하나님과 인간의 본질적 단절 및 죄인이면서 의인이라는 믿음의 내용이 결여된 하나님과 인간의 직접성의 관계를 말하는 신학이라고 평했다.[50] 부쉬에 의하면, 바르트는 인간이 "즐겁게… 하나님을 소유

---

45) *RI*, 221.
46) *RI*, 219.
47) *RI*, 221.
48) *RI*, 14.
49) E. Busch, *Karl Barth und die Pietisten*, 78.

하는"51) 신학을 전개하고 있다.

이와 같은 바흐만과 부쉬의 주장은 바르트의「로마서 강해」제 1판이 갖고 있는 양면성을 전체적으로 파악하지 않은 데서 유래되었다고 평할 수 있다. 바르트는「로마서 강해」제 1판에서 인간은 "죄인이고 죽음에 봉헌된 인간"52)임을 명백히 언급하고 있다. 하나님과 인간 사이에는 상호간의 직접적인 관계를 단절시키는 장막이 있다. "이 장막이 벗겨져야만 하나님은 우리에게 인식될 수 있다."53) 인간은 전체 피조물과 함께 포로 된 상태 속에 있다.54) 인간의 이성도 절름발이가 되어서 하나님을 직접 인식할 수 있는 상태에 있지 못하다. 인간의 "이성은 작고, 좀 더 큰 것은 알아도 참으로 큰 분은 모르고 있고, 파생된 것은 알아도 근원적인 분은 모르고 있고, 복잡한 것은 알아도 단순한 그분은 모르고 있는데, 즉 인간적인 것은 알아도 신적인 것은 모른다."55) 그러므로 인간이 직접적으로 하나님과 연계되는 것은 불가능하다. 인간과 하나님 사이에는 인간의 죄악으로 인한 분명한 단절이 있다.

그러나 그리스도 안에 있는 사람에게는 하나님과 인간 사이를 막고 있는 장막이 벗겨져 있다. 인간과 하나님과의 직접적인 관계는 이때 가능하다. 성령이 우리 안에 있고 하나님의 법이 내 안에 있는 것은 바르트에 의하면 그리스도 안에 있는 사람에게 나타나는 믿음의 현실이

---

50) *Ibid.*
51) *Ibid.*, 77.
52) *RI*, 10.
53) *RI*, 59.
54) *RI*, 216.
55) K. Barth, "Die Gerechtigkeit Gottes", in: K. Barth, *Das Wort Gottes und die Theologie*(München: 1924), 5.

다. 인간과 하나님과의 직접적인 관계는 죄의 포로 된 상태 속에서의 "인간이 실재적으로 석방되는 사건" [56] 속에서 이루어지는 현실이다. 이 그리스도 안에 있는 인간이 비로소 하나님의 동역자의 역할을 할 수 있다. 왜냐하면 그리스도께서 그 안에 살아 계시기 때문이다. 그리스도 안에 있는 자에게는 신적인 어떤 것이 그 안에 존재한다. 하나님의 영이 그를 지배하고 있기 때문에 그는 하나님의 나라의 건설의 일꾼이 될 수 있다.

인간에 대한 바르트의 이와 같은 양면적 이해는 그가 변증법적인 관점에서 인간을 이해하고 있다는 것을 뜻한다. 「로마서 강해」 제 1판에서 바르트는 인간에 대한 부정을 선언하는 동시에 인간에 대한 긍정을 선언하고 있다. 그런데 이 부정과 긍정을 규정하는 근거는 그리스도 안에 계시는 하나님이다. 우리가 그리스도 안에 있을 때 "우리의 눈을 통해 하나님께서 보시고 하나님의 표준이 우리의 표준이 되고, 그리고 하나님께서 우리의 사고 속에서 생각하시는 •일" [57]이 일어난다. 인간의 이성은 이 때 하나님의 영을 동반하고 인간의 활동은 신적인 영광을 반사하는 영광스러운 어떤 것이 되는 것이다.

바르트에 의하면 세상은 부정되고, 또 긍정될 두 가지 가능성이 있다. 그런데 이 두 가능성을 규정하는 분은 하나님 자신이다. 긍정과 부정이 흘러나오는 원천은 하나님이다. 하나님 안에는 부정과 긍정이 있다. 이와 같은 개념을 바르트는 다음과 같은 말로 표현했다. 하나님은 "정(Thesis) 속에서도 반(Antithesis) 속에서도 계시지 않고 합(Synthesis) 속에 계신다." [58] "하나님 안에만 합이 있다. 그리고 오직 하나님 안에

---

56) *RI*, 141.
57) *RI*, 15.
58) K. Barth, "Biblische Fragen, Einsichten und Ausblicke", in: K. Barth, *Das Wort Gottes und die*

서만 이 합이 우리에게 발견될 수 있다."[59] 세상을 심판하는 힘도 하나님 안에서 발견되고, 세상이 새롭게 되는 긍정의 힘도 하나님 안에서 발견된다. 지상적인 것과 천상의 것의 합도 하나님 안에서만 가능하다. 유한한 것과 영원한 것의 합도 하나님 안에 있다. 피조적인 것과 신적인 것의 합도 하나님 안에 있다.[60] 하나님을 떠나서 이 두 세계의 합은 사실상 불가능하다. 그러나 합이신 하나님의 활동 속에는 지상의 것과 천상의 것이 결합된다.

바로 이와 같은 변증법적인 관점에서 바르트는 세상에 존재하는 모든 것에 대한 해석을 새롭게 했다. 세상에 존재하는 그 어떤 가치 있는 것도 하나님을 떠나서는 하나님의 심판 하에 있는 무가치한 어떤 것에 지나지 않는다. 그러나 그것이 합이신 하나님의 세상적인 도구가 될 때 그것은 하나님의 신성을 담지하는 그릇이 될 수 있다. 평화주의도 이런 관점에서 하나님 나라의 징표가 될 수 있다. 그리스도 안에서 하나님의 도구로 사용되는 모든 인간적인 것, 세상적인 것은 하나님의 나라의 징표가 된다. 바로 이런 의미에서 인간들의 집단인 교회도 "교회 안에 하나님께서 계신다"[61]는 의미에서의 신성을 담지하는 그릇이 될 수 있다.

Theologie(München: 1924), 62.
59) K. Barth, "Der Christ in der Gesellschaft", in: J. Moltmann(ed.), *Anfänge der dialektischen Theologie Teil*(München: 1977), 34.
60) K. Barth, "Biblische Fragen, Einsichten und Ausblicke", 75.
61) *RI*, 267f.

역사 속에서 성장하는 하나님의 나라

「로마서 강해」 제 1판에서의 칼 바르트의 하나님 나라에 대한 이해는 역사 속에서의 성장이라는 개념으로 표현할 수 있다. 하나님의 나라는 역사 속에서 성장한다. 바르트에 의하면 예수 그리스도는 새로운 나라의 "씨"이다.[62] 이 새로운 나라의 씨로서의 예수 그리스도는 역사 속에 구체적 "장소"[63]를 지니고 있다. 이 예수 그리스도에게서 시작된 하나님 나라의 운동은 그 장소를 점점 더 확장해 나간다. 예수 그리스도에게서 시작된 하나님의 나라는 세상의 옛 질서와 어둠을 뚫고 전 세계를 새롭게 하기 위해서 발전한다. "육의 세계 한복판에 하나님의 세계의 영토가 생겨났다. 이 영토의 영역은 계속적으로 커져가고 있다."[64] 이와 같은 세계 속에서 커져가는 하나님 나라의 완성은 땅 위에서 이루어질 것이다.[65]

칼 바르트에 의하면 하나님의 나라는 땅 위에서 성장한다. 이 나라는 차안의 세계를 버리고 피안의 세계로 도피하는 나라가 아니고 세상 속에서 세상을 변혁하고 새롭게 해서 성장하는 나라이다. 이 하나님의 나라는 갑자기 하늘에서 도래하는 것이 아니고 인간적인, 역사적인 방법으로 성장하는 나라이다.[66] 이 성장을 위해 하나님은 인간을 필요로 하신다. 그리스도 안에 있는 인간들은 이 하나님 나라의 성장을 위해 기여할 수 있는 일꾼들이다. 다른 관점으로 표현하면 인간은 이 성

---

62) *RI*, 2.
63) *Ibid*.
64) *RI*, 224.
65) *RI*, 243.
66) *RI*, 61.

장하는 하나님 나라의 일꾼들이 되어야 한다. "물론 하나님께서 지배하신다. 그러나 그는 너 안에서 너를 통해 지배하시기를 원하신다."[67] "우리는 그리스도 안에서 하나님의 군병들이다."[68] 우리는 하나님이 계신 곳에서 하나님과 함께 싸워야 하고 또한 그분이 원하시는 평화를 그분과 함께 이룩해야 한다.[69] 그리스도 안의 인간은 "하나님의 살아있는 팔"[70]이다. 하나님의 나라는 이와 같은 하나님의 살아있는 팔인 인간적인 도구를 통해 성장한다.

그러나 1919년 「로마서 강해」 제 1판이 출판된 직후부터 칼 바르트의 신학은 다시 서서히 변천하기 시작했다. 이 변천의 중요한 한 측면이 1919년 탐바하 강연인 "사회 속의 그리스도인" 속에서 발견되고 있다. 이 탐바하 강연은 「로마서 강해」 제 1판에서 제 2판으로 넘어가는 가운데 있는, 그렇기 때문에 「로마서 강해」 제 1판의 사상의 연장 선상에 있는 동시에 이미 제 2판의 사상이 시작되는 작품이다. 이 탐바하 강연에서 바르트는 하나님의 역사를 "나는 새의 눈 깜박하는 순간의 모습에 비유될 수 있는 순간적인 운동"[71]으로 묘사하고 있다. 하나님 나라의 역사는 "시간과 공간 속에… 그 근원과 목표를 갖고 있지 않는 운동"[72]이다. 이 사상은 하나님의 영원이 시간과 만날 때는 원과 직선이 만나는 접점과 같다는 「로마서 강해」 제 2판의 사상을 느낄 수 있는 것으로 이해된다. 「로마서 강해」 제 1판이 출판된 직후부터 칼 바르트는 하나님 나라의 역사 속에서의 성장 가능성을 부정하는 방향

---

67) *RI*, 173.
68) *RI*, 234.
69) *Ibid.*
70) *RI*, 7.
71) K. Barth, "Der Christ in der Gesellschaft", 9.
72) *Ibid.*

으로 나아가기 시작했다. 이 방향은 1920년의 "성서적 질문들과 통찰들과 전망들"(Biblische Fragen, Einsichten und Ausblicke)에서 더욱 분명히 나타난다. 하나님 나라의 역사는 "어떠한 역사적 사건도 아니다".[73] 세계사는 하나님에 의해 진행되거나 지배받는 역사가 아니다. 하나님의 나라는 역사의 발전의 종국과는 아무런 연관이 없다.

「로마서 강해」 제 2판(1922)에 나타난 칼 바르트의 신학사상

1922년 출간된 「로마서 강해」 제 2판은 세계 신학계를 뒤흔든 충격의 저술이었다. 칼 아담스(Karl Adams)는 이 「로마서 강해」 제 2판을 자유주의 신학자들의 놀이터에 떨어진 폭탄이라고 칭했다. 바르트는 「로마서 강해」 제 1판(1919)을 출간시킨 이후에 다시 제 2판을 집필하기 시작했는데 이 제 2판은 제 1판을 일부 수정한 책이 아니고 완전히 다시 쓴 책이었다. 바르트 스스로 "돌 하나도 처음 장소에 남아 있는 것이 없다"[74]고 언급할 정도로 완전히 새로운 신학의 각도에서 다시 쓴 것이었다. 바르트는 「로마서 강해」 제 1판으로 자유주의 신학의 잔재를 완전히 극복하지 못했다고 생각했다. 바르트는 「로마서 강해」 제 2판에서 하나님의 나라가 세상 속에 존재하지 않음을 강조하면서 시간의 세계를 신성화하고자 하는 모든 자유주의적 요소를 철저히 배격했다. 그러면 「로마서 강해」 제 2판에 나타나는 바르트의 신학정신은

---

73) K. Barth, "Biblische Fragen, Einsichten und Ausblicke", 73, 85; *Ibid.*, 72, 65.
74) *R II*, VI.

무엇이며, 또 그는 어떤 신학적 체계 속에서 세상을 신성화하고자 하는 모든 자유주의적 요소를 배격했을까?

전적 타자이신 하나님

「로마서 강해」 제 1판에서의 하나님은 세상을 새롭게 하는 분이었다. 예수 그리스도의 부활은 세상 속에 존재하는 죽음의 권세를 깨뜨리고 모든 존재의 궁극적 의미를 그의 육체성을 통해 나타낸 사건이었다. 즉 육체의 삶의 새로운 미래를 나타낸 하나님의 새로운 사건이었다.[75] 하나님의 목표는 땅 위에서의 인간의 새로운 육체적 삶과 연계되어 있었다. 그러나 이와 같은 사상은 「로마서 강해」 제 2판에는 나타나지 않는다. 칼 바르트는 「로마서 강해」 제 2판을 쓰면서 플라톤(Platon)과 프란츠 오버벡(F. Overbeck) 등의 사상적 영향을 받으면서 하나님의 영원은 인간적인 삶, 육체적 삶의 부정을 의미한다고 생각하게 되었다. "영(하나님의 영을 의미함)은 전적으로 육체성의 죽음을 의미한다."[76] 육체성과 하나님은 공존할 수 없다. 하나님은 우리에게 새로운 육체성을 부여하는 분이 아니고 육체성 그 자체를 폐기시키는 분이다. 「로마서 강해」 제 2판의 바르트에 의하면 하나님은 모든 형태의 육체성을 부정한다.[77] 인간으로서의 예수까지도 하나님의 심판하에 있는 존재이다. 예수의 인간

---

75) *RI*, 230.
76) *RII*, 272.
77) 후기의 바르트는 「로마서 강해」 제 2판의 바르트와 상당한 대조를 이룬다. 바르트는 「교회교의학」을 써나가면서 하나님의 인간성을 발견하게 되었다. 예수 그리스도 안에 나타난 하나님의 계시를 기초로 해서 살펴보면 하나님의 신성 속에는 인성이 내포되어 있다는 사실을 바르트는 발견한 것이다. 이와 같은 바르트의 신학의 변천은 1956년의 강연인 "Die Menschlichkeit Gottes"에서 잘 살펴 볼 수 있다.

적 형상은 "이 하나님의 심판을 온전히 이루기 위한… 하나님의 아들의 속성이었다."[78] 하나님은 인간의 육체적 삶을 새로이 창조하시는 분이 아니고 전적으로 부정하고 폐기하는 분이다.

「로마서 강해」제 1판과 제 2판의 본질적 차이는 제 1판에서는 하나님이 세상을 새롭게 하시는 분이라는 데 있다면 제 2판에서는 세상을 부정하는 전적 타자라는 데 있다. 제 1판과 제 2판이 모두 자유주의 신학을 거부하는 신학의 특징을 갖고 있지만 그 거부의 강도에 있어서 제 2판은 제 1판에 비해 더욱 철저하고 극단적이다. 제 2판에서 그는 하나님은 세상이 절대로 알 수 없는 전적 타자임을 강조했다. 전적 타자이신 하나님은 세상을 새롭게 하시는 영역 속에 있는 것이 아니고 세상성과 관련 없는 영원성 속에 있다. "하나님은 하늘에 계시고 너는 땅에 있다"(Gott ist im Himmel und du auf Erden)[79]. 하나님이 계시는 영역과 사람이 사는 영역은 근본적으로 구분된다. 세상은 하나님의 나라와 철저히 단절되어 있다. 「로마서 강해」제 2판의 칼 바르트에 의하면 하나님은 세상의 변화를 위해 세상을 부정하시는 분도 아니다. 인간은 하나님의 부정 속에서 새로운 변화된 세상의 긍정과 인간의 긍정을 찾으려 해서도 안 된다. 하나님은 죽음에서 새로운 인간적 삶을 창조하시는 분도 아니다. 1920년의 "성서적 문제들과 통찰들과 전망들"을 쓸 때까지 바르트는 예수 그리스도의 부활을 죽음에서 새로 출생하는 새로운 육체적 삶으로 이해했다.[80] 그러나 이런 사상은 「로마서 강해」제 2판에서는 거부되고 있다. 하나님의 입장에서는 이 세상 속에 있는 것은 부정이나 긍정이나, 부정 속에서 나오는 긍정이나 마찬가지로 부

---

78) *RII*, 264.
79) *RII*, XIII.
80) K. Barth, "Biblische Fragen. Einsichten und Ausblicke", 67.

정되는 것일 뿐 그 이상의 차이는 없다.

"우리가 긍정보다 더 깊이 부정 속에 몸담고 있다 할지라도… 그것은 우리가 더 깊이 죄 속에 빠져들고 있다는 것 이상의 다른 의미는 없다."[81] 이 세상 속의 낙관주의와 비관주의 사이에는 하등의 차이가 없다.[82] 이 세상 속의 비관주의도 낙관주의도 하나님께 이르는 길이 아니다. 하나님은 세상을 무한히 부정할 뿐이다. "하나님은… 순수한 부정이고, 그러므로 차안과 피안의 피안이며, 차안의 피안이며 피안의 차안을 의미하는 그 부정을 부정하는 분이며, 우리의 죽음의 죽음이며, 우리의 비존재의 비존재이다."[83] 다시 표현하면 하나님은 "모든 차안적인 긍정과 차안적인 부정의 부정이다."[84] 이런 의미에서 하나님은 모든 인간적인 세상을 철저하게 부정하는 전적 타자이다.

「로마서 강해」 제 2판의 칼 바르트에 의하면 세상과 하나님 사이에는 죽음의 선(Todeslinie)이 있고, 빙하의 계곡(Gletscherspalte)과 극지역(Polarregion)과 황폐지역(Verwstungszone)이 존재한다. 그러므로 "인간이 하나님의 나라를 들여다본다든지 하나님의 나라가 이 세상 속에 강림한다든지 하는 것은 있을 수 없다."[85] 세상을 아무리 개혁해도 그것은 세상일뿐이지 하나님의 나라와는 무관하다. 하나님은 세상을 새롭게 하기 위해 세상 속에서 세상을 개혁하지 않는다. 왜냐하면 하나님의 나라는 세상 속에 있지 않고 세상과 근본적으로 단절되어 있기 때문이다.

---

81) *RII*, 446f.
82) *RII*, 129.
83) *RII*, 118.
84) *RII*, 446.
85) *RII*, 301.

세상 속에 존재하지 않는 하나님의 나라

「로마서 강해」 제 1판에 의하면 하나님의 나라는 세상 속에서 성장하는 나라였다. 그러나 이 세상 속에서 성장하는 하나님의 나라라는 개념은 「로마서 강해」 제 2판에서는 찾아볼 수 없다. 「로마서 강해」 제 2판의 바르트에 의하면 하나님의 영원은 시간성 속에 존재하지 않는다. "메시야이신 그리스도는 시간의 종말이다."[86] 시간적인 것은 하나님 나라의 도구가 되지 못한다. 또한 하나님은 시간의 세계 속에 그의 나라를 대신할 만한 그 어떤 것도 세우지 않는다.[87] 하나님의 나라는 하나님의 영원 속에 있는 나라이다.

그러므로 소위 말하는 구원사라는 것도 있을 수 없다. "소위 구원사라는 것도 계속되는 위기일 뿐이다."[88] 구원사 역시 "육체적"인 것이다.[89] 구원사를 가정하고 구원사 속에서 신성을 찾고자 하는 노력은 시간과 영원의 근본적 차이를 간과한 데서 나온 잘못된 노력이다. 구원사의 계속과 발전이 하나님 나라의 계속과 발전이라는 생각은 근본적인 오류 위에 있는 생각이다. 하나님의 나라는 모든 세계 역사 전체를 위기에 몰아넣는 종말론적인 현실이다.[90]

따라서 세상적인 것이 하나님의 나라를 나타내는 징표가 될 가능성은 전혀 없다. 하나님의 영원은 결코 시간이라는 도구를 지닐 수 없다. 세상성(Weltlichkeit) 속에는 신성(Göttlichkeit)이 존재하지 않는다. 바로 이런 관점 때문에 「로마서 강해」 제 2판의 바르트에 의하면 사회주의 역

---

86) *RII*, 5f.
87) *RII*, 482.
88) *RII*, 32.
89) *RII*, 259.
90) *RII*, 222.

시 하나님 나라의 징표가 될 가능성은 전혀 없다. 하나님의 나라는 사회주의를 부정하면서도 동시에 긍정할 가능성이 있는 것이 아니고 완전히 부정한다. 교회 역시 하나님을 지닌다는 불경한 말을 해서는 안 된다. 하나님은 교회 속에 존재하지 않는다.「로마서 강해」제 1판에서는 인간이 하나님을 대신하는 하나님의 팔이 될 수 있다고 주장했으나「로마서 강해」제 2판에서는 인간과 하나님의 협력 가능성을 바르트는 모두 부정했다. "안 된다. 어떠한 계약 신학(keine Föderaltheologie!)도 있을 수 없다!"[91] 하나님은 인간적, 세상적 도구를 갖고 있지 않다.

하나님의 심판과 세상의 위기

「로마서 강해」제 2판의 바르트에 의하면 하나님은 세상에 그의 나라를 대행하는 도구를 갖고 있지 않다는 차원을 넘어서, 하나님은 세상과 역사의 위기라는 관점에서 파악되고 있다. 하나님은 세상을 위기에 몰아넣으신다. "전 세계는… 하나님의 진노의 흔적일 뿐이다."[92] 시간과 영원이 마주치는 곳에서 세계는 위기 속에 휩싸인다. 하나님이 계시는 곳에서 인간은 죽을 수밖에 없고 "조각조각 부서진다"(zerschellen).[93] 하나님은 인간과 세상과 역사를 위기에 몰아넣고 심판하신다. "하나님과 우리 사이에는 모든 날들의 끝 날까지 십자가가 서 있고 또 서 있을 것이다."[94] 인간 예수 안에서 행해진 심판은 하나님이 인간과 세상을 부정하고 심판하신다는 것의 계시이다.

---

91) *RII*, 409.
92) *RII*, 19.
93) *RII*, 269.
94) *RII*, 85, 87.

「로마서 강해」제 2판에서 바르트는 하나님과 인간, 하나님과 세상, 하나님과 역사와의 철저한 단절을 강조하고 이 단절은 단순한 단절이 아닌 인간, 세상, 역사에 대한 하나님의 강한 부정임을 강조하고 있다. 하나님은 인간, 세상, 역사 속에 자신의 신성을 내재시키는 분이 아니고, 하나님의 신성은 그 자체가 인간, 세상, 역사의 위기요 심판이라는 것이다. 이것은 결국 인간, 세상, 역사와 하나님을 연결하려는 자유주의 신학의 거대한 시도를 그 근본에서부터 부수고자 하는 노력이 그 핵심에 있다고 볼 수 있다. 그러므로 "바르트의 로마서 주석은… 종교와 문화에 대한 예언자적 비판이다. 이 작품은 하나님의 하나님 되심을 인정하며, 하나님과 인간의 창의력을 종합하려는 신프로테스탄트적 종합을 파괴하려는 것이었다"[95]는 폴 틸리히(Paul Tillich)의 주장은 옳은 것이다. 바르트는 하나님과 종교, 하나님과 문화를 연결시키고자 했던 자유주의 신학에 심판을 선언하고 있었던 것이었다.

바르트의 이와 같은 위기의 신학은 당시의 시대적 상황을 신학화한 역작이라고 볼 수 있다. 바르트의「로마서 강해」제 2판은 슈펭글러(Spengler)의「서구의 몰락」(Der Untergamg des Abendlandes)과 쌍벽을 이루는 당시의 위기적 서구인의 정신을 나타내는 대표적 작품이었다. 이 작품들은 제 1차 세계대전으로 인한 낙관주의의 붕괴와 지구를 뒤덮고 있는 위기와 심판의식을 잘 표출한 것들이었다. 바르트의 신학은 상아탑 속에서 현실과 유리된 신학이 아니었고 언제나 역사적 정황을 신학적으로 해결하고자 했던 노력의 산물이었다. 1934년의 그의 '바르멘 신학선언' 역시 이와 같은 맥락에서 이해되는 일련의 사건이었다.

---

95) Tillich, "The Present Theological Situation in the Light of the Continental European Development", *Theological Today* 6(October, 1949), 302.

바르트는 제 1차 세계대전의 포화와 그 이후의 엄청난 위기 상황 속에서 인간의 죄악성과 인간과 단절된 하나님의 거룩한 신성 및 인간의 죄악을 심판하시는 하나님의 심판을 성서를 통해 발견한 것이었다. 그는 정치적, 사회적 위기의 현실 속에서 인간과 인간의 문화 및 역사는 하나님의 심판 하에 있다는 세상의 위기를 발견했던 것이다. 이 위기의 발견이 하나님의 심판에 대한 강조로 이어졌고 위기의 신학(Theologie der Krisis)을 발전시키는 계기가 된 것이었다.

하나님의 존재와 행위의 불가해성

하나님은 인간에 의해 인식되는가? 이 질문에 대해 「로마서 강해」제 2판의 칼 바르트의 답변은 불가능하다는 것이었다. 하나님은 우리에게 "알려지지 않는 분이었고, 연구될 수 없는 분이고, 숨어 계신 분이고 낯선 분이다."[96] 하나님의 신성이 세상 속에 내재하고 있지 않기 때문에 인간이 하나님을 인식한다는 것은 불가능하다.

그러나 칼 바르트의 이 말이 하나님의 모든 면이 인간에게 인식되지 않는다는 말은 아니다. 「로마서 강해」제 2판에 의하면 하나님의 심판은 인간에게 인식된다. 왜냐하면 하나님은 세상 속에 내재하고 있지는 않지만 세상을 위기에 몰아넣고 심판하신다. 세상이 하나님과 만나는 그 자리에서는 세상은 하나님의 심판 하에 있고 하나님의 심판의 흔적이 세상 속에 나타난다. 하나님의 부정, 하나님의 심판은 「로마서 강해」제 2판에서는 "이성적으로 인식될 수 있다."[97] "전 세계는 하나

---

96) *R II*, 279.
97) *R II*, 22.

님의 흔적이다. 그러나 물론 그것은… 하나님의 진노의 흔적일 뿐이다."[98] 그러나 하나님의 긍정적인 모습은 인식되지 않는다. 단지 하나님의 부정적인 모습이 세상 도처에 명백히 드러나고 있는 것뿐이다. 그러므로 칼 바르트의「로마서 강해」제 2판이 모든 형태의 자연신학을 부정한 것은 아니다. 하나님의 긍정의 인식은 자연신학적으로 불가능하나 하나님의 부정의 인식은 자연신학적으로 가능하다. 전 세계가 하나님의 심판하에 있다는 것은 이성적으로 파악이 가능하다.

그러나 하나님의 긍정적인 모습은 어떻게 인식될 수 있는가?「로마서 강해」제 2판에서는 어떠한 인간도 하나님의 긍정적인 모습을 인식 못한다. 하나님은 인간에 의해 탐구되지 않는다. 인간의 이성이 파악하는 것은 언제나 인간적인 어떤 것이지 결코 신적인 어떤 것은 아니다. 그러므로 인간의 말은 그 어떤 것도 하나님을 올바로 나타내지 못한다. 이 말은 "바울과 예언자와 하나님 나라의 사도에게도 타당하다."[99] 모든 인간의 말은 예외 없이 하나님 자신의 말씀이 되지 못한다. 하나님은 모든 인간적인 증언으로부터 자유롭다.[100] 하나님에 대한 모든 인간적인 증언들은 하나님의 말씀을 표현해 보고자 하는 노력이나 실상은 성공하지 못한 "좌절된 인간적, 언어적 도구"[101]에 불과하다. 하나님의 말씀은 결코 인간의 말이나 생각 속에 그 자신을 담그고 계시지 않는다. 여기에 하나님의 사람들의 곤궁이 있다.

그러므로 칼 바르트는 1922년 "신학의 과제로서의 하나님의 말씀" (Das Wort Gottes als Aufgabe der Theologie)이라는 강연에서 다음과 같이 언급

---

98) *RII*, 19.
99) *RII*, 32f.
100) *RII*, 102.
101) *RII*, 317.

했다. "우리는 신학자로서 하나님께 대해 언급해야 한다. 그러나 우리는 인간이고, 인간으로서는 하나님에 대해 언급할 수 없다. 우리는 두 가지 곧 우리의 해야 한다와 할 수 없다를 알고 이것으로 하나님께 영광을 돌려야 한다."[102] 바르트의 이 말의 뜻은 무엇인가? 해야한다와 할 수 없다를 알고 하나님께 영광을 돌린다는 것은 무슨 해결책인가? 그러나 바르트 해석자들은 이것은 해결책이라기보다는 당시의 바르트의 말 그대로 "우리의 곤궁"[103]을 나타내는 말 이외의 다른 것이 아니라고 보고 있다. 인간은 인간으로서 그 누구도 하나님에 대해 모른다.

신학자도 예언자도 사도도 인간인 한 하나님을 알지 못하고 하나님을 대신할 수 없다. 하나님은 모든 인간의 생각과 이성적 판단에 대해 자유롭다. 하나님과 인간과의 깊은 단절 및 인간성 자체를 부정하는 것이 하나님의 신성의 본질이기 때문에 인간은 인간으로서 결코 하나님을 알지 못한다. 따라서 하나님의 행위 역시 인간의 이성이 이해할 수 있는 것이 못된다. 왜 하나님이 모세는 택하고 바로는 버렸는지 인간은 알 수 없다. 그것은 전적으로 하나님의 주권과 자유에 있는 것이다. 세상 속의 인간이 파악할 수 있는 것은 아니다. 우리에게 계시된 하나님은 숨어 있는 하나님이고 인간의 이성에 대해서 극단적으로 불가해한 분이다. 자신의 자유에 따라 택하고 버리시는 하나님은 인간의 눈에는 폭군(Despot)으로 여겨질 수도 있다.[104] 그러나 그것이 아무리 인간의 이성에 불가해하다 할지라도 그것이 바로 하나님의 주권을

---

102) K. Barth, "Das Wort Gottes als Aufgabe der Theologie", K. Barth, *Das Wort Gottes und die Theologie*(München: Kaiser Verlag, 1924), 158.
103) *Ibid.*
104) *R II*, 335.

의미하고 하나님의 자유를 의미하고 하나님의 의를 의미한다. 그러므로 지옥에서 버림받은 자의 이빨 가는 소리도 선택받은 자의 찬양과 같이 하나님의 의를 찬양하는 것이다[105]라고 바르트는 주장했다. 하나님의 계시는 인간의 이성을 근본적으로 위기에 몰아넣는다.

세상 속에 존재하는 하나님의 계시의 역설적 가능성

하나님의 나라는 세상 속에 존재하지 아니하고 인간은 인간으로서 결코 하나님을 알지 못한다면 결국 인간의 곤궁과 절망 이외의 다른 어떤 것을 바르트의「로마서 강해」제 2판에서 발견할 수 없는 것이 아닌가? 바르트의「로마서 강해」제 2판은 위기의 신학의 차원을 넘어서 결국 절망의 신학이 아닌가? 이와 같은 질문은 간단히 부정이나 긍정으로 얘기할 수 없는 바르트의「로마서 강해」제 2판을 평가하는 매우 중요한 질문이다. 바르트의「로마서 강해」제 2판의 신학 속에 과연 긍정이 존재하는가?

그러나 바르트는「로마서 강해」제 2판에서 단 하나의 가능성을 찾아내었다. 그 가능성은 바르트의 표현에 의하면 "불가능한 가능성"[106]이다. 이 불가능한 가능성은 영원이 시간과 만날 때 일어나는 원과 직선의 접점과 같은 순간을 나타내는 가능성이다. 영원은 시간 속에 존재할 수 없으나 시간과 부딪히는 순간은 있다. 이 순간은 "시간들 사이에 있는 순간"[107]이다. 그것은 하늘의 빛이 번쩍이다가 다시 사라지

---

105) *R II*, 331.
106) *R II*, 87f. 114. 불가능한 가능성이라는 개념에 대한 바르트와 오버벡과의 사상적 연관성에 대해서는 다음의 글을 참조하라. E. Jüngel, *Barth-Studien*, 61-83.
107) *R II*, 481.

는 순간과 같다. 이 번쩍임은 시간성 속에 있으면서도 없는 번쩍임이기 때문에 시간적인 관점에서 보면 불가능한 가능성 곧 "역설"(Paradox)이며 "기적"(Wunder)이다.[108] 이 역설의 기적이 일어날 때 인간은 하나님을 인식한다.

이처럼 바르트가 언급한 불가능한 가능성이「로마서 강해」제 2판에서 시간과 영원을 연결시키는 유일한 가능성이다. 이 가능성이 신적인 것(正)과 인간적인 것(反)을 연결하는 유일한 합(合)의 지점이다. 그러므로「로마서 강해」제 2판의 신학은 역설적인 변증법적 신학 혹은 역설의 신학이라고 규정해야 된다.「로마서 강해」제 1판이 헤겔적인 변증법적 구조를 갖고 있다면「로마서 강해」제 2판은 합(合)의 지점이 역설로 처리된 역설의 신학이다. 이와 같은 신학은 결국 하나님이 이 세상 밖으로 밀려나갈 위험을 안고 있다. 죌레(D. Sölle)는 케에르케고르적인 역설 개념보다는 헤겔적인 역동적 변증법적 구조가 더 바람직하다고 주장하면서 역설은 세상을 폐쇄시키는 데 반해서 **변증법은 세상을 밝히는 힘**을 갖고 있다고 밝혔다.[109] 몰트만 역시 역설보다 변증법이 세상의 모순을 극복하는 실재적인 기능을 발휘할 수 있다고 보고 있다.[110]

바르트가「로마서 강해」제 2판에서 언급하는 역설의 기적을 긍정적인 시각에서 평가하면 신앙 속의 기적을 의미한다. 즉 하나님을 인식하는 것은 세상적인 방법으로 이성적인 분석의 방법으로 인식되는 것이 아니고 오직 신앙 속에서만 가능함을 말하고자 하는 노력 속에서

---

108) *RII*, 96.
109) D. Sölle, "Paradoxe Identitat", *MPTH* 1964, 372.
110) J. Moltmann, "Gottes Offenbarung und Wahrheitsfrage", J. Moltmann, *Perspektiven der Theologie*(München: 1968), 33f.

역설의 기적이란 말이 언급되었다. 하나님이 세상적인, 이성적인 방법으로 파악되지 않는 이유는 하나님과 세상과의 근본적인 질적 차이, 곧 하나님과 세상과의 넘을 수 없는 단절 때문이라는 말이다. 바르트에 의하면 세상의 역사(Historie)의 관점에서는 하나님은 결코 알 수 없는 분이다. 하나님의 역사는 세상의 역사(Historie) 차원 속에 있지 않는 원역사(Urgeschichte)이다. 이 역사는 시간 속에 있으면서도 시간적 역사가 아닌 것으로 곧 시간들 사이에 있는(Zwischen den Zeiten) 역사이다. 이 역사는 하나님의 계시의 순간 파악되지만 인간적 역사 속에는 그 흔적을 조금도 남기지 않는 역사이다.

따라서 그에 의하면 예수 그리스도의 부활을 역사적으로 증명하려는 모든 시도는 불가능한 시도이다. 예수 그리스도에 대한 모든 역사적 연구는 결국 역사적 예수를 발견하는데 머물지 그의 계시적 차원은 결코 밝혀내지 못한다. 그러므로 19C 자유주의 신학의 모든 역사적 예수에 대한 비판적 탐구는 계시의 참된 차원을 발견하는데 실패할 수밖에 없었다. 예수 그리스도의 부활은 역사적, 이성적 탐구에서는 언제나 신화로 밖에 파악되지 않기 때문에 언제나 제거되고 부정된다. 바로 여기에 자유주의 신학과 역사비판학적 탐구의 한계가 있다고 바르트는 주장했다.

「로마서 강해」 제 2판의 신학적 가치와 바르트 후기 신학에서의 신학적 발전

칼 바르트의 「로마서 강해」 제 2판은 하나님 없는 세계와 인간의 절망과 불가능성을 강조한 점에 장점이 있는 신학이다. 하나님 없는 세계는 위기이자 심판의 그늘 아래 있다. 하나님 없이 외치는 인간만세와 역사에 대한 낙관주의는 결국 산산이 부서지고 재만 남을 것이다. 이 점에 있어서 「로마서 강해」 제 2판은 위대성이 있다. 그러나 「로마서 강해」 제 2판은 하나님과 세상과의 차이와 단절을 너무 극단적으로 이해함으로 말미암아 하나님과 세상과의 관계를 단절시키는 오류를 범했다. 하나님은 역사를 새롭게 하는 분이시므로 하나님을 역사 밖의 원역사로 축출시키면 안 된다. 하나님의 타자성은 그의 새로움의 타자성이지 모든 인간적인 것을 폐기시키는 타자성으로 이해하면 안 된다. 모든 인간적인 것을 부정하는 타자성은 성육교리에 위배된다. 그러나 다행한 것은 바르트는 그의 「교회교의학」을 계속 써내려가면서 하나님의 인간성을 재발견했고 창조세계에 대한 하나님의 긍정을 재발견했다. 후기의 바르트는 그리스도 안에서 인간을 긍정하시는 하나님을 깊이 이해하고 이를 신학화했다.

그러나 후기의 성숙한 바르트의 신학도 하나님의 전적 타자성을 완전히 폐기한 것은 아니다. 바르트에 있어서 하나님은 언제나 인간과 전적으로 다른 하나님이었다. 「로마서 강해」 제 2판과 후기의 「교회교의학」에 있어서의 근본적 차이는 「로마서 강해」 제 2판에서는 하나님이 인간성을 폐기하고 인간과 세상을 부정하는 의미에서의 전적 타자라면 후기의 「교회교의학」에서는 인간성을 가진 하나님의 은총의 극단적 깊이와 놀라움을 의미하는 전적 타자였다. 십자가에 나타난 하나님의 은총의 깊이와 놀라움은 인간의 철학과 도덕과 종교로는 상상조차 할 수 없는, 전적으로 다른 하나님의 모습과 은총의 계시였다. 후기 바르트의 신학은 「로마서 강해」 제 2판의 신학과 완전히 다른 바르트의 신학이라기보다는 그 핵심 정신의 깊이를 더해감 혹은 성숙으로 볼 수 있는 신학이었다. 물론 「로마서 강해」 제 2판과 후기 바르트의 신학 사이에는 분명한 차이는 존재하지만 바르트는 자유주의 신학에서 흔히 볼 수 있는 인간과 하나님과의 차이를 깊이 인식하지 못하는 신학적 오류를 일생동안 비판했다. 하나님은 하나님이시고, 인간은 스스로를 구원하지 못한다. 오직 하나님의 능력과 은총만이 인간과 세상의 희망이자 구원이다. 이것이 바르트가 일생동안 전하고자 했던 메시지였다.

바르멘 신학선언
(Barmer Theologische Erklärung)

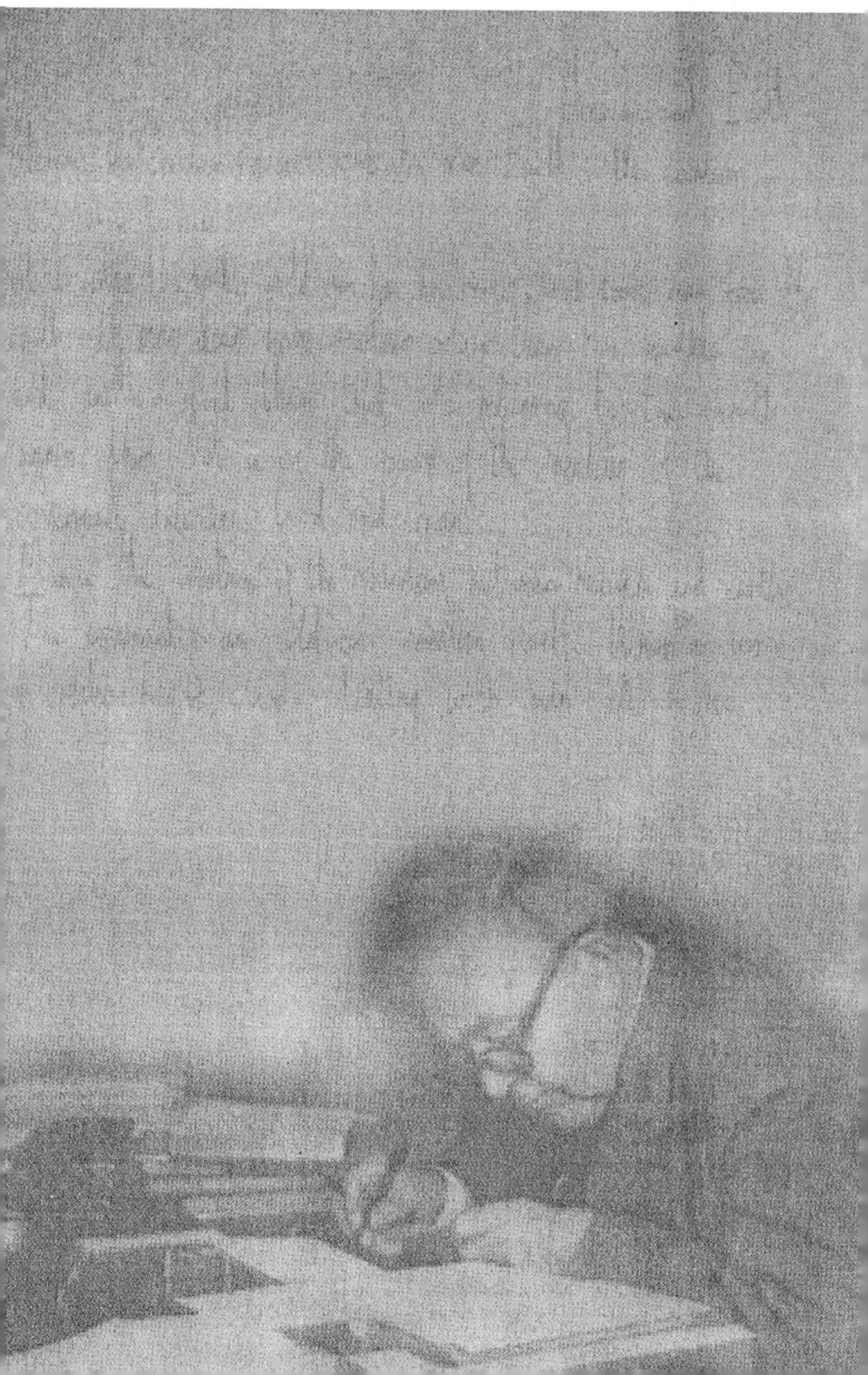

바르멘 신학선언
(Barmer Theologische Erklärung)

바르멘 신학선언은 1934년 5월 31일 독일의 고백교회의 총회가 바르멘에서 발표한 신학선언이다. 이 신학선언은 히틀러와 히틀러의 지원을 받고 있던 독일의 그리스도인 연맹(Deutsche Christen)에 대항해서 발표한 것이었다. 독일의 그리스도인 연맹은 1933년 7월 23일에 있었던 교회 총선에서 히틀러와 히틀러의 당이었던 독일 국가사회주의 노동당(NSDAP)의 절대적 도움을 받아서 독일교회(개신교)의 지휘권을 장악했다. 히틀러는 교회 총선 바로 전날 저녁 방송연설을 통해 이 독일 그리스도인 연맹을 전폭적으로 지지하였다. 1933년 9월 27일 독일교회 총회는 히틀러의 정권 대리인이라고 할 수 있는 루트비히 뮐러를 국가주교로 뽑았고, 뮐러는 국가주교가 되자마자 히틀러의 정책에 발맞추어 민족이기주의를 충동시키고 유대인 박해를 위한 신학적 근거를 천명했고 국가사회주의(Nationalsozialismus) 국가건설을 위한 투쟁적 교회가 될 것을 강조하면서 교회를 이 방향으로 이끌어가기 시작했다. 1933년 11월 13일 뮐러는 베를린의 스포츠 광장에 모인 집회에서 다음과 같은 성명을 발표했다.

> 우리는 각 주교회가 하나의 독일 민족교회로서 예배 때나 신앙고백을 할 때나 모든 비 독일인들로부터 분리해주기를 기대하고 있다. 특히 구약과 유대적 보응윤리로부터 분리해주기를 기대하고 있다… 우리의 단 하나의 참된 예배는 우리 민족에 대한 봉사에 있다고 우리는 고백한다. 우리는 마틴 루터의 독일의 종교개혁의 완성이라고 할 수 있는 국가사회주의 국가의 전체주의적 요구에 상응하는… 민족교회를 형성하는 것이 하나님으로부터 받은 의무라고 생각하며, 우리가 바로 이를 위해 투쟁하는 공동체라고 느끼고 있다.

위의 성명에서 분명히 나타나는 것은 독일의 교회가 민족교회로 전락하고 있다는 점이다. 세계의 만민이 그리스도 안에서 한 형제자매라는 그리스도교 복음의 핵심을 짓밟고, 뮐러는 독일교회를 히틀러를 위한 애국교회로 만들고 있는 것이다. 이 히틀러를 위한 애국교회의 길이 종국에 가서는 제 2차 세계대전을 승인하는 교회가 되었던 길이고 모든 독일국민들을 이웃나라 국민들을 향해 살인의 무기가 되도록 만든 길이었다. 교회가 세계의 만민이 그리스도 안에서 한 형제자매라는 정신에 지배되지 아니하고 민족 이기심을 자극하거나 타민족을 깊이 생각하지 않는 애국적 교회가 되는 것은 심각한 죄악의 길에 접어든다는 것을 유념할 필요가 있다. 미국의 교회가 성조기 아래 있는 교회가 되고 일본의 교회가 일장기 아래 있는 교회가 되고 한국의 교회가 태극기 아래 있는 교회가 되면 세계의 하나 됨과 세계평화와 생명의 공동체를 만들어야 하는 교회의 사명은 이미 물건너 가는 것이다. 뮐러를 정점으로 하는 독일의 교회는 유감스럽게도 애국적 교회의 길로 접어들었고, 이 애국적 교회의 길로 접어드는 독일교회의 길에 대해 당시 독일에 있었던 다수의 교회지도자들과 성도들은 환영하고 있었다.

위의 성명에서 유념해야 하는 또 하나의 중요한 점은 이 독일 민족 교회운동이 다른 모든 민족과 독일민족을 분리시키는 운동이었다는 점이다. 유대인들을 독일민족과 분리시키는 운동은 결국 유대인 600만의 대학살이라는 하늘과 땅이 통곡할 만한 비극을 일으켰다. 특정 인종이나 특정 피부색을 구별하는 것은 언제나 역사적으로 처절한 비극을 일으켰다. 이 처절한 비극의 절정이 600만 유대인의 학살이었다. 만민이 그리스도 안에서 한 형제자매인데 특정 인종이나 특정 피부색을 구별하는 일이 특히 그리스도교 전통 속에서 많이 일어났다는 점은 오늘의 세계교회에 주는 경종의 메시지일 것이다.

세 번째로 위의 성명에서 유념해야 하는 것은 히틀러를 정점으로 하는 국가사회주의 국가를 독일의 종교개혁의 완성이라고 규정하면서 이런 민족국가를 만드는 것이 하나님으로부터 받은 의무라고 선언하고 있는 점이다. 뮐러는 세속적 국가에 종교성을 부여하고 국가의 이데올로기를 신성화시키는 작업을 시작하고 있는 것이다. 이와 같은 일은 독일의 그리스도인 연맹에 의해 이 시기에 줄기차게 추진되던 일이었다. 이와 관련된 이 시기에 독일의 그리스도인 연맹이 발표한 성명서를 살펴보면 다음과 같다.

> 그리스도는 히틀러를 통해 우리에게 오셨다(1933년 8월).
> 모든 민족들에게 그러했던 것과 마찬가지로 우리 민족에게도 영원한 하나님께서 특별한 종류의 법을 주셨다. 이 법은 지도자 아돌프 히틀

러와 그에 의해 이룩된 국가 사회주의 국가 속에서 그 구체적 모습을 드러냈다(1933년 12월).

독일 민족을 위한 시대는 히틀러 안에서 성취되었다. 왜냐하면 히틀러를 통해 참 도움이며 구원자이신 하나님, 곧 그리스도께서 우리 가운데 그의 능력을 나타내셨기 때문이다(1934년 3월).

히틀러가(국가 사회주의가) 독일 민족을 그리스도의 교회로 만들고자 하시는 하나님의 뜻이자 성령의 길이다(1934년 3월).

뮐러와 독일의 그리스도인 연맹이 위와 같은 일을 본격적으로 진행해하고 있을 때, 이 운동 속에 존재하는 심각한 악을 인식한 일군의 목사들과 신학자들이 1933년 9월 긴급목사 연맹(Pfarrernotbund)을 조직했다. 이 저항운동의 대표격인 마르틴 니묄러(Martin Niemöller)는 독일의 목사들에게 이 긴급목사 연맹에 가입해 줄 것을 호소했고, 위와 같은 뮐러와 독일의 그리스도인 연맹의 망국적 성명이 나오면서 상당수의 목사들이 동조하게 되었다. 1934년 4월 11일에는 바이에른(Bayern)지역의 주교 마이저(Meiser)와 뷔르템베르크 지역의 주교 부름(Wurm)도 이 운동에 가담하면서 이 저항운동은 상당한 힘을 얻게 되었고, 이때 독일 개신교 고백공동체(Bekenntnisgemeinschaft der Deutschen Evangelischen Kirche)가 탄생하게 되었다. 이 세 고백공동체가 1934년 5월 29일에서 31일까지 바르멘에서 최초의 독일 개신교 고백교회 총회를 개최하게 되었는데, 이 총회의 성명서 발표를 위해 신학성명 기초위원을 선정했는데, 이때 선정된 사람은 토마스 브라이트(Thomas Breit)와 한스 아스무센(Hans Asmussen)과 바르트의 3인이었다. 브라이트는 독일의 루터파 교회 대표로, 아스무센은 독일의 연합교회 대표로, 바르트는 독일의 개혁파 교회 대표로 참석했다. 곧 뒤이어 독일 에어랑엔(Erlangen)의 교회사 교수인 헤르만 자세(Hermann Sasse)가 이 3인 기초위원에 합류하였다. 이들에 의해 만들어지고 바르멘의 고백교회 총회가 승인하고 천명한 신학성명이 바르멘 신학선언이었다.

바르멘 신학선언의 기초위원이 4인이었는데 왜 이 신학선언이 바르트의 신학선언으로 알려지고 있을까? 무언가 우리가 잘못 알고 있는 것일까? 아니면 이 신학선언이 정말로 바르트의 신학선언이었을까? 이 질문에 대한 답은 후자이다. 그 이유는 이 신학선언을 바르트 혼자서 작성했기 때문이다. 1934년 5월 15일과 16일에 마인(Main) 강가의 프랑크푸르트(Frankfurt)의 바슬러호프(Hotel Baslerhof) 호텔에서 위의 4인이 모여 신학성명을 작성하기로 약속되어 있었는데, 자세는 이 날 병으로 오지 못했다. 나머지 3인이 만나 성명서를 작성하기로 했는데 점심시사 후 아스무센과 브라이트가 잠깐 지고 있는 동안 바르트가 이 성명서의 초안을 다 써버린 것이다. 바르트가 써 놓은 초안을 나머지 두 사람이 읽고 동의해서 고치지 않고 그대로 바르멘 총회에 제출했고, 바르멘 총회는 전문 6조 가운데 2조와 5조의 일부 조항만 약간의 수정을 가하고 그대로 통과시켜서, 고백교회의 신학성명으로 발표했다. 이렇게 발표된 신학성명이 20C의 가장 유명한 신학성명인 바르멘 신학선언이었다.

바르트는 후일 이때의 일을 기억하면서, 루터파 교회는 잠들어 있었고 개혁파 교회는 깨어있었다는 농담성의 말을 했다. 이 농담성의 말은 이 결정적 순간에 잠깐 잠자고 있었던 루터파 교회 대표 브라이트를 악의 없이 놀리는 말이었다. 물론 브라이트도 깨어있었던 훌륭한 인물이었고 그런 까닭에 바르트의 신학성명에 완전히 동의한 것이다. 그러면 바르트의 신학정신이 깊이 녹아있고, 바르멘의 고백교회 총회가 공식적으로 천명한 바르멘 신학선언은 어떤 내용을 담고 있을까? 전문 6조로 구성된 이 신학선언의 중요한 일부만 살펴보면 다음과 같다.

바르멘 신학선언 제1조

나는 길이요 진리요 생명이니 나로 말미암지 않고서는 아버지께로 올 자가 없느니라(요14:6).

내가 진실로 진실로 너희에게 이르노니 양의 우리에 문으로 들어가지 아니하고 다른 데로 넘어가는 자는 절도자이며 강도이다. 내가 문이니 나로 말미암아 들어가면 구원을 얻으리라(요10:19).

성서에서 증언하고 있는 예수 그리스도는 우리가 들어야 할 단 하나의 하나님 말씀(das eine Wort Gottes)이다. 우리는 이 예수 그리스도를 살 때나 죽을 때나 신뢰하고 순종해야 한다. 이 한 분 하나님의 말씀 외에 다른 사건이나 능력이나 형상이나 진리를 설교의 자료로 사용하여 하나님의 계시가 있는 것처럼 전하는 그릇된 교설을 우리는 배격한다.

바르멘 신학선언 제3조

오직 사랑 안에서 참된 것을 하며 범사에 그에게까지 자랄지라. 그는 머리니 곧 그리스도라. 그에게 온 몸이 각 마디를 통하여 도움을 입음으로 연락하고 상합하며 각 지체의 분량대로 역사하느니라(엡4:15-16).

그리스도의 교회는 형제들의 모임인데, 이 교회 안에는 예수 그리스도께서 성령을 통해 말씀과 성례전을 방편으로 현재 주님으로 역사하고 계신다. 이 그리스도의 교회는 은총을 입은 죄인들의 교회로서, 죄 많은 세상 한복판에서 그 자신의 신앙과 순종과 복음과 질서를 통해 그리스도의 소유는 이 교회뿐이고, 이 교회만이 그리스도의 나타나심을 기다리며 그의 위로와 지도를 받으면서 살고 또 살기를 구하고 있다는 것을 증거해야 한다.

우리는 교회만이 가지고 있는 질서의 모습들을 교회가 제 마음대로 작정한 어떤 것이나, 현재 유행되고 있는 세상 이념이나 정치적 신념으로 바꿀 수 있다고 가르치는 그릇된 교설을 배격한다.

바르멘 신학선언을 기초할 때의 바르트는 말씀의 신학 위에 굳게 서 있었다. 그는 하나님의 말씀은 오직 예수 그리스도와 성서와 교회의 선포를 통해서만 들을 수 있다고 굳게 믿었다. 예수 그리스도 밖에 세상을 구원하시는 하나님의 말씀은 없다. 이 예수 그리스도의 구원의 말씀은 오직 성서를 통해, 그리고 오직 교회의 선포를 통해 들어야 한다. 그것은 그 누구에게도 양도할 수 없는 설교자의 영광이요 교회의 영광이다. 예수 그리스도와 성서와 교회의 선포 외의 다른 것을 신적인 영광으로 옷 입히는 것은 하나님의 말씀을 진정으로 따르지 않는 것을 의미한다고 바르트는 외쳤다. 예수 그리스도와 성서와 교회의 선포 외에 제 2의 하나님의 말씀, 제 3의 하나님의 말씀은 존재하지 않는다. 이념이나 정체 제도나 어떤 인물을 신적인 영광으로 옷 입히면 안 된다. 국가 사회주의 이념이나 히틀러를 통해 하나님의 음성을 들으려 하는 것은 제 1계명의 위반을 의미한다. 그리스도인은 어떠한 사회제도, 이념, 정당과 자신을 일치시켜서는 안 된다. 왜냐하면 그리스도인은 단 한 분 구원자이신 예수 그리스도를 따르는 자들이고, 그의 말씀은 세상 이념이나 정당을 통해서가 아니라 오직 성서와 교회를 통해서 들을 수 있기 때문이다. 이런 관점에서 바르트는 국가 사회주의 이념을 전면 배격했다.

바르트에 의하면 지금 그리스도의 교회는 거짓이론과 싸워야 하는 절체절명의 순간에 서 있다. 이 거짓이론은 하나님의 계시를 세상의 어떤 것으로 바꾸려고 하는 악마의 유혹과 깊이 결탁되어 있다. 그에 의하면 하나님의 말씀 외에 다른 어떤 것을 신적인 영광으로 옷 입히는 것은 하나님의 말씀을 진정으로 따르지 않는 것이라고 생각했다. 하나님의 말씀 외에 제 2의 말씀, 제 3의 말씀은 존재하지 않는다. 자연이나 문화나 이념이나 정치적 지도자를 통해 하나님의 음성을 들을 수 없다. 이와 같은 것들을 신적인 영광의 옷을 입히면 안 된다. 바르트는 히틀러와 히틀러가 내세운 이념을 신적인 영광으로 옷 입히려는 뮐러와 독일의 그리스도인 연맹에 대항해서 철저히 자연신학의 가능성을 부정했다. 바르트가 자신의 변증법적 신학의 신학적 동지였던 에밀 브룬너(E. Brunner)와 고가르텐과 결별을 한 것도 바로 이런 급박한 정치적 상황과 깊이 관련되어 있었다. 브룬너가 "자연과 은총"(Natur und Gnade)이라는 글을 발표했을 때, 이에 대해 강력히 거부하는 "아니다!"(Nein!)라는 글을 쓴 것은 자연계시의 인정이 히틀러를 인정하는 길로 가고 있었던 당시의 신학적 정황의 위기 때문이었다. 고가르텐이 "복음과 민족문화의 일치"(Einheit von Evangelium und Volkstum)라는 글을 쓰자 바르트는 고가르텐과 완전히 결별했다. 복음과 민족문화의 일치는 히틀러와 독일의 그리스도인 연맹이 추구하는 방향과 연결되는 것이 너무나 많았기 때문이었다. 당시의 시대적 정황을 정확히 읽지 못했던 고가르텐은 몇 개월 동안 독일의 그리스도인 연맹에 의해 이용당했고, 이 때문에 고가르텐은 독일의 그리스도인 연맹의 신학적 수괴라는 오명을 뒤집어쓰게 되었다. 이 오명 때문에 고가르텐은 상당 기간 동안 신학적 활동을 접어야 하는 어려움을 겪었다.

바르멘 신학선언은 당시의 정치적 상황에서는 바른 신학적 결단을 촉구하는 훌륭한 신학선언이었다. 그리고 구원의 주체자가 예수 그리스도요, 하나님 자신이란 것을 강조했다는 의미에서 위대한 선언이었다. 그러나 구원의 주체자의 활동을 세상적 이념이나 문화적 활동이나 모든 정치적 활동과의 관계성을 완전히 단절하고 성서와 교회의 선포에만 제한시킨 것에는 신학적 협소화의 위험이 존재하고 있다. 바르트는 「교회교의학」을 계속 써가면서 세상 속에 존재하는 하나님 나라의 유비의 가능성을 언급하기 시작했는데, 특히 「교회교의학」 화해론의 빛과 빛들의 교리에 대한 항목에 와서 세상 속에 존재하는 빛들, 진리들의 가능성을 넓게 열고 있다. 빛과 빛들의 교리에서 나오는 바르트의 가르침이 보편적 상황 속에서의 가르침이라면 바르멘 신학선언에 나오는 바르트의 가르침은 히틀러 정황이라는 특별한 상황 속에서의 가르침이다. 그리고 하나님의 말씀을 예수 그리스도와 성서와 교회의 선포를 통해 들어야 한다는 가르침은 그 폭을 협소화시킨 문제는 있지만 하나님의 말씀의 결정적 통로를 강조했다는 점에 있어서 여전히 유효한 매우 중요한 가르침으로 평가해야 할 것이다.

히틀러 시대의 신학적 대응에 있어서의 바르트의 성공과 고가르텐의 실패는 매우 중요한 교훈을 던지고 있다. 고가르텐의 "복음과 민족 문화의 일치"는 그 자체로는 상당히 중요한 신학적 글로서 평가받을 만한 글이다. 이 글은 복음과 문화와의 관계를 논구해야 하는 한국의 많은 신학자들에게도 참고가 될만한 가치 있는 글이다. 그러나 히틀러라는 매우 심각한 역사적 정황 속에서 발표된 이 글은 역사적 정황을 고려할 때 지극히 실패한 글이라고 할 수 있다. 또한 고가르텐은 역사적 정황을 정확히 읽지 못하고 독일의 그리스도인 연맹에 가입했고, 결국 독일의 그리스도인 연맹의 신학적 수괴라는 평생 씻지 못할 치욕의 오명을 얻게 되었다. 반면 바르트의 브룬너를 논박한 글인 "아니다!"는 신학적 세밀함과 정확성에는 약간의 문제가 있지만 히틀러라는 매우 심각한 역사적 정황을 고려할 때는, 당시의 정황 속에서 떨어지는 하나님의 말씀을 듣는 것 같은 우렁찬 예언자적 글이었다고 평가할 수 있다. 바르멘 신학선언 역시 같은 특징을 갖는 신학선언이었다. 신학자들은 지금 여기에서 떨어지는 하나님의 음성을 먼저 들어야 한다. 그 하나님의 음성을 듣지 못하는 신학자는 결국 실패한 신학자가 될 수밖에 없다. 신학적 논리의 유희에 빠져서 하나님의 활동에 역행하는 운동에 대해서도 신학적 가능성을 언급하는 신학자는 바른 신학자가 되기 어렵다. 이는 교회의 설교자도 마찬가지이다. 만약 히틀러 시대에 어떤 설교자가 위에 있는 권세에 복종하라는 설교를 했다면 이 설교자 역시 실패한 설교자이다. 신학자나 설교자나 모두 지금 여기에서 말씀하시는 하나님의 음성을 먼저 들어야 하고 그 하나님의 말씀을 기초로 해서 신학자는 신학적 사상을 발전시켜야 하고 설교자는 설교해야 한다. 바르트의 위대성은 히틀러 시대라는 급박한 역사적 정황에서 가장 정확하게 신학적 대응을 하면서 교회를 이끌어 갔다는 점에 있다. 이와 같은 정확한 신학적 대응은 제 1차 세계대전이라는 상황에서 등장한 바르트의 「로마서 강해」 제 1판과 제 2판의 경우도 마찬가지였다. 바르트의 「로마서 강해」가 전 세계의 교회와 신학자들을 감동시킨 이유나 바르멘 신학선언으로 바르트가 독일교회의 신학적 스승이 된 이유는 모두 같은 것이었다. 그는 변치 않는 신학적 논리를 중요하게 생각한 신학자가 아니라 소용돌이치는 역사의 한복판에 떨어지는 하나님의 음성과 하나님의 행위에 주목한 신학자였다.

계시론

계시론

바르트에 의하면 하나님의 계시는 예수 그리스도이시다. 예수 그리스도께서 하나님의 모든 것을 드러내셨고, 하나님께서는 예수 그리스도 안에 계셨다. "하나님께서는 그리스도 안에 계셨다"(고후 5:19). "성서에서 증언되고 있는 예수 그리스도는 우리가 들어야 할 단 하나의 하나님의 말씀(das eine Wort Gottes)이다"(바르멘 신학선언 제 1조). 바르트는 예수 그리스도 외의 다른 하나님의 계시를 인정하지 않았다. 바르트는 히틀러와 그가 내세운 국가사회주의 이념을 예수 그리스도 외의 또 하나의 구원자와 또 하나의 성령의 계시로 인정하고자 했던 당시의 히틀러와 결탁한 독일의 그리스도인 연맹의 주장을 단호히 거부하면서 하나님의 계시는 오직 예수 그리스도이시고, 이 예수 그리스도 외에 다른 하나님의 말씀은 결코 없음을 강조했다. 이와 같은 바르트의 강조는 창조계시의 가능성을 차단하는 신학적 오류라는 비판을 받게 되었다. 바르트는 정말로 창조계시의 가능성을 차단하고 그리스도 일원론에 빠진 신학적 오류를 범했을까? 아니면 그리스도 안에서 창조계시를 이해하는 새로운 신학을 연 것은 아닐까?

후일 바르트는 「교회교의학」 창조론과 화해론을 쓰면서 그리스도 안에서 창조된 세계를 언급하며 창조세계 속에 빛나는 하나님의 화해의 은총의 가능성을 열었다. 바르트는 예수 그리스도 안에서 맺은 계약이 창조의 내적 근거라고 언급했고 창조는 이 계약을 향하고 있다고 보았다. 그러나 바르트의「교회교의학」의 창조론과 화해론은 바르트가 자연신학의 가능성을 연 것같이 보이지만 사실은 자연신학의 가능성을 연 것이 아니고, 믿음 안에서 인식되는 창조세계의 참 모습을 언급한 것이었다. 바르트는 일생동안 자연신학을 인정하지 않았고, 오직 예수 그리스도만이 단 하나의 하나님의 말씀이자 하나님의 계시이고, 성령 안에서 우리를 만나시는 이 예수 그리스도와의 만남을 통해서만 인간은 참 하나님을 알고, 인간의 본질을 알고 창조세계의 비밀을 알게 된다고 가르쳤다. 그렇다면 성서는 예수 그리스도와 어떤 관계가 있으며, 세상 속에는 하나님의 계시와 유비는 없는 것일까? 또한 이스라엘의 역사는 하나님의 계시일까 아니면 일반 세상 역사 가운데 하나의 역사일까? 그리고 세상의 종교 속에는 하나님의 계시가 전혀 없는 것일까?

계시와 성서

하나님의 말씀의 삼중 양태

바르트에 의하면 하나님의 말씀은 세 가지 양태를 갖고 있다. 그 중 첫째는 역사적 예수 그리스도이다. 역사적 예수 그리스도는 하나님의 자기 계시(Selbstoffenbarung Gottes)이다. 하나님은 예수 그리스도 안에서 자기 자신을 계시하셨다. 그런 까닭에 우리가 하나님을 알기 위해서는 우선 예수 그리스도를 알아야 한다. 이 예수 그리스도와의 만남이 참 하나님을 알게 되는 바른 길이다. 예수 그리스도의 역사는 세상과 우주의 비밀이 들어있는 단 하나의 하나님의 계시였다. 영원한 하나님의 모든 것이 예수 그리스도의 역사 속에 계시되었다. 그런 까닭에 예수 그리스도를 아는 것은 하나님을 아는 길이고, 인간과 세상과 우주의 비밀을 아는 길이다.

바르트에 의하면 하나님의 말씀의 둘째 양태는 성서이다. 성서는 인간적 언어로 쓰여 있는 하나님의 말씀이다. 물론 성서가 인간이 기록한 문서이기 때문에 성서 속에는 인간성이 내포하고 있는 여러 가지 문제점이 있는 것은 사실이지만, 그런 인간적인 문제점이 있다고 해서 성서를 인간의 종교적 체험을 기록한 문서라고 규정하면 안 된다. 19C의 자유주의 신학은 성서의 본질을 잘 이해하지 못하고 성서를 신(神) 체험 내지는 종교적 체험의 문서로 규정했는데 이는 큰 잘못이다. 그에 의하면 성서는 인간이 기록한 문서이기 때문에 세상적 형태를 지니고 있지만 그 본질은 하나님의 말씀이다.

바르트에 의하면 성서의 하나님 말씀 됨은 계시된 말씀인 예수 그리스도 사건에 의존하고 있다. 그런 까닭에 예수 그리스도께서 하나님의 말씀 자체라면 성서는 이 말씀에 의존하고 있는 이차적 의미에서의 하나님의 말씀이다. 구약은 이 예수 그리스도를 예언하는 의미에서의 하나님의 말씀이고 신약은 이 예수 그리스도를 증언하고 선포하는 의미에서의 하나님의 말씀이다.

그에 의하면 하나님의 말씀의 셋째 양태는 교회의 선포(Verkündigung)이다. 교회의 선포는 교회의 교의(Dogmatik)와 설교(Predigt)를 포괄하는 개념인데 교회의 선포의 내용(Was)은 교의이고, 선포의 방법(Wie)의 대표적인 것은 설교이다. 바르트는 이 교회의 설교를 선포된 하나님의 말씀이라 칭했다. 그런데 이 선포된 하나님의 말씀은 철저히 계시 자체인 예수 그리스도와 기록된 하나님의 말씀인 성서에 의존하고 있는 하나님의 말씀이다. 그런 까닭에 교회의 설교는 끊임없이 계시 자체인 예수 그리스도와 성서를 통해 자신을 수정해야 하고, 또한 예수 그리스도와 성서에 일치되도록 노력해야 한다. 교회의 설교는 결코 설교자 개인의 의견을 말하는 것이 되어서는 안 된다. 그것은 설교의 본질에서 위배되는 설교의 타락이다. 교회의 설교는 예수 그리스도께서 친히 말씀하시는 도구가 되어야 하며, 이를 위해 기도해야 한다. 또한 바로 이런 의미에서 교회의 설교가 하나님의 말씀인 것이다. 그런 까닭에 설교자는 반드시 성서와 성령과 함께 설교단에 올라가야 한다. 바르트에 의하면 목사의 가장 큰 영광은 설교에 있다. 설교는 두렵고 떨리는 직무이고, 동시에 한낱 인간일 뿐인 목사에게 주어진 크나 큰 광영이자 영광이다. 왜냐하면 바로 그 순간이 죄인된 인간임에도 불구하고 하나님의 말씀을 선포하는 순간이기 때문이다.

바르트가 그의 「교회교의학」의 하나님의 말씀에 대한 교리에서 강조한 하나님의 말씀의 삼중 양태는 후일 그가 「교회교의학」의 화해론의 빛과 빛들에 대한 교리를 쓰면서 상당한 변천을 보이고 있다. 바르트는 이 빛과 빛들에 관한 교리에서 교회 밖에 존재하는 빛들, 진리들, 말씀들을 언급했다. 이 화해론에서 언급되는 교회 밖의 빛들, 진리들, 말씀들은 성서도 아니고 교회의 설교도 아니다. 그런데도 바르트는 교회 밖에 빛들과 진리들과 말씀들이 있다고 선포한 것이다. 그러므로 우리는 바르트가 그의 「교회교의학」의 하나님의 말씀에 대한 교리에서 언급한 하나님의 말씀의 삼중 양태는 시대적 제약성을 갖고 있는 바르트의 가르침으로 보아야 한다. 이 시대적 제약성과 그 이후의 변화에 대해서는 빛과 빛들에 관한 항목에서 언급하고자 한다.

바르트가 빛과 빛들에 관한 교리에서 교회 밖에 있는 빛들, 진리들, 말씀들을 언급했음에도 불구하고 바르트가 가르친 하나님의 말씀의 삼중 양태는 전 세계 신학에 큰 영향을 미쳤다. 그 이유는 교회 밖에 빛들이 있고 진리들이 있고 말씀들이 있다 해도 하나님의 말씀을 분명하게, 표준적으로 들을 수 있는 길은 성서와 교회의 선포를 통해서이기 때문이다. 성서와 교회를 떠나서 과연 어디에서 하나님의 말씀을 분명하게 들을 수 있을까? 바르트가 하나님의 말씀은 예수 그리스도와 성서와 교회의 선포뿐이라고 제한한 제한성은 후일 바르트 스스로 해제했지만, 하나님의 말씀이 예수 그리스도와 성서와 교회의 선포라는 바르트의 강조는 여전히 중요한 것으로 보인다.

하나님의 말씀이면서 인간적 증언인 성서

바르트에 의하면 성서는 우선 하나님의 계시에 대한 인간적 증언이다. 17C의 옛 정통주의자들은 성서는 성령께서 불러주시는 대로 쓰인 책으로 절대무오의 하나님의 말씀이라고 주장했지만 바르트는 이 17C의 성서영감론을 반대했다. 17C의 성서에 대한 기계적 영감설 혹은 축자영감설은 그 이후 성서비평학이 발달하면서 유럽에서는 더 이상 주장할 수 없는 이론이 되었는데 그 이유는 성서 안에 존재하는 수많은 모순과 불일치와 원시적 세계관들이 밝혀졌기 때문이었다. 그러나 이 17C의 옛 정통주의자들의 성서영감론은 20C 초엽 미국의 근본주의자들이 부활시켰고, 이 근본주의의 영향을 받은 한국의 많은 보수적 교회 속에 오늘에 이르기까지 존재하고 있다. 바르트에 의하면 17C의 옛 정통주의자들의 성서영감론의 오류는 성서가 하나님의 계시에 대한 인간적 증언이라는 사실을 간과한 데 있다. 성서 속에는 계시의 증언자가 인간이기 때문에 인간이 갖고 있는 한계도 동시에 노출되어 있다. 성서 안에 존재하고 있는 모순과 불일치와 원시적 세계관 등은 인간성이 갖고 있는 한계이다. 하나님의 계시는 놀랍게도 이 완전하지 못한 인간을 통해 증언되고 있다. 그것이 하나님의 뜻이었고 하나님의 방법이었는데, 그 이유는 인간은 인간적 언어를 통해서만 하나님의 말씀을 들을 수 있기 때문이었다. 이 더듬거리는 불완전한 인간의 언어 속에 하나님의 말씀이 들어있는 것이 하나님의 계시의 놀라운 신비이다.

바르트에 의하면 성서는 하나님의 계시에 대한 인간적 증언인 동시에 하나님의 말씀이다.[111] 바르트가 성서가 하나님의 말씀이라고 선언한 것은 20C초엽의 당시의 유럽의 신학적 풍토 속에서는 너무나 놀라운 일이었다. 바르트가 하나님의 말씀의 신학자라는 별명을 듣게

---

111) *KD I/2*, 505-598.

된 것은 이 놀라움과 관련되어 있다. 이 놀라움 때문에 바르트는 베를린 대학교의 신학스승이었던 당시의 최고의 자유주의 신학자 하르낙으로부터 공개적인 신학적 질책을 받았고, 이 하르낙의 신학적 질책에 대한 바르트의 답신이 오늘에 이르기까지 1920년대의 유명한 신학논쟁으로 남아있다. 바르트에 의하면 성서는 하나님의 말씀이다. 성서가 하나님의 말씀인 이유는 하나님께서 성서를 통해 직접 말씀하고 계시기 때문이다. 하나님께서 완전하지 못하고 한계가 있는 인간적 언어를 갖고 있는 성서를 통해서 말씀하시기를 기뻐하시기 때문에 성서는 하나님의 말씀이다. 바르트는 "성서는 교회를 향한 하나님의 말씀이다"112)고 단언했다.

바르트에 의하면 자유주의 신학의 오류는 성서의 인간적 측면에 너무 집중한 나머지 성서의 본질을 상실한 데 있다. 성서는 결코 인간이 하나님을 찾아가는 내용도 아니고, 인간의 종교적 체험이나 신(神) 체험을 기록한 문서도 아니다. 예수 그리스도에 대한 증언인 성서는, 역으로 예수 그리스도께서 직접 성서를 통해 말씀하시는 책이다. 예수 그리스도께서는 자신에 대한 증언들을 통해 직접 말씀하시기를 기뻐하신다. 물론 예수 그리스도께서는 세상의 모든 것을 통해 말씀하실 수 있는 분이다. 그러나 예수 그리스도께서는 성서적 증언을 통해 말씀하신다. 그런 까닭에 성서적 증인들은 "특별한 인간들"113)이다. 그들은 "우리를 위한 예수 그리스도의 현존"114)이다. 성서가 다시 쓰여질 수는 없다. 왜냐하면 예수 그리스도의 죽음과 부활의 증인들이 더 이상 없기 때문이다. 그런 까닭에 성서적 증인들은 유일회적 존재이

---

112) *KD I/2*, 526.
113) *KD I/2*, 537.
114) *KD I/2*, 539.

고 독보적인 자들이다.

　바르트는 17C의 옛 정통주의자들은 성서가 인간적 증언이라는 사실은 잘 몰랐지만 성서가 하나님의 말씀이고 성서를 통해 하나님께서 말씀하신다는 성서의 본질은 정확히 알고 있었다고 보았다. 그런 까닭에 옛 정통주의자들의 성서관과 자유주의자들의 성서관 가운데 둘 중 하나를 택하라고 강요받는다면 단연코 옛 정통주의자들의 성서영감론을 따르겠다고 자신의 입장을 밝혔다. 비록 옛 정통주의자들은 성서의 문자적 권위를 극대화시켜 성서의 문자적 무오를 주장하는 오류는 범했지만 성서의 본질은 정확히 알고 있었다는 것이다.

　그렇다면 하나님께서 인간적 제한성과 한계 및 모순이 있는 성서를 통해 말씀하신다면, 인간적 제한성과 한계 및 모순은 어떻게 되는가? 그것도 하나님의 말씀으로 바뀌게 되는가 아니면 그 제한성과 한계 및 모순은 그대로 남아 있는가? 바르트는 후자가 맞는다고 보았다. 예컨대 예수 그리스도의 부활에 대한 성서적 증언들은 일목요연하게 서로 일치하는 것이 아니라 매우 혼란스럽다. 그러나 이 증언들이 우리를 위한 예수 그리스도의 부활의 현존이다. 이 증언이 없으면 우리는 예수 그리스도의 부활을 알지 못한다. 우리는 이 증언을 통해 예수 그리스도의 부활을 알게 된다. 왜냐하면 부활하신 예수 그리스도께서 이 증언들을 통해 우리를 만나시고 우리에게 부활을 확신시키시기 때문이다. 즉 예수 그리스도께서는 이 증언들을 통해 우리에게 말씀하신다. 성서의 다양한 부활에 대한 증언들은 예수 그리스도의 부활의 다양한 측면들을 우리에게 일깨워주기 때문에, 그것은 부활의 메시지의 풍요로움을 증가시킨다. 그러나 이 풍요로움 속에 성서적 증언들의 한계와 불일치성을 알게 되는 것도 예수 그리스도께서 이 증언들을 통해 직접 말씀하시고 가르치시기 때문이다.

왜 성서는 오류에도 불구하고 하나님의 말씀일 수 있을까?

성서 안에 존재하고 있는 오류는 성서비평학의 발전으로 바르트 시대에는 이미 자명한 현실로 인식되고 있었다. 아직 성서무오설과 축자영감설을 믿는 상당수의 한국의 근본주의자들은 이것이 사실이 아니라고 주장하겠지만 바르트 시대의 유럽의 신학적 현실은 그렇지 않았다. 성서의 수많은 오류는 이미 자명하게 밝혀져 있었고 성서에 대한 비평학적 연구는 계속 발전되고 있었다.

이 현실을 이해하기 위해 우선 예수의 부활 기사를 살펴보기로 하자. 예수의 부활기사는 상당히 혼란스럽다. 우선 누가 예수의 무덤에 찾아 갔는가에 대한 언급이 서로 다르다. 마태복음은 막달라 마리아와 다른 마리아가 갔다고 전하고 있다. 이 기록에 의하면 무덤에 찾아 간 여인은 두 명이었다. 그러나 마가복음은 막달라 마리아와 야고보의 어머니 마리아 그리고 살로메가 갔다고 전하고 있다. 이 기록에 의하면 무덤에 찾아간 여인은 세 명이었다. 누가복음에 의하면 세 명의 여인이 무덤을 찾아갔는데 살로메가 간 것이 아니고 요안나가 갔다고 기록되어 있다. 즉 막달라 마리아와 야고보의 어머니 마리아 그리고 요안나가 무덤에 찾아간 것이다. 그런데 요한복음에 의하면 막달라 마리아 한 사람만이 무덤에 찾아갔다. 그러니까 무덤을 찾아 간 여인의 수가 한 명인지 두 명인지 세 명인지 혼란스럽다. 둘째, 무덤을 막고 있던 돌이 언제 굴려졌는가에 대한 보고가 또 혼란스럽다. 마가복음, 누가복음, 요한복음은 여인들이 무덤에 도착하기 전에 이미 굴려져 있었다. 그러나 마태복음에 의하면 두 여인이 무덤에 도착했을 때주의 천사가 무덤에 다가가서 돌을 굴려내고 있었다. 셋째, 천사의 위치와 천사의 수가 혼란스럽다. 마태복음에 의하면 한 명으로 추론되는 천사가 무덤 밖에서 굴려낸 돌 위에 앉아 있었다. 그런데 마가복음에 의하면 이 한 명의 천사는(마가복음의 기록에 의하면 젊은 남자) 무덤 안에 있었고 흰 옷을 입고 오른쪽에 앉아 있었다. 그런데 누가복음에 의하면 두 명의 천사(누가복음의 기록에 의하면 남자들)가 무덤 안에서 눈부신 옷을 입고 그들 앞에 서 있었다. 요한복음에도 무덤 안에 있는 천사는 두 명이었다. 넷째, 요한복음에 의하면 막달라 마리아가 예수의 부활소식을 천사로부터 들은 때는 제자들이 무덤에 도착하고 난 뒤였다. 그런 까닭에 막달라 마리아는 제자들에게 가서 누가 주님을 무덤에서 가져갔느냐고 물었다. 그러나 마태복음과 누가복음은 여인들이 예수의 부활의 소식을 천사들로부터 듣고 제자들에게 전했다고 기록하고 있고 마가복음은 예수께서 살아나셨다는 말을 듣고는 여인들이 벌벌 떨며 나왔고 아무 말도 못했다고 전하고 있다.

위와 같은 부활기사의 혼란과 상호모순을 어떻게 보아야 할까? 근본주의자 벤자민 워필드(B. B. Warfield)가 주장한 것처럼 성서원본의 무오라는 주장이 과연 설득력이 있을까? 한국의 근본주의 신학의 대표적 인물인 박형룡이 주장한 것처럼 성서에 상호모순과 혼란이 있을 수 없고 이는 단지 난제(難題)일 뿐이라는 식으로 이해하는 것이 과연 옳은 이해일까? 워필드의 성서원본 무오설이나 박형룡의 난제설은 모두 성서의 모순을 감추기 위한 위장술이 아닐까?

바르트 시대의 유럽의 신학계는 성서 안에 모순과 혼란이 있다는 것을 정확히 알고 있었다. 17C의 옛 정통주의자들이 성서의 축자영감설과 성서의 절대무오의 교리를 주장했지만 성서비평학이 발전하면서 위와 같은 성서 사이의 상호모순과 혼란들을 수없이 밝혀냄에 따라 성서의 절대무오의 교리는 이미 붕괴되어 있었다. 성서 안에 모순과 혼란이 있고 이 모순은 곧 성서의 오류를 의미하는 것이었기 때문에 성서는 하나님의 말씀으로서의 권위를 행사할 수 없었다. 성서가 하나님의 말씀이라면 어떻게 성서 안에 모순과 혼란과 오류가 있을 수 있을까? 19C의 자유주의 신학은 성서를 하나님의 말씀으로 보지 않고 인간의 경건한 종교적 문서로 이해했다.

  한국의 근본주의 신학에 영향을 받은 신학자들은 바르트가 성서의 모순과 오류를 주장하는 신학자이기 때문에 그를 자유주의 신학자라고 공격해왔는데 이는 역사적 정황을 읽지 못하는 우매한 비판이었다. 이 비판의 중심에는 한국의 근본주의 신학의 대표인 박형룡과 그를 맹목적으로 추종하는 근본주의 신학자들이 있었다. 성서의 모순과 오류에 대한 문제는 바르트의 주장이 아니고 바르트 앞에 이미 거부할 수 없는 현실로 존재하고 있던, 역사적 상황이었다. 바르트는 성서의 권위가 추락한 이 절박한 상황 속에서 어떻게 성서의 권위를 일으켜 세울 수 있을까를 고뇌한 신학자였다. 바르트를 하나님의 말씀의 신학자라고 하는 것은 성서를 하나님의 말씀으로 도저히 볼 수 없었던 시대에 성서가 하나님의 말씀이라고 바르트가 강조한 것과 깊이 관련되어 있다. 그는 성서가 하나님의 말씀이라고 강조했고 성서가 하나님의 말씀임을 입증하기 위해 심혈을 기울였다. 오늘날 유럽의 교회와 세계의 선진적 지역의 교회에서 성서를 하나님의 말씀으로 선포할 수 있는 것은 바르트의 신학적 공헌과 결코 무관하지 않다. 만약 바르트의 신학적 노력이 실패로 끝났다면 과연 오늘에도 성서를 하나님의 말씀으로 교회에서 선포할 수 있을까?

그러면 바르트는 위와 같은 성서 내에 존재하고 있는 모순과 혼란에 대해 어떤 답을 했을까? 바르트는 성서의 오류 앞에서 어떻게 성서비평학의 공격을 극복하고 성서의 하나님의 말씀됨을 입증할 수 있었을까? 바르트는 마태복음, 마가복음, 누가복음, 요한복음은 모두 예수 그리스도 사건에 대한 인간적 증언들이라고 주장한다. 예수 그리스도는 하나님의 자기 계시이고 영원한 하나님의 말씀이시다. 예수의 죽으심과 부활은 세상과 모든 인류의 운명이 결정되는 영원한 계시이고 영원한 하나님의 말씀을 담지하고 있는 사건이었다. 그런데 이 계시의 사건이 부족하고 연약한 인간에 의해 목도되었고 인간에 의해 증언되었고 인간에 의해 전승되었다. 이 증언과 전승의 과정 속에서 인간의 연약함과 부족함이 드러나게 되었는데, 그것이 바로 예수 그리스도에 대한 전승 속에 나오는 약점들이다. 성서의 모순과 혼란과 오류는 계시를 전달하는 증인들이 갖고 있는 약점과 오류와 연계되어 있다. 예수 그리스도의 부활 이후 상당한 세월이 흐르는 동안 인간의 기억력의 한계와 인간적 약점은 성서의 문제점을 만드는 원인이었다. 그런데 중요한 것은 하나님께서 이 증언의 문제점과 약점에도 불구하고 그 증언을 통해 직접 말씀하신다는 것이다. 무엇을 하나님께서 직접 말씀하신다는 말일까? 바르트에 의하면 예수께서 부활하셨다는 하늘과 땅을 흔들고 세계를 흔드는 놀라운 사실을 성서의 증언을 통해 하나님께서 직접 말씀하신다. 성서의 증언에 일부 모순과 오류가 있음에도 불구하고 하나님께서는 이 문제 있는 증언을 통해 직접 말씀하신다. 마태복음을 통해서도 하나님께서 직접 말씀하시고, 마가복음, 누가복음, 요한복음을 통해서도 하나님께서 직접 말씀하신다. 어쩌면 마가복음이 보도하고 있는 것처럼 예수의 무덤에 찾아간 여인이 세 명일지 모른다. 만일 세 명이라면 찾아간 여인이 두 명이나(마태), 한 명(요한)이라고 보도한 마태복음과 요한복음은 잘못된 보도를 하고 있기 때문에 하나님의 말씀으로서의 가치가 없어지는 것일까? 바르트에 의하면 그렇지 않다. 하나님께서는 마태복음을 통해서도 직접 말씀하신다. 무엇을 말씀하신다는 뜻인가? 예수께서 부활하셨다는 하늘과 땅을 흔드는 계시를 말씀하신다. 성서적 증언들은 약점이 있음에도 불구하고 하나님의 말씀이다. 왜냐하면 하나님께서 그 증언들을 통해 친히 말씀하고 계시기 때문이다. 이 부활의 증인들은 우리를 위한 예수 그리스도의 현존이다. 그들이 약점을 가지고 있음에도 불구하고 우리를 위한 예수 그리스도의 현존이다. 왜냐하면 그들의 증언이 없으면 우리는 예수께서 부활하셨다는 엄청난 사실을 모른다. 이런 까닭에 그들의 증언들은 독보적인 가치를 지니고 있다.

바르트에 의하면 예수 그리스도의 부활 사건을 논함에 있어서 성서비평학은 네 복음서 가운데 어느 증언이 원래의 역사에 가장 일치하는가를 밝히는 것이다. 그리고 성서 기록의 다양성이 어떤 과정과 배경을 통해 나타나게 되었느냐를 밝히는 것이다. 성서비평학의 과제는 여기까지이다. 성서 안에 서로 모순과 오류가 있다고 해서 성서는 하나님의 말씀이 아니라는 주제넘은 판단을 해서는 안 된다. 왜냐하면 모순과 오류가 있는 그 증언들을 통해 하나님께서 직접 말씀하고 있기 때문이다. 성서적 증언에 모순과 오류가 있음에도 불구하고 그것은 더할 나위 없이 귀중한 하나님의 말씀이다. 성서의 증인들은 완벽한 사람들이 아니다. 그러나 하나님께서는 결함 있는 이 성서의 증인들을 통해 말씀하고 계신다. 그런 까닭에 성서는 오류에도 불구하고 하나님의 말씀이다.

그런데 바르트가 성서는 오류에도 불구하고 하나님의 말씀이라고 선포했다고 해서 오류도 하나님의 말씀이 되는 것은 아니다. 예컨대 성서 안에는 고대인의 우주관이 있다. 하나님께서 세상을 창조하셨다고 했을 때 성서 안에는 평평한 세계와 밑에 기둥이 있는 지구를 가정하고 있다(욥 38:6 참고). 이 가정은 고대인의 우주관이다. 이 고대인의 우주관을 밝히는 일은 성서비평학의 과제이다. 그런데 평평한 세계와 밑에 기둥이 있는 지구가 가정되어 있다고 해서 성서는 고대인의 종교적 문서에 불과할까? 바르트는 결코 그렇지 않다고 주장한다. 평평한 세계와 밑에 기둥이 있는 지구가 가정되어 있다고 해도 그것은 영원한 하나님의 말씀이다. 왜냐하면 하나님께서 그것을 통해 이 땅과 세계와 지구의 모든 것과 모든 기초를 하나님께서 친히 만드셨다는 계시를 선포하고 있기 때문이다. 그런데 이 고대인의 우주관은 오늘날 우리가 받아들일 수 있는 과학도 아니고 하나님의 계시도 아니다.

바르트에 의하면 성서를 역사적(historisch)으로 연구하는 것은 반드시 필요하다. 그것은 성서해석이 바른 궤도 위에서 일어나게 하기 위해서 필수적이다.[115] 하나님의 계시를 성서 본문에서 바르게 듣기 위해서 역사적 성서연구는 전 단계로 꼭 필요한 일이다. 그것은 위의 예에서 볼 수 있듯이 고대인의 우주관을 하나님의 계시로 잘못 들을 수 있는 궤도 이탈을 방지하기 위해 꼭 필요하다.

바르트에 의하면 "성서의 축자영감(Verbalinspiration)은 성서적 말이 인간의 말로서 언어적, 역사적, 신학적 성격에 있어서의 무오성을 의미하는 것은 아니다."[116] 성서의 축자영감은 "실재적 영감"(Real-

---

115) *KD I/2*, 548.
116) *KD I/2*, 592.
117) *Ibid.*

inspiration)**117)**을 의미하는데, 그것은 성서가 말하고자 하는 내용인 대상과 성서본문이 결코 떨어질 수 없다는 것과 깊이 관련되어 있다는 것을 의미한다. 이 말의 뜻은 성서가 말하고자 하는 내용이요 대상이신 예수 그리스도께서 친히 그 성서본문을 통해 말씀하신다는 것이다. 하나님은 이 성서본문 옆이나 밖의 어떤 곳에서 말씀하시는 것이 아니고 이 성서본문 속에서 말씀하신다. 즉 하나님의 말씀과 성서본문은 뗄 수 없는 관계성 속에 있고 바로 이것이 성서본문의 가치(Würde)이고 영광이다. **118)** 그에 의하면 "축자영감이란 오류 있고 잘못을 범할 수 있는 인간의 말이 지금 그러한 상태로 하나님에 의해서 하나님에게 봉사하는 존재로 받아들여졌다는 것을 의미한다." **119)** 성서적 본문은 오류에도 불구하고 하나님의 말씀을 듣는 "문(Tor)" **120)**이고, 이 문을 떠나서 하나님의 말씀을 들을 수 없다는 것이 성서적 본문의 가치이다. 바로 그 성서적 본문 속에서 하나님의 말씀의 현존이 일어나고 인간은 하나님의 말씀을 듣는다. 이런 의미에서 성서의 본문은 사실상 영감된 말씀이다.

하나님 말씀의 사건성

바르트의 성서관에서 매우 중요한 것은 하나님께서 직접 말씀하신다는 점이다. 인간의 언어로 쓰여진 성서는 그 자체로는 제한성과 한계가 있지만 그럼에도 불구하고 하나님께서 이 성서를 통해 말씀하신다. 또한 인간이 전하는 교회의 설교 역시 투박한 언어와 비효과적인

---
118) *Ibid.*
119) *Ibid.*
120) *Ibid.*

전달방법으로 상당한 문제를 갖고 있지만 그럼에도 불구하고 하나님께서는 이 설교자의 언어를 당신의 말씀의 도구로 쓰시면서 직접 말씀하고 계신다. 바르트는 비효과적으로 설교된 말과 부당한 언어를 통해서도 성령께서는 말씀하실 수 있다고 생각했다.

믿음이 없는 자들은 성서를 읽어도 하나님의 말씀으로 읽지 못하고 이천년 전의 종교적 문서로 읽는다. 또한 목사의 설교를 들으면서도 하나님의 말씀으로 듣지 못하고 목사의 인간적 연설로 듣는다. 왜 그러할까? 그것은 그들이 하나님의 말씀의 전달의 도구인 인간적 언어만 듣고 그 속에서 말씀하시는 하나님의 말씀을 듣지 못하고 있기 때문이다. 바르트가 하나님의 계시는 계시인 동시에 은폐라고 했을 때 그 말이 의미하는 바가 바로 이것이었다. 성서는 분명히 하나님의 말씀이고 하나님의 계시이지만 그것이 인간적 언어를 통해 전달되고 있기 때문에 하나님의 계시가 이 인간적 도구에 의해 은폐되어 있다는 말이었다. 또한 교회의 설교 역시 하나님의 말씀이지만 설교자의 인간적 언어를 통해 전달되고 있기 때문에 이 인간적 도구에 의해 은폐되어 있다는 뜻이었다. 믿음이 없는 자들은 이 인간적 도구에만 부딪칠 뿐 하나님의 말씀에는 부딪치지 못한다.

많은 자유주의자들은 성서를 이천년 전의 종교적 문헌으로 읽는다. 그들은 중동의 여러 종교적 문헌들과 성서를 비교하고 상호간의 연관성들을 밝히면서 성서를 많은 종교적 문헌 중의 하나로 결론 짓고, 이것이 성서에 대한 학문적 연구라고 주장한다. 바르트에 의하면 그들의 성서연구는 계시의 은폐성에 걸려 넘어진 것으로 결코 성서의 본질에 도달한 연구가 아니다. 성서에 대한 바른 연구는 성령을 통한 연구이고 믿음을 통한 연구이다. 성령과 믿음을 통해 인간적 언어를 뚫고 말씀하시는 하나님의 음성을 들을 때, 비로소 참으로 성서의 본질에 도달한 것이고 참으로 하나님의 말씀에 부딪치는 것이다. 인간이 성령과 믿음을 통해 그리고 성서를 통해 말씀하시는 하나님 말씀을 듣는 일을 일컬어 바르트는 말씀의 사건(Ereignis)이라 칭했다.

하나님의 말씀은 말씀의 사건을 통해 하나님의 말씀으로 인식된다. 바르트는 이를 달리 표현해서 성서는 하나님의 말씀이지만 말씀의 사건을 통해 인간에게 하나님의 말씀으로 인식되고 하나님의 말씀이 된다. 이는 종교개혁자들이 가르친 성서는 성령을 통해 인간이 하나님의 말씀으로 인식한다는 말과 유사한 말이다. 성령과 믿음이 없이는 하나님의 말씀인 성서가 있어도 인간은 하나님의 말씀을 인식 못하고, 하나님의 말씀을 듣지 못한다.

학문적으로 잘 준비된 설교와 학문적으로 잘 준비되지 못한 설교가 있다고 했을 때, 인간적인 관점에서 보면 학문적으로 잘 준비된 설교가 그렇지 못한 설교에 비해 큰 은혜를 끼치는 결과가 나와야 한다. 그러나 바르트에 의하면 학문적으로 잘 준비된 설교라 해도 반드시 큰 은혜를 끼칠 것이라는 결론에 도달할 수 없다. 그 이유는 학문적인 설교준비는 말씀사건을 위한 준비에 지나지 않기 때문이다. 학문적으로 잘 준비되지 못한 설교를 통해 큰 은혜의 역사가 나타날 수 있다. 회중들이 기도로 준비하고 믿음으로 가슴을 열고 하나님의 말씀을 들을 때, 성령께서 역사하셔서 비록 설교가 학문적으로 문제가 있다 해도 큰 말씀의 역사가 나타날 수 있는 것이다.

바르트가 강조하고자 하는 것은 학문적 준비가 불성실해도 괜찮다는 데 있는 것이 아니고, 하나님께서 직접 말씀하신다는 점에 유념해야 한다는 것이다. 하나님께서는 지혜 있는 자들에게는 지혜의 방식으로, 평범한 자들에게는 그들에게 적합한 방식으로 직접 말씀하신다. 그것이 하나님의 말씀의 자유이다. 인간은 이 직접 말씀하시는 하나님의 음성을 듣기 위해 마음을 열어야 하고 믿음과 성령을 통해 이 말씀을 들어야 한다.

하나님께서 성서와 설교를 통해 인간에게 말씀하실 때 무시간적 방식으로 탈공간적 방식으로 말씀하시는 것이 아니라, "지금", "여기에" 있는 각 개인에게 말씀하신다. "지금", "여기에"라는 표현은 하나님의 말씀의 사건성을 이해하는데 매우 중요한 개념이다. 각 개인은 자기가 처해있는 환경 속에서 하나님의 말씀을 듣는다. 역으로 하나님께서는 각 개인에게 직접 말씀하신다. 같은 성서 본문으로, 같은 목사의 설교를 통해 하나님의 말씀을 들어도 각 개인은 각각 다른 방식으로 하나님의 말씀을 듣는다. 그 이유는 그들이 처해 있는 환경이 다르기 때문이고, 하나님께서는 각각 다른 환경에 처해 있는 개인에게 각각 다른 방식으로 말씀하시기 때문이다. 중요한 것은 성경본문의 글자는 동일하고, 목사의 설교의 언어적 표현은 동일하다 해도 하나님께서는 그 언어에 묶여 계신 것이 아니고 그 언어를 사용하셔서 자유롭고 다양하게 각 개인에게 직접 말씀하신다는 점이다. 그런 까닭에 성서를 읽는 개인이나 설교를 듣는 개인들은 기도하면서 하나님의 말씀을 받아야 하고, 자기 자신에게 직접 말씀하시는 하나님의 음성을 들어야 한다.

바르트에 의하면 같은 성서 본문이라 할지라도 제 1세계의 사람이 읽을 때 듣는 하나님의 음성과 제 3세계 사람이 읽을 때 듣는 하나님의 음성은 결코 같지 않다. 성서에 대한 학문적 주석은 옛날, 그 곳에 있었던 하나의 답을 영원한 답으로 규정하지만, 바로 거기에 학문적 주석의 한계가 있다. 바르트는 아시아 신학자들에게 아시아 신학을 발전시킬 것을 요구했다. 유럽의 신학이 아시아 신학자들에게 참고는 될 수 있어도 유럽의 신학은 유럽의 신학자들이 유럽이라는 상황 속에서 들은 하나님의 말씀을 기초로 해서 만든 것이다. 하나님께서는 아시아의 상황 속에서는 그들을 그곳에서 살릴 수 있는 아시아적 상황에 맞는 하나님의 말씀을 말씀하신다. 그런 까닭에 아시아 신학자들은 자신의 상황 속에서 말씀하시는 하나님의 말씀을 들어야 한다.

하나님의 말씀의 사건성의 위와 같은 특징 때문에 리차드슨(K. A. Richardson)은 바르트의 말씀의 신학이 포스트 모던적 신학이라고 규정했다.121) 바르트에 의하면 성서 텍스트는 한 가지 의미만 갖고 있는 것이 아니다. 경우에 따라서는 성서 기자의 뜻과는 전혀 다른 의미가 성서를 통해 말씀되기도 한다. 리차드슨은 이 점을 바르트 신학의 독특성으로 보았다.122) 바르트에 의하면 하나님의 말씀은 획일적이지 않다. 하나님은 인간의 정황과 개인의 자유를 존중하는 신이시다. 정통 주석학자가 성서를 주석한 것이 영원한 표준이 아니다. 성서를 통해 말씀하시는 하나님은 정통 주석학자의 주석을 부수고 완전히 다른 방식으로 말씀하실 수 있다. 하나님의 말씀은 하나님과 인간과의 만남 속에서 전달되는 사건이고, 그런 까닭에 그 말씀은 인간이 다양한 만큼 다양할 수밖에 없다.

---

121) K. A. Richardson, *Reading Karl Barth*(Grand Rapids: Baker, 2004), 32-55.
122) *Ibid.*, 32-33.

정경의 표준

초대교회에 있어서 정경의 표준은 사도성에 있었다. 즉 사도의 글들을 주로 정경으로 규정했고, 이렇게 규정된 책들이 오늘날 성서로 편집되어 교회에서 읽혀지고 있다. 그런데 문제는 당시에는 사도의 글로 생각하고 정경으로 편입했던 책들 가운데 지금에 와서는 사도의 글이 아닐 것으로 추정되는 책들이 많이 존재하고 있다. 베드로후서는 사도 베드로의 글로 생각했지만 오늘날 베드로의 글로 보는 신학자는 소수이다. 또한 요한계시록 역시 사도 요한의 글로 생각했지만 오늘날 사도 요한의 글로 보는 신학자는 지극히 적다. 이 밖에도 에베소서를 비롯한 상당수의 바울서신들 역시 사도 바울의 글이 아닐 것으로 의심을 받고 있다.

만일 위의 책들이 사도들의 저작이 아니라고 판명된다면 어떻게 해야 될까? 사도의 글로 생각하고 정경에 편입했는데 사도의 글이 아니면 정경에서 제외해야 되지 않을까? 오늘날에도 정경의 표준으로 사도성을 언급할 수 있는가? 만일 그렇다면 성서에 대한 학문적 연구는 상당수의 정경을 정경에서 제외하는 귀결을 초래하지 않을까?

위와 같은 문제들에 대해 바르트는 종교개혁자들이 강조한 정경은 스스로 정경되게 한다는 가르침을 강조했다. 그에 의하면 정경은 그 자체로 권위가 있어서 스스로의 힘으로 정경이 된다고 보았다. 바르트는 가톨릭교회가 교회의 결정에 정경의 권위가 판가름 났다고 주장하는 것에 대해 극력 반대했다. 그는 교회가 정경으로 규정했기 때문에 정경이 된 것이 아니라고 했다. 정경으로 된 책들은 그 자체로 권위가 있었기 때문에 교회가 후일 이를 추인한 것뿐이라는 것이다.

 그렇다면 정경은 스스로 권위가 있어서 정경이 되었다는 말의 뜻은 무엇일까? 바르트는 정경의 결정에 핵심이 되는 것은 우리가 그 책을 통해 하나님의 말씀을 사실상 듣느냐에 달려있다고 보았다. 역으로 말하면 하나님께서 그 책들을 당신의 말씀의 도구로 사용하시면서, 그 책들을 통해 직접 말씀하시느냐가 핵심이라는 말이었다. 예컨대 에베소서가 사도 바울의 글이 아니라고 판명이 났다 해도 하나님께서 이 에베소서를 통해 오늘도 직접 말씀하시고, 우리가 이 에베소서를 통해 말씀하시는 하나님의 음성을 듣는다면 에베소서는 명백히 정경이라는 뜻이었다. 바르트에 의하면 우리는 에베소서를 통해 분명히 하나님의 말씀을 듣고 있다.

 그러면 하나님의 말씀을 듣는다는 것을 누가 결정할 수 있을까? 바르트에 의하면 어떤 책을 통해 하나님께서 직접 말씀하시는가의 문제는 개인이 결정할 문제가 아니고 전체 교회가 결정해야 한다. 즉 전체 교회가 그 책을 통해 하나님의 말씀을 듣는다면 우리는 그 책을 정경으로 삼아야 한다. 바르트는 개인적으로 12사도의 교훈과 디오그네투스에게 보낸 편지 같은 책은 정경에 삽입할 수 있는가를 검토할 충분한 가치가 있다고 보았다. 또한 마틴 루터(Martin Luther)가 말한 대로 야고보서와 요한 2서, 3서, 및 요한계시록은 정경에서 제거하는 것이 어떤지를 고려해 보는 것도 좋겠다고 생각했다. 그러나 이 모든 것은 어떤 한 개인이나 신학자가 결정할 일이 아니고, 전체 교회가 심사숙고해서 결정해야 한다고 보았다. 이런 의미에서 정경은 잠정적으로 고정되어 있다.

이스라엘의 역사와 계시

바르트에 의하면 이스라엘의 역사는 특별한 역사이다. 하나님께서는 아브라함을 선택하셨고, 이스라엘 민족을 선택하셨다. 아브라함이나 이스라엘 역사의 중요성은 슐라이어마허가 생각한 것처럼 그들이 하나님에 대해 어떻게 생각했느냐, 곧 하나님에 대한 그들의 신(神) 의식에 있는 것이 아니고, 이들에 대한 하나님의 선택에 있다. 하나님께서는 이들의 역사를 통해 자신을 드러내셨다. 아브라함과 이스라엘의 역사는 자연신학의 차원에 속하는 것이 아니고 하나님의 자기 계시인 예수 그리스도와 관련되어 있는 계시이고, 그런 까닭에 하나님의 특별계시의 영역에 속한다. 클라페르트는 바르트의 신학에서 이스라엘 역사의 계시적 차원을 다음의 다섯 가지 항목으로 정리했다.[123]

1. 전체 이스라엘 역사는 그 자체로 예언적 역사(prophetische Geschichte)이다. 즉 이스라엘 역사의 사건들은 말씀(DABAR)이다.
2. 전체 이스라엘 역사는 세상 모든 민족과 관련을 맺고 있고, 세상 모든 민족을 향해 말씀하시는 역사이다. 그런 까닭에 이스라엘 역사는 모든 민족의 빛이다(사 42:6). 이스라엘의 역사는 특수한 역사이지만 동시에 보편적 의미와 영향을 갖고 있는 역사이다.
3. 전체 이스라엘의 역사는 심판의 역사가 아니다. 오히려 전체 이스라엘의 역사는 하나님의 언약과 은총이 현존하는 역사이고, 하나님의 영광과 인간의 구원이 현존하는 역사이다. 그러므로 전체

---

123) B. Klappert, *Versöhnung und Befreiung*, 17-18.

이스라엘 역사에 대한 긍정적인 연관성과 계속성이 언급되어야 한다.

4. 이스라엘 역사는, 전체적으로, 그리고 그 연관성 속에서 볼 때 모든 민족의 역사를 위한 중재적이고 대리적인 역사이다. "이스라엘의 역사는 그 모든 것 속에서 모든 민족의 역사를 위한 패러다임이고 모델이다. 이스라엘의 역사가 예언한… 그것은 세계 역사 이해를 위한 열쇠이다."[124]

5. 전체 이스라엘의 역사는, 특히 이 역사의 중심인물인 다윗과 더불어, 그 안에 메시아가 존재하고 있고, 메시아의 모형이 미리 나타나고 있는 한에 있어서, 메시아적 역사이다. "메시아의 비밀이 그 안에 예고되고 있는 것은 오직 이스라엘의 역사뿐이다."[125]

바르트는 루돌프 불트만(R. Bultmann)과는 달리 이스라엘의 역사를 하나님의 심판의 계시로 보지 않고, 하나님의 언약과 은총과 구원의 역사로 보았다. 이와 같은 바르트의 관점은 구약과 이스라엘의 역사를 실패의 역사 혹은 하나님의 심판의 계시로 보던 당시대의 많은 신학자들의 사상과 구별된다. 물론 바르트 역시 이스라엘의 불신앙으로 말미암은 수많은 부정적인 역사가 이스라엘 역사 속에 존재한다고는 보지만, 그럼에도 불구하고 바르트는 이스라엘의 역사를 긍정적인 연관성 속에서 이해했다. 바르트가 이스라엘의 역사를 긍정적인 연관성 속에서 이해한 핵심적인 이유는 이스라엘의 역사 속에 이미 예수 그리스도

---

124) *KD IV/3*, 69, 60-71.
125) *KD IV/3*, 70, 71-72.

의 역사가 미리 예고되고 있다는 점 때문이었다. 바르트는 특히 다윗의 역사가 구약 속에 나타나는 대표적 메시아적 인물의 역사로 이해했는데 마르크바르트(Fr. W. Marquardt)는 다윗뿐만 아니라 모세와 엘리야와 제 2이사야도 예수 그리스도 역사와 연관된 인물로 보아야 한다고 주장했는데, 클라페르트는 이 마르크바르트의 관점을 바르트의 관점에 보충하는 것이 옳다고 보고 있다.[126] 그러나 이것은 보충할 필요도 없이 바르트가 이미 자신의 「교회교의학」에서 언급하고 있다.[127]

바르트에 의하면 이스라엘의 역사는 독특한 역사이다. 그 역사는 하나님의 선택에 기반을 두고 있고, 예수 그리스도의 역사에 목적을 두고 있는 특별한 역사이다. 이스라엘의 역사는 인류를 향한 하나님의 구원과 은총의 역사이고, 동시에 모든 백성을 향한 하나님의 말씀이다. 그런 까닭에 이스라엘의 역사는 자연계시의 차원이나, 보편역사의 차원에서 이해하면 안 된다. 오히려 이스라엘 역사가 세계의 모든 역사를 이해하는 열쇠이다.

---

126) B. Klappert, *Versöhnung und Befreiung*, 23.
127) *KD* 1/2, 542.

자연신학의 부정

바르트가 20C에 가장 강력하게 자연신학을 부정한 신학자라는 것은 널리 알려져 있다. 바르트는 자연이나 역사를 통해 하나님을 인식하는 것의 불가능성을 일생동안 계속 강조했다. 그런데 문제는 자연신학에 대한 부정이 성서의 가르침과 일치하느냐에 있다. 20C에 바르트만큼 성서를 중요시하고 성서의 권위를 세우기 위해 노력한 신학자도 많지 않은데, 그렇게 성서를 중요시하고, 성서가 하나님의 말씀임을 누누이 강조한 바르트가 자연신학을 인정하는 것으로 보이는 성서본문들을 어떻게 해석하고 있는가 하는 것은 큰 관심사가 아닐 수 없다. 시편 19편 1절에는 "하늘이 하나님의 영광을 선포하고 궁창이 그 손으로 하신 일을 나타내시는도다"는 말씀이 언급되어 있고, 로마서 1장 20절에는 "창세로부터 그의 보이지 아니하는 것들, 곧 그의 영원하신 능력과 신성이 그 만드신 만물에 분명히 보여 알게 되나니 그러므로 저희가 핑계치 못할찌니라"라는 말씀이 언급되어 있다. 이 말씀들은 모두 전통적으로 창조계시와 자연신학을 가능케 하는 성서 본문으로 끊임없이 인용되어 왔다.

바르트에 의하면 위의 성서의 말씀들은 문자 그대로 사실이라고 인정하고 있다. 창조세계 속에 하나님의 신성과 능력은 분명히 빛나고 있다. 바르트는 「교회교의학」 화해론의 윤리학인 「그리스도인의 삶」(Das christliche Leben)의 '알려져 있고 또한 알려져 있지 않는 하나님' (Der bekannte und unbekannte Gott)이라는 항목에서 "하나님의 이름은 그가 창조한 세상 속에 이미 거룩하게 빛나고 있다. …그분은 모든 풀잎 속에, 모든 눈송이 속에 거룩하게 빛나고 있지 않는가?"[128] 라고 언급했고, 하나님은 "세상 속에 그리고 세계 역사 속에 -비기독교 세계로서의 인간들의 세상 속에- 매우 분명히 알려져 있다"[129] 라고 말하고 있다.

위의 바르트의 언급들은 시편 19편 1절의 말씀이나 로마서 1장 20절의 말씀과 아무런 차이가 없는 말들이다. 바르트에 의하면 하나님은 창조세계를 통하여, 또한 세계의 역사를 통해 알 수 있는 분이시다. 그렇다면 바르트는 자연신학을 인정해야 하는 것이 아닐까? 그런데 중요한 것은 바로 여기에 있다. 바르트가 자연신학을 반대할 때, 그 반대의 핵심은 창조세계 속에 하나님의 신성과 능력이 빛나고 있음을 반대한 것이 아니었다. 그의 반대의 핵심은 창조세계 속에 하나님의 신성과 능력이 빛나고 있음에도 불구하고 인간이 이 하나님을 바로 인식하지 못함에 있었다. 바르트에 의하면 로마서 1장의 바울은 하나님의 능력과 신성이 그 만드신 만물 속에 분명히 알려져 있음에도 불구하고 인간은 이 하나님을 경배하지 아니하고 어리석게도 우상을 만들었고 우상숭배의 길에 들어섰음을 말하고 있다고 보고 있다. 즉 창조세계 속에 하나님의 이름이 거룩하게 빛나고 있음에도 불구하고 인간은 결코 이 하나님을 경배하지 아니하고, 자기 자신이 만든 거짓된 허망한 사상과 우상 속으로 침몰하고 있다는 것이다. 그는 믿음을 갖고 있는 사람들의 눈에는 분명히 하늘이 하나님의 영광을 선포하고 궁창이 그 손으로 하신 일을 나타내는 현실이 인식된다. 하나님의 이름이 모든 풀잎 속에, 그리고 모든 눈송이 속에 찬란하게 빛나고 있는 것이 믿음

---

128) K. Barth, *Das christliche Leben*(Zürich: 1979), 197.
129) *Ibid.*, 194.

이 있는 사람의 눈에는 분명히 보인다. 이것은 객관적 사실이고 의심할 수 없는 진실이다. 즉 믿음을 갖고 있는 사람들은 하나님의 신성과 능력이 만물 속에 깃들여 있는 객관적 진실을 인식한다. 그렇기 때문에 시편 기자는 "하늘이 하나님의 영광을 선포하고 궁창이 그 손으로 하신 일을 나타내시는도다"라고 찬양하고 있는 것이다. 그러나 믿음이 없는 사람들은 이 사실을 인식하지 못한다. 바르트에 의하면 하나님은 분명히 알려져 있음에도 불구하고 세상 속에는 알려져 있지 않는 신이시다. 하나님을 알 수 있는 것이 객관적임에도 불구하고, 그 객관적 사실은 세상 속에 은폐되어 있다.

하나님께서 은폐되어 계신 것은 인간의 죄의 깊이와 세상 속에 존재하는 무(Das Nichtige)의 세력의 깊이를 나타낸다. 인간이 하나님을 경배하지 아니하고 우상을 섬기는 것 역시 인간의 죄의 깊이와 무의 세력의 깊이를 나타내는 현실이다. 바르트에 의하면 이 죄의 깊이와 무의 세력의 깊이 때문에 자연을 통해 참 하나님께 이르는 길이 없다. 성령과 믿음이 아니고서는 이 무의 세력을 뚫고 하나님께 도달되지 못한다. 이 문제에 대해서는 창조론에서 더욱 자세히 언급할 것이다.

계시와 종교

무엇이 진리인가?

바르트에 의하면 진리는 하나님이시고, 이 하나님은 인격적 신이시다. 예수께서는 "내가 곧 진리이다"(요14:6)고 언급하셨는데, 이 예수 그리스도는 인격이시고 살아계신 하나님이시다. 진리가 인격이란 말은 진리는 어떤 이념이나 어떤 원칙이나 어떤 체계나 어떤 교리가 아니라[130] 살아계신 하나님이시고, 성령을 통해 우리를 만나고 계시는 예수 그리스도이시다란 말이다. 많은 사람들이 진리는 어떤 이념이나 어떤 원칙이라고 생각하고 있다. 그러나 바르트에 의하면 세상의 이념이나 원칙이 결코 진리가 아니다. 만일 하나님께서 그 속에 계시지 않는다면 사회주의 운동도, 평화운동도, 인권운동도 모두 인간의 죄악된 운동에 불과하다. 사회주의 이념이 진리가 아니고 살아계신 하나님께서 진리이시고, 사회주의 이념은 살아계신 하나님께서 잠시 사용하실 수 있는 도구에 불과하다. 제도적 교회 안에도 그 속에 하나님께서 계시지 않는다면 그것 역시 한낱 우상숭배의 단체에 지나지 않는다. 교회의 교리나 신학적 체계 역시 진리가 아니다. 그것은 진리이신 하나님을 가리키는 어떤 것일 뿐 그것 역시 인간이 만든 어떤 것일 뿐이다.

진리이신 하나님은 자기 자신을 스스로 알리신다. 하나님께서는 스

---

130) *KD IV/3*, 434.
131) *KD IV/3*, 472.

스로를 드러내시고 자신에 대해 스스로 말씀하신다.[131] 이 하나님과의 인격적 만남 속에서 인간은 진리를 알게 된다. 세상의 이념 속에서 인간이 하나님을 알게 되는 것이 아니라 진리이신 하나님과의 만남 속에서 하나님을 알고 진리를 알게 되는 것이다. 교회의 교리나 성서의 문자 때문에 하나님을 알게 되는 것이 아니라 진리이신 하나님과의 만남 속에서 하나님을 알고 진리를 아는 것이다. 진리에 이르는 길은 하나님과의 만남인데, 곧 성령과 믿음을 통한 하나님과의 만남과 사귐 속에서 진리에 이르게 된다.

진리가 하나님이시라면 그 진리의 내용은 무엇일까? 바르트에 의하면 진리가 하나님이시고, 예수 그리스도이시기 때문에, 진리는 예수 그리스도의 삶과 죽음과 부활과 결코 분리될 수 없다. 예수 그리스도 안에 나타난 화해의 사역이 곧 진리이다. 예수 그리스도 안에 나타난 진리는 너무나도 놀라운 은총이었다. 그러므로 진리는 은혜(Gnade)이다. 진리는 인간이 자신의 일상생활 속에서는 늘 경험하던 어떤 것들이 아니다. 인간이 일상생활에서 경험하던 것들은 거짓인데, 그 모든 것들은 십자가에서 진리가 아닌 것으로 축출된 것들이다. 진리는 사랑이고, 자비이고, 용서이고, 은혜이고, 구원이다. 인간이 진리를 안다는 것은 바로 사랑이시고, 자비로우시며, 용서하시고, 은혜로우시며, 인간을 살리고, 구원하시는 하나님을 만나는 것이다. 진리가 은혜이기 때문에 은혜 없는 비참 속에서 일상의 삶을 살아가는 인간들에게는 이 진리가 걸림돌이다.[132] 그것은 자신의 이성이나 도덕이나 지금까지의 삶의 유형과는 너무나도 다른 것이어서 심각한 저항과 갈등이 일어난다. 이것이 진리와 거짓과의 싸움이다.

132) *KD IV/3*, 509.

바르트에 의하면 진리를 거스르는 대표적 거짓으로 정치적 폭력과 물신숭배와 종교가 있다. 인간은 은혜로우신 하나님의 도우심에 의해 살아가는데 세상은 힘을 가져야 살 수 있다고 믿고 있다. 인간이 폭력으로 인간을 지배하는 곳에는 참 주님이신 하나님은 존재하지 않는다. 물신숭배 역시 진리를 거스르는 세상의 대표적 거짓이다. 돈이 주님이 아니고 하나님께서 주님이신데 하나님 없는 세상은 돈을 주님으로 섬기고 있는 것이다. 그에 의하면 세상의 종교 역시 진리를 거스르는 대표적 거짓이다. 종교는 예수 그리스도 안에 계시된 참 하나님을 밀어내고 인간이 만든 가짜 신을 그 자리에 앉힌 인간의 속임수이다. 종교는 살아계신 은혜로우신 하나님 대신 흉측한 우상이 인간을 지배하는 세상의 대표적 우상이다.

종교의 속임수

바르트에 의하면 종교는 거짓이고 허구이다. 살아계신 하나님과의 인격적 만남 없이 신을 가정하는 것은 모두 거짓이고 허구이다. 진리는 하나님이시고, 이 하나님과의 인격적 만남이 없는 곳에는 진리가 없다. 종교가 얘기하는 모든 것은 하나님과는 아무런 관계도 없다. 종교가 속임수의 극단인 것은 살아계신 하나님께 대립되는 신을 섬기고, 이 신의 말을 하나님의 말씀으로 속이기 때문이다. 이 신은 물론 인간이 스스로 만든 신인데, 이 신은 결코 자비롭지도 않고 인간을 참으로 구원할 수도 없다. 종교의 가장 큰 문제점은 하나님 아닌 다른 신을 하나님의 자리에 앉히기 때문에 참 하나님과 만남을 원천적으로 봉쇄하

133) KD IV/2, 329-331.

는데 있다.[133] 이 가짜 신의 존재는 인간에게 대단히 위험하고, 살아계신 하나님의 음성에 귀를 막게 하고, 인간의 구원에 치명적인 손상을 입힌다.

1916년 바르트는 "성서 안에 있는 새로운 세계"(Die neue Welt in der Bible)를 발표하면서 계시와 종교의 근본적 차이를 언급하기 시작했다. 바르트가 발견한 성서의 세계는 세상의 철학이나 도덕이나 종교와는 근본적으로 달랐다. 성서의 세계는 단순한 도덕의 세계가 아니었다. 또한 그 세계는 인과응보적인 세상 신들의 음성을 담고 있는 세계도 아니었다. 놀랍게도 그 세계는 세리와 창기가 율법학자들보다 먼저 천국에 가는 세계였고 일곱 번씩 일흔 번을 용서하는 용서의 세계였다. 그 세계는 인간이 하나님에 대해 명상해서 언급하는 세계가 아니라 하나님께서 인간에 대해 말씀하시는 세계였다. 그 세계는 너무나 뜻밖의 세계였고, 지금까지 세상에서 경험했던 것과는 너무나도 다른 세계였다. 1942년 그의 「교회교의학」 II/2의 예정론을 발표하면서 성서 안에 계시된 하나님이 얼마나 극단적으로 세상의 경험과 세상의 종교나 신과 다른지를 전 세계에 알렸다. 1942년 바르트는 성서 안에 계시된 하나님은 인간을 위해 자신이 죽으시는 신이셨는데 인간에 대한 극단적 사랑 때문에 인간을 심판하시지 못하시고 자신을 희생시키는 신이심을 전 세계에 알렸다. 바르트에 의하면 이 신의 행위는 오직 은총이고 사랑인데, 이 은총과 사랑의 힘으로 온 세상을 구원코자 하는 신이다. 이 신은 예수 그리스도 안에서 만인을 구원코자 예정하셨고, 만인을 구원코자 교회를 세우시고, 복음의 일꾼들을 보내시는 신이시다. 1942년 바르트가 그의 예정론을 통해 전 세계에 알린 신은 사랑과 자비로만 가득 찬 사랑과 자비의 화신이었다. 1953년부터 바르트는 그의 「교회교의학」 화해론을 집필하면서 십자가에 이르기까지 낮아지신 하나님과 왕처럼 높아진 인간의 본질을 예수 그리스도의 역사와 십자가와 부활을 통해 인식했고 이를 세상에 알렸다. 세상의 종교가 과연 낮아지시는 신을 알았겠으며 신의 죽음을 알고 있었겠는가? 세상의 종교가 과연 사랑 때문에 인간을 심판하지 못하시는 신을 알고 있었겠으며, 인간을 위해 대신 죽으시는 신을 알았겠는가? 세상의 그 어떤 철학이 신처럼 높아지고 존귀한 인간의 영광과 본질을 언급한 적이 있었는가? 바르트에 의하면 참 하나님과 참 인간의 모습과 세상의 참된 진리는 성령과 계시가 없이는 결코 알지 못한다.

바르트가 종교를 비판한 핵심은 계시 없이 하나님을 알고, 진리를 알고 있다고 주장하는 뻔뻔함에 있었다. 인간은 하나님을 만나고 하나님께 사로잡힐 때 비로소 하나님을 알고 인간의 참 모습도 아는 것인데, 하나님 없이 하나님에 대해 스스로가 상상해서 거짓을 만든 것이 종교의 참 모습이다. 바르트에 의하면 예수 그리스도와 성서와 교회의 선포가 하나님을 아는 바른 길이다. 이 길에서 벗어나서 하나님을 알고자 하는 것은 결국 우상을 만드는 것이고, 우상숭배로 빠지게 된다. 종교는 우상숭배이다. 그것은 이론적 무신론보다 더 나쁜 모습을 갖고 있다. 왜냐하면 하나님의 자리에 우상이 앉아있기 때문이고, 이 우상으로 말미암아 하나님께로 오는 길이 차단되고 있기 때문이다.

계시와 종교의 차이

포이어바허(Feuerbacher)는 종교나 신은 인간의 자아투영에 의해 생긴 어떤 것이라고 한다. 포이어바허에 의하면 신이 인간을 만든 것이 아니고 인간이 신을 만들었다. 종교는 인간이 만든 어떤 것이고 신 역시 인간에 의해 만들어진 어떤 존재일 뿐이다.

바르트에 의하면 슐라이어마허의 자유주의 신학은 포이어바허의 종교비판에 정확히 해당되는 신학으로 슐라이어마허는 종교적 자기 체험을 신(神) 체험으로 가정하고, 인간의 종교적 자기체험에서 신을 추론하고, 신의 상을 만드는 신학을 전개했는데, 이것은 정확히 포이어바허가 인간이 신을 만들었다는 종교비판에 일치한다고 바르트는 평가했다. 슐라이어마허가 인간의 절대의존의 감정(das schlechthinige Abhängigkeitsgefühl)을 신의 계시적 차원과 일치시킨 것은 인간의 자의식이 신을 만들 가능성을 사실상 열고 있는 것이 아닌가! 바르트는 슐라이어마허의 절대의존의 감정에 대한 종교적 이해는 결국 인간이 스스로 신을 만드는 큰 길을 연 것으로 단정했다. 인간의 경건한 감정이 종교의 근원이라면 그것은 결국 피조된 것에서부터 신(神) 개념을 만드는 것인데 이것은 참으로 위험한 사고이다. 슐라이어마허의 「종교론」(Über die Religion)에 의하면 계시는 우주에 대한 근원적이며 새로운 직관인데, 그렇다면 세상에서 얻어진 경건한 감정이 결국 계시이고 신이고 종교의 내용이 되는 것이 아닌가! 바르트는 슐라이어마허의 신학은 인간이 신을 만드는 신학으로 보았다.

바르트에 의하면 인간의 경건한 감정이나 종교적 감정은 계시와는 아무런 관계가 없다. 성서의 인물인 아브라함과 타종교의 종교적 영웅 사이에 근본적 차이를 인식하지 못한 것이 슐라이어마허의 자유주의 신학의 근본적 오류이다. 바르트는 아브라함의 종교적 경건성이 중요한 것이 아니고 아브라함에 대한 하나님의 선택과 아브라함과 맺은 계약이 중요하다고 주장한다. 구약의 역사는 하나님의 특별한 계시의 역사이다. 그것은 세상의 다른 역사와는 근본적으로 구별되는 독특한 역사이다. 서남동의 민중신학은 이스라엘의 역사와 한국의 역사를 동일한 차원에서 병렬적으로 연결시키는 신학을 발전시켰는데, 이 신학은 특히 그의 "두 이야기의 합류"라는 글에 뚜렷이 나타난다. 바르트는 이와 같은 신학에 대해 단호히 거부했다. 왜냐하면 이스라엘의 역사와 한국민족의 역사는 같은 차원의 역사가 아니기 때문이다. 그에 의하면 예수 그리스도께서 하나님의 궁극적 계시의 역사이고, 구약의 역사는 이 예수 그리스도와 깊은 관련을 맺고 있는 역사이다. 하나님께서는 왕건이나 이성계를 선택한 것이 아니고 아브라함을 선택하시고 다윗을 선택하셨다. 구약은 예수 그리스도를 예언하고 있고 하나님의 특별한 섭리와 계약 속에서 진행된 역사를 담고 있다. 다윗이 구약 속에 있는 예수 그리스도의 모형이지 궁예가 예수 그리스도의 모형이 아니다.

바르트에 의하면 하나님은 예수 그리스도 안에서 자신을 계시하셨고 이스라엘의 역사 속에서 자신을 계시하셨다. 하나님의 계시는 세상의 모든 우상과 갈등관계에 있다. 애굽의 선지자와 모세와의 대결 및 바알과 아세라의 선지자와 엘리야의 대결은 모두 하나님의 계시와 세상 종교와의 갈등을 극명하게 잘 보여준다. 바르트에 의하면 세상은 하나님을 알지 못하고 세상이 만든 종교와 신은 하나님과는 아무런 관계가 없다. 그것은 하나님과 아무 관계가 없을 뿐만 아니라 하나님과 대립, 갈등관계에 있는 우상이다. 기독교는 모세의 종교이고 엘리야의 종교이고 예수 그리스도의 종교이다. 바르트에 의하면 이스라엘의 선택이라는 성서의 대주제는 이미 자연신학과의 결별을 선언한다.

슐라이어마허의 신학이나 자연신학은 모두 바르트가 직접 언급한 바르트 신학과 대립적 위치에 있는 신학이다. 판넨베르크의 보편사 신학이나 서남동의 민중신학은 바르트 이후에 발전된 바르트 신학과 대립적 위치에 있는 신학이다. 이들 신학이 모두 바르트 신학과 대립적 위치에 있는 이유는 예수 그리스도의 역사와 이스라엘의 역사의 독보적인 특별한 위치를 인정하지 않으려는 것과 관련되어 있다. 바르트에 의하면 일곱 번씩 일흔 번을 용서하는 은총의 세계는 세상의 종교나 도덕이나 철학이나 역사 속에서 발견할 수 없고 오직 예수 그리스도 안에서만 발견된다. 신이 인간을 대신해서 죽으시는 측량할 길 없는 자비의 신은 세상의 종교나 도덕이나 철학이나 역사가 전혀 알지 못했던 신이다. 예수 그리스도 없이 하나님은 결코 이해되지 않는다. 이해되지 않는 정도가 아니라 예수 그리스도 없이 하나님을 알려는 시도는 결국 우상을 만들게 된다. 그런 까닭에 자연신학의 종국은 우상숭배이고 이 신이 바로 포이어바허가 비판한 인간이 만든 신이다.

빛과 빛들

바르트의「교회교의학」IV/3에 전개되고 있는 바르트의 빛과 빛들에 대한 교리는 비상한 관심을 끄는 후기 바르트의 자연신학에 대한 사상의 집대성이다. 바르트는 이 빛과 빛들에 대한 교리를 집대성하면서 창조세계에 존재하는 빛들, 진리들 그리고 말씀들을 언급했다. 예수 그리스도께서 단 하나의 빛이요, 단 하나의 진리요, 단 하나의 말씀이라면 창조세계 속에는 이 빛을 반사하는 빛들이 있고 이 진리와 이 말씀을 반사하는 진리들과 말씀들이 있다는 뜻이었다. 바르트가 1930년대 히틀러와 투쟁하면서 하나님의 말씀의 삼중 양태를 언급할 때 그 세 가지는 예수 그리스도와 성서와 교회의 설교였고, 이 세 가지 외에는 하나님의 말씀이 존재하지 않는다고 못 박았다. 즉, 하나님의 말씀을 들으려면 성서 속에서 들어야 하고 교회의 설교를 통해서 들어야 한다. 그 밖에서 하나님의 말씀을 듣고자 해서는 안 된다는 것이 바르트의 주장이었다. 단 하나의 빛이요, 진리요 말씀이신 예수 그리스도는 성서를 통해서 만나고 교회의 설교를 통해서 만나는 것으로, 세상의 이념이나 세상의 탁월한 인물이나, 정치적 어떤 운동으로 만날 수는 없다는 것이 1930년에 바르트가 강력하게 설교하고 강조한 내용이었다.

그런데 바로 그 바르트가 1959년 발간된「교회교의학」IV/3에서 교회 밖에, 창조세계 속에 존재하는 빛들과 진리들과 말씀들을 언급하고 있는 것이다. 1930년대의 바르트의 하나님의 말씀의 삼중 양태만 알고 있는 사람들에게 교회 밖의 창조세계 속에 빛들이 있고, 진리들이 있고, 말씀들이 있다는 언급은 가히 충격적일 것이다. 그러나 이 충격에도 불구하고 바르트는 분명히 교회 밖, 창조세계 속에 빛들이 있고 진리들이 있고, 말씀들이 있다고 분명히 언급하고 있고, "하나님에 의해 예수 그리스도 안에서 화해된 세계에는… 그리스도께서 사용하지 못하시는 세속 영역은 없다"[134]고 말하고 있는 것이다.

1930년대의 바르트에게 있어서 예수 그리스도의 말씀의 도구는 성서와 교회의 선포였다면, 1959년의 바르트에게 있어서 예수 그리스도의 말씀의 도구는 성서나 교회의 선포에만 제한되고 있지 않는 것이다. 세상은 예수 그리스도 안에서 화해되어 있고, 그런 까닭에 세속의 영역 속에서도 그리스도의 말씀의 도구들이 충분히 존재할 수 있다. 바르트에 의하면 세속세계 속에서도 우리는 하나님 나라의 유비들을 만날 수 있다. 하나님 나라의 유비들을 교회 안에서만 만날 수 있다고 생각하면 잘못이다. 세상 속에는 빛들이 있고, 진리들이 있고, 하나님 나라의 유비들이 있다.

위와 같은 바르트의 관점 때문에 코흐(G. Koch)나 라쇼(L. H. Ratschow)와 같은 학자들은 바르트가 빛과 빛들에 관한 교리에서 놀랍게도 창조계시의 가능성을 언급하고 있다고 주장했다.[135] 그러나 이 주장은 잘못이다. 바르트의 자연신학에 대한 이해가 후기 바르트에 와서 상당히 변천되고 발전되고 있는 것은 사실이지만, 자연신학의 가능성을 여는 방식으로 발전되고 있는 것은 결코 아니기 때문이다. 바르트는 빛과 빛들에 관한 교리에서도 창조계시나 자연신학의 가능성을 언급하고 있는 것은 아니다. 바르트는 그리스도 계시와 창조계시라는 하나

---

134) *KD* IV/3,1, 133.
135) Carl Heinz Ratschow, *Gott existiert*(Berlin: 1966), 63-64; G. Koch, "Gotteserkenntnis ohne Christus", in: EvTh 23(1963), 584.

님의 계시의 이중성을 결코 언급하고 있지 않다.[136] 바르트에 의하면 창조세계는 그 자체로는 결코 하나님에 대한 바른 지식을 전해줄 수 없다. 창조세계는 창조세계의 질서들을 우리에게 전해줄 수는 있을지 모르지만 예수 그리스도 안에 나타난 하나님의 그 크고 넓으신 사랑의 행위에 대해서는 결코 가르쳐 주지 못한다.[137] 창조세계가 우리에게 말해줄 수 있는 것은 "하나님과 인간 사이에 맺어진 계약이 아니고, 하나님에 의해 규정된 세상의 질서의 어떤 것 뿐"[138]이다.

바르트는 1959년에도 창조세계를 통해 하나님을 알고, 하나님의 자비와, 하나님과 인간 사이의 계약을 알 수 있는 가능성을 거부했다. 그러면 세속세계에 존재하는 빛들, 진리들, 말씀들은 도대체 무엇일까? 바르트에 의하면 이 빛들과 진리들과 말씀들은 예수 그리스도에 의해 혹은 예수 그리스도께 영향을 받아 만들어진 빛들이고 진리들이고 말씀들이다. 이 말의 뜻은 예수 그리스도께서 성령을 통해 세속세계 속에서도 활동하시고, 이 활동에 의해 그리스도에 의해 쓰인 빛들과 진리들과 말씀들이 있다는 뜻이다. 클라페르트는 바르트의 빛과 빛들의 교리에서 언급되고 있는 빛들과 진리들과 말씀들은 자연신학적 차원을 갖고 있는 것이 아니고 성령론적 차원을 갖고 있는 것들이라고 바르게 언급했다. 이 빛들과 진리들과 말씀들은 인간이나 철학이나 종교가 스스로 자연이나 역사를 관찰해서 얻어진 빛들이나 진리들이나 말씀들이 아니다. 이 빛들을 자연을 관찰해서 얻었다면 그 빛의 근원은 자연에 있는 것이고 창조계시와 자연신학의 가능성이 열리게 되는

---

136) Kim Myung Yong, *Der Gottesbegriff Karl Barths in der heutigen Diskussion*, Inaugural Dissertation an der ev. theologischen Fakultät Tübingen(Tübingen: 1985), 148-150.
137) *KD IV/3*,1, 160-161.
138) *KD IV/3*,1, 160.

것이다. 바르트가 말하고 있는 것은 이 가능성이 아니다. 또한 판넨베르크가 주장한 것과 같은 역사를 통해 접하게 되는 하나님에 대한 간접계시도 아니다. 바르트에 의하면 세상과 역사는 죄에 깊이 물들어 있고, 죄에 깊이 물들어 있는 세상과 역사를 통해 하나님을 인식할 수는 없다.

바르트가 말하는 빛들과 진리들과 말씀들은 성령론적 차원을 갖고 있는 것들이다. 즉 예수 그리스도께서 성령을 통해 세상 속에 빛들을 만드시고 진리들을 만드신다는 뜻이다. 또한 성령의 영향을 받아 세상 속에는 완전하지는 않지만 하나님 나라의 유비들이 존재한다는 뜻이다. 성령의 활동은 교회 안에만 제한되지 않는다. 세상은 예수 그리스도를 통해 하나님과 화해되어 있고, 예수 그리스도께서는 세상의 주님이시다. 그런 까닭에 세상의 주님이신 예수 그리스도의 통치에서 벗어나 있는 세속은 존재하지 않고 세상 어느 곳에서도 성령의 활동으로 말미암은 빛들과 진리들, 그리고 하나님 나라의 유비들은 존재할 수 있다.

그러면 세상 속에 존재하는 빛들, 진리들 그리고 하나님 나라의 유비들은 구체적으로 어떤 것들일까? 우리에게는 이 질문에 대한 답이 매우 궁금하지만 유감스럽게도 바르트의 「교회교의학」 IV/3의 빛과 빛들에 관한 교리 속에는 구체적 예가 존재하지 않는다. 그러나 바르트 연구가들에 의하면 모차르트의 음악이나 사회 민주주의와 같은 것들이 바르트가 머릿속으로 그리고 있는 하나님 나라의 유비들일 것으로 추정하고 있다. 바르트에 의하면 모차르트의 음악은 기독교 교부들의 가르침 이상으로 하나님 나라의 복음을 표현하는 음악이다. 그런 까닭에 이 음악은 바르트의 머릿속에 존재하는 하나님 나라의 유비요, 하나님 나라의 음악일 것이다.

그러나 바르트는 세상 속에 수많은 그리스도의 현존의 표시들(Zeichen)이 존재하고 있다 할지라도 그것들은 표시들일 뿐이지 그 속에서 우리가 완전한 영광(in seiner ganzen Herrlichkeit) 속에 있는[139] 그리스도를 만날 수 있는 것은 아니라고 보았다. 바르트에 의하면 인간성(Menschlichkeit)이 경험되는 곳에서 그리스도는 경험될 수 있다. 이웃 사랑이 있고 이웃 섬김이 있는 곳에 그리스도께서 현존하신다. 그러나 바르트는 이것으로 충분치 않다고 보았다. 알버트 슈바이처(Albert Schweitzer)는 겸손한 이웃 사랑 속에서 그리스도의 현존을 보았다. 그러나 바르트에 의하면 그리스도의 현존을 느낄 수는 있어도 그것으로 충분치 않다. 바르트가 슈바이처를 비판한 것은 슈바이처는 그리스도 현존을 추상화시키고 있다는 것이다.[140] 그리스도께서는 살아계신 인격적 신이시기 때문에 그분의 현존을 추상화시켜서는 안 된다. 세상의 거룩한 이념이나 인간 사이의 좋은 관계나 정치적 질서 등을 그리스도의 현존으로 보는 것은 상당한 결함을 지니고 있는 그리스도 현존에 대한 추상화이다. 세상 속에서의 그리스도의 현존은 "숨어계신"(verborgen) 현존이다.[141] 그리스도께서 모차르트 음악이나 사회 민주주의 속에 숨어 계실 수는 있어도 모차르트 음악이나 사회 민주주의를 그리스도의 현존이라고 일치시켜서는 안 된다.

바르트에 의하면 그리스도께서 오늘날 세상 속에서 어떤 형태로 숨어 계신지는 아직은 알 수 없다. 교회 안과 교회 밖에 수많은 그리스도 현존의 표지들은 있다. 그런데 그리스도께서 이 표지들과 어떤 형태

---

139) E. Busch(ed.), *Karl Barth Gespräch 1963*(Zürich: Theologischer Verlag, 2005), 164.
140) *Ibid.*
141) *Ibid.*

로 관련을 맺고 계시는지는 마지막 날에 비로소 완전히 계시된다. 그런 까닭에 그리스도께서 어디 계시는가 혹은 어떤 형태로 계시는가에 대한 완전한 답에 대한 질문은 종말론적 차원의 질문이다.[142]

중요한 것은 바르트가 「교회교의학」의 화해론에 와서 「교회교의학」의 말씀에 대한 교의를 저술할 때의 하나님의 말씀의 삼중 양태라는 신학적 체계를 고수하고 있지 않다는 점이다. 바르트는 세상 속에 수많은 그리스도 현존의 표지들과 "흔적들"(Spuren)이[143] 있음을 알게 되었고, 이를 강조했다. 교회 안에 그리스도 현존의 표지들이 있다는 것은 당연하겠지만, 교회 밖에도 그리스도의 현존의 표지가 있다는 것은 바르트의 「교회교의학」의 화해론의 신학이 교회중심적인 신학에서 세상을 향한 신학으로 전환되고 있다는 뜻이다. 그에 의하면 그리스도께서는 그리스도인과 비(非) 그리스도인 모두를 위해 죽으셨고, 그런 까닭에 교회의 울타리를 넘어 세상 속에 그리스도 현존의 비밀이 존재하고, 세상 속에서의 그리스도의 현존을 교회 속의 그리스도의 현존보다 더 놀라운 일로 보아서도 안 된다.[144]

---

142) *Ibid.*, 166.
143) *Ibid.*, 164.
144) *Ibid.*, 163.

예정론

예정론

바르트에 의하면 예정론은 사변이 아니고 복음의 총화이다. 그러나 예정론은 많은 사람들에게 사변으로 느껴지고 복음과는 거리가 먼 추상적인 어떤 것으로 느껴지고 있다.

왜 그럴까? 그것은 전통적 예정론이 사변적인 어떤 체계를 많이 발전시켰기 때문이다. 그러나 예정론은 사변이 아니고 복음을 표현하는 대단히 중요한 교리이다.

많은 사람들이 예정론을 복음을 전하는 데 방해가 되는 교리로 생각하고 있다. 또한 예정론은 인간의 자유의지를 가르치는 성서와 충돌된다고 믿고 있는 사람들도 많이 있다. 예정론은 공평하신 하나님과 너무나 거리가 있는 잘못된 교리라고 생각하는 사람들도 있다.

그러면 예정론은 정말 잘못된 교리인가? 우리는 이것을 밝히고 예정론의 본질에 접근해 들어가고자 한다. 그리고 바르트가 예정론은 복음의 총화라고 말한 내용이 무엇을 의미하는지, 예정론의 핵심은 무엇인지를 밝히고자 한다.

먼저 전통적 예정론에 대하여 알아보자.
전통적 예정론과 이에 대한 비판

예정의 교리개요

예정론은 전통적으로 크게 두 개의 기둥으로 구축되어 있는 신학적 체계이다. 이 두 개의 기둥 중 하나는 선택의 교리이고 또 하나는 유기의 교리이다. 그런데 이 선택과 유기는 모두 창세 전에 일어난, 인간의 참여 없이 하나님 자신에 의해서 결정된 하나님의 영원한 결의이다. 하나님은 그의 영원하시고 만고불변한 계획에 의하여 창세 전부터 구원받을 자와 멸망 받을 자를 선택했다. 그런데 이 예정의 교리에서 특별히 문제가 되는 것은 유기의 교리이다. 하나님은 정말로 창세 전에 일군(-群)의 무리의 유기를 작정하셨을까? 여기에 대해 칼빈은 다음과 같이 언급했다.[145]

> 우리는 하나님의 예정을 하나님의 영원한 섭리라고 부른다. 이러한 영원한 섭리에 의해 그분은 인간이 장차 어떤 운명으로 태어날 것인가를 결정하신다. 모든 사람이 똑같은 상태에서 태어나는 것은 아니다. 어떤 사람은 영원한 생명을 얻도록 사전에 정해졌고, 또 다른 사람에게는 영원한 저주에 처해지도록 사전에 정해졌다. 그러므로 사람들이 전자의 목적이나 후자의 목적으로 창조되었을 때, 우리는 그들이 생명으로 예정되었다 혹은 죽음으로 예정되었다고 이야기한다.

---

145) 한국칼빈주의연구원 편역, 「칼빈의 예정론」, (서울:기독교문화협회, 1992), 317.

성경이 뚜렷이 밝혀주고 있는 것과 마찬가지로 우리는 하나님께서 그의 영원하고 불변의 계획에 의해 오래 전에 구원을 줄 사람을 정해 놓으셨으며, 반면에 멸망에 처해질 사람도 미리 정해 놓으셨다고 주장할 수 있다.

그러므로 선택자 야곱은 외모나 그의 여러 면에 있어서 에서와 하등 차별을 둘 것이 없었으나 하나님의 예정에 의해 유기된 에서와 현격히 구분이 된다.

위의 언급에서 우리는 칼빈의 견해를 명확히 알 수 있다. 칼빈은 유기 역시 명백한 영원한 신의 섭리로 보고 있는 것이다. 심지어 칼빈은 "유기교리를 반대하는 사람은 본인을 반대하는 것이 아니라 성경과 바울을 반대하고 있는 것이다"[146]라고 단언했다. 칼빈에 의하면 유기 역시 성서와 성령이 증언하고 있는 확실한 진리이다.

그러면 성서는 정말로 유기를 증언하고 있는가? 칼빈은 여기에 대해 확실히 그러하다고 언급하고 그 근거로 로마서 9장의 다음과 같은 중요한 구절들을 인용했다.[147]

"기록된 바 내가 야곱은 사랑하고 에서는 미워하였다 하심과 같으니라 그런즉 우리가 무슨 말 하리요 하나님께 불의가 있느뇨 그럴 수 없느니라 모세에게 이르시되 내가 긍휼히 여길 자를 긍휼히 여기고 불쌍히 여길 자를 불쌍히 여기리라 하셨으니 그런즉 원하는 자로 말미암음도 아니요 달음박질하는 자로 말미암음도 아니요 오직 긍휼히 여기

---

146) *Ibid.*, 318.
147) *Ibid.*, 321-343.

시는 하나님으로 말미암음이니라"(롬9:13-16). "그런즉 하나님께서 하고자 하시는 자를 긍휼히 여기시고 하고자 하시는 자를 강퍅게 하시느니라"(롬9:18). "혹 네가 내게 말하기를 그러면 하나님이 어찌하여 허물하시느뇨 누가 그 뜻을 대적하느뇨 하리니 이 사람아 네가 뉘기에 감히 하나님을 힐문하느뇨 토기장이가 진흙 한 덩이로 하나는 귀히 쓸 그릇을, 하나는 천히 쓸 그릇을 만드는 권이 없느냐"(롬9:19-21).

이상의 구절들은 칼빈에 의해서 뿐만 아니라 전통적으로 예정론에서 유기를 위한 성경적 근거로 대단히 자주 언급되는 성구들이다.

이상과 같이 선택과 유기로 구성된 예정론은 그 핵심이 하나님의 주권을 강조하고, 오직 은총에 의한 구원이라는 매우 중요한 사상을 그 배경에 깔고 있다. 즉 인간의 구원은 오직 하나님의 주권적 선택에 의한, 오직 하나님의 은총에 의해서 이루어지는 것이지, 그 구원의 근거가 인간 쪽에 있는 것이 아니라는 것을 나타내고자 하는 의도가 그 근저에 깔려 있다는 말이다. 그러나 이와 같은 훌륭한 의도에도 불구하고 전통적 예정론은 간과할 수 없는 대단히 심각한 문제점을 야기했다. 그러나 우리는 그 문제점에 접근하기 이전에 먼저 칼빈주의 5대 신학강령을 살펴보고자 한다. 왜냐하면 이 칼빈주의 5대 신학강령은 전통적 예정론의 신학체계를 매우 훌륭히 반영하고 있는 교리이기 때문이다.

칼빈주의 5대 신학강령은[148] 인간의 전적 무능, 무조건적 선택, 제한된 속죄, 저항할 수 없는 은혜, 성도의 견인이다. 이 중 인간의 전적 무능은 하나님의 예정과 동전의 양면처럼 같이 존재하는 것으로 인간의

---

[148] Total Inability, Unconditional Election, Limited Atonement, Irresistible Grace, Perseverance of the Saints.

구원이 전적으로 하나님의 선택과 은총에 기인함을 언급하기 위한 전제라고 볼 수 있다. 그리고 하나님의 선택이 인간의 선행이나 인간들의 어떤 결단에 근거하고 있지 않다는 것을 나타내는 교리가 무조건적 선택의 교리이고, 그리스도의 속죄의 은총은 결국 제한받는 사람에게만, 곧 선택된 사람에게만 유효하게 된다는 것이 제한된 속죄교리이다. 그리고 저항할 수 없는 은혜란 선택받은 사람은 그 은혜를 결코 거부할 수 없다는 것을 나타내는 교리이고, 성도의 견인은 선택된 사람은 어떤 일이 있더라도 궁극적으로 구원을 받는다는 교리이다.

그러면 하나님의 은혜는 정말 저항할 수 없단 말인가? 인간에게는 하나님의 은혜를 거부할 수 있는 자유가 없는가? 성도들도 타락할 가능성이 있지 않은가? 하나님의 선택은 무조건적인가? 그렇다면 인간은 하나의 로봇에 지나지 않는 것이 아닐까? 전통적 예정의 교리와 칼빈주의 5대 신학강령이 가르쳐지는 곳에서는 언제나 위와 같은 질문이 제기된다. 그리고 더욱 심각한 질문은 유기받은 사람의 입장에서는 너무나 억울한 교리가 예정론이 아닐까 하는 질문이다. 그러면 예정론에 대해 지금까지 일어난 신학적 비판과 반론들은 어떤 것들이 있는가?

예정의 교리에 대한 신학적 비판과 반론들

예정론은 지금까지 수많은 신학적인 비판에 직면해 왔다. 이 비판 때문에 일부 사람들은 예정론을 더 이상 믿을 수 없는 잘못된 교리라고 생각하고 있다. 그러나 예정론은 잘못된 교리가 아니라 칼 바르트의 말에 의하면 "복음의 총화"이다. 예정론이 그릇된 교리라고 일부사람들이 생각하게 된 동기는 예정론이 지금까지 교회에서 잘못 전달되었기 때문이다. 그러면 예정론에 대해 어떠한 신학적 비판이 있었는가? 대표적인 신학적 비판들을 언급하면 다음과 같다.[149]

    1) 예정론은 운명론이다.
    2) 예정론은 인간의 자유의지와 모순된다.
    3) 예정론에 의하면 하나님이 죄의 창시자가 된다.
    4) 예정론은 노력하는 인간의 모든 동기를 낙심시킨다.
    5) 예정론은 개인을 불공평하게 대한다.
    6) 예정론은 선한 도덕에 비호의적이다
    7) 예정론은 진지하게 복음 전하는 것을 막는다.
    8) 예정론은 보편 구원을 가르치는 성경구절과 모순된다.

이상과 같은 예정론에 대한 비판과 반론들은 상당 부분 정당성을 갖고 있다. 이 같은 비판과 반론이 일어난 것은 전통적 예정론이 예정론을 잘못 이해해서 가르쳤기 때문이다. 그런데 예정론에 대한 반론과 비판보다 더욱 중요한 반론이 20세기에 칼 바르트에 의해 제기되었다. 바르트는 전통적 예정론이 갖고 있는 결정적인 문제점은 예정론이 언급하고 있는 하나님과 십자가에서 계시된 하나님의 모습이 일치하지 않는 데 있다고 보았다. 전통적 예정론에 의하면 하나님이 일군의 무리를 영원 전부터 지옥으로 예정했다. 그런데 과연 사람들을 지

---

149) 예정론에 대한 반론들과 이 반론에 대한 반론이 Loraine Boettner가 쓴 *The Reformed Doctrine of Predestination* 속에 잘 요약되어 있다. 이 책은 「칼빈주의 예정론」이라는 제목으로 번역되어 있다. 그런데 이 책은 예정론에 대한 반론들은 잘 정리했지만 그 반론에 대한 칼빈주의 예정론의 입장에서의 반론은 설득력이 떨어지는 것들이 많다.

옥으로 예정한 그런 하나님이 존재하는가?

바르트에 의하면 영원 전부터 일군의 무리를 지옥으로 예정한 그런 하나님은 존재하지 않는다. 십자가에서 계시된 하나님은 인간의 죄악을 자신이 대신 담당하고 형벌을 받으시는 지극한 사랑의 하나님이다. 이런 지극한 사랑의 하나님이 일군의 무리를 영원 전부터 지옥으로 예정하는 공포의 하나님일 수 없다. 하나님은 만민을 구원하기를 원하신다.

영원한 하나님의 예정은 예수 그리스도를 통해 인류를 선택하시고자 하시는 영원한 하나님의 계획이었다. 즉, 하나님의 예정은 선택과 사랑을 베풀기 위한 은총의 예정이었지 저주를 위한 예정은 아니었다.[150] 바르트는 에베소서 1장을 기초로 해서 하나님의 영원한 예정은 예수 그리스도를 통해 우리를 선택하고자 하는 은총의 예정이었음을 밝혔다.

칼 바르트의 예정론의 중요내용

20C 불후의 신학적 업적을 남긴 칼 바르트는 예정론에 있어서도 불후의 신학적 업적을 남겼다. 바르트는 전통적 예정론을 획기적으로 혁신해서 성서적이고 복음적인 예정론을 위한 신학적 토대를 마련하였다. 바르트가 예정론을 쓴 이후부터 예정론에 대해 언급하고자 하는 사람은 바르트의 예정론을 살펴서 그의 정신을 자신의 예정론의 토

---

[150] K. Barth에 의하면 예정이란 인간을 버리지 아니함(Nicht-Verwerfung des Menschen)을 의미하는 하나님의 작정이다(*KD* II/2, 183.).

대로 삼지 않으면 안 될 정도로 바르트의 예정론은 예정론 역사의 새로운 분수령이었다. 그러나 그의 예정론은 그의 신학이 변천하고 발전함에 따라 간과할 수 없는 중요한 변천과 발전을 거듭하였다. 이런 까닭으로 바르트의 예정론이 무엇인가를 이해하기 위해서는 그의 예정론의 변천 과정을 살펴보아야 한다. 우리는 이 변천 과정을 살펴보면서 바르트의 예정론의 핵심적인 내용을 밝히고자 한다.

1936년의 예정론(Gottes Gnadenwahl)

바르트는 1936년 9-10월에 헝가리와 루마니아 지방을 여행하면서 그의 신학에 있어서 매우 중요한 강연인 "하나님의 은총의 선택"(Gottes Gnadenwahl)이라는 유명한 강연을 했다.[151] 이 강연은 데브레센(Debrecen)과 클라우젠부르크(Klausenburg)에서 행한 것으로 전통적 예정론을 획기적으로 개혁하는 중요한 강연이었다. 이 강연에서 등장한 바르트 예정론의 새로운 정신은 하나님의 예정을 믿음의 사건으로 파악한 것이었다. 이것은 전통적 예정론의 결정론적인 경향을 갖는 위험을 크게 수정한 것으로 예정론 역사에 있어서 획기적인 관점이라고 할 수 있다. 그러면 1936년의 강연에 나타난 바르트 예정론의 구체적인 내용은 무엇인가?

전통적 예정론에 대한 비판

바르트는 어거스틴(Augustinus), 루터, 칼빈, 베자(Baza)로 연결되는 전통적 예정론을 관찰하면서 전통적 예정론이 갖고 있는 신학적 문제점

---

151) K. Barth, "Gottes Gnadenwahl", *Theologische Existenz heute 47*, 1936(이하 GG로 표기).

을 다음과 같이 파악했다. 물론 다음의 비판들이 위의 예정론의 선조들이 말하고자 했던 본래의 의도가 아닌 경우도 있다. 그는 이 점에 대해 정확하고도 자세하게 설명하고 있다. 그러나 바르트는 어거스틴에서 칼빈과 베자를 거쳐 우리에게 전달되고 있는 예정론의 체계를 살펴보면 대체로 다음과 같은 문제점을 분명히 나타내고 있다고 보았다.

첫째, 전통적 예정론은 하나님의 현존하는 자유와 주권을 해친다. 그에 의하면 하나님은 살아계신 하나님이다. 그는 살아계셔서 지금 우리를 부르고 선택하신다. 하나님은 어떤 칙령에 얽매여 있지 않다. 로마서 9장부터 11장까지의 내용은 하나님의 이중의 예정 곧 하나님의 자유로운 선택과 버림을 말하지만 어떤 인간이 현재 어떤 상태에 있다고 말하지는 않는다. 로마서 9장부터 11장까지는 하나님께서 의와 자비를 가지고 두 부류의 사람에게 때로는 은혜의 빛을, 때로는 심판의 그늘을 주시기로 결의하셨고 또 현재 결의하고 또 장차 결의하리라는 것을 말하는 것이지 이미 고정된 어떤 체계를 말하는 것이 아니다. 하나님의 선택과 버림은 역사 속에서 일어났고 또 일어나고 일어날 것이기 때문이다. 전통적 예정론은 역사 속에서 활동하면서 선택하고 버리시는 하나님의 자유와 주권을 해칠 위험을 안고 있다.

둘째, 전통적 예정론은 고정된 체계만 남는 기계적 예정론이다. 전통적 예정론은 이미 만세 전에 일정 부류의 사람들은 영원한 축복으로, 일정한 부류의 사람들은 영원한 저주로 예정되어 있음을 가르쳤다. 곧 만세 전에 일어났던 하나님의 영원한 결의인데 그 후에 역사 속에서 일어나는 모든 사건은 이 결의에 따라 일어나게 된다. 결국 만세 전에 모든 역사는 이미 확정되었고 이 확정된 결의에 따라 역사는 기계적으로 일어나게 된다. 바르트는 전통적 예정론은 해서는 안 될 기계화, 고정화를 시도한 데에 근본적인 문제점이 있다고 보았다. 즉 구체적으로, 역사적으로 가르쳐야 함에도 추상적이고 기계적으로 가르쳤다는 말이다. 이 추상적이고 기계적인 가르침 때문에 하나님의 주권과 자유가 침해되고 동시에 인간의 자유와 결단이 의미 없는 것으로 희생되는 비성서적인 결과를 초래하게 되었다고 본 것이다.

셋째, 전통적 예정론은 회개에로의 진지한 부름을 해친다. 전통적 예정론은 인간의 믿음이나 결단 이전에 이미 결정된 영원 전에 일어난 하나님의 이중 예정을 말하기 때문에 회개에로 부르시는 하나님의 엄숙성이 희생되게 된다. 즉 복음 전파의 절박성이 희생되는 것이다. 이것은 하나님에 의해 버림받은 자로 규정된 자는 아무리 복음을 전해도 결국 멸망에 합당한 행위와 열매만 만들어 내기 때문에 불가피하게 나타나는 논리적 귀결이다. 칼 바르트에 의하면 전통적 예정론은 인간의 책임과 회개에로의 부름으로서의 복음의 본래적 성격을 크게 위협받도록 한 점에 큰 문제점이 있다는 것이다.

1936년의 예정론 개요

1936년에 발표한 바르트 예정론의 핵심적인 내용은 다음과 같다.

(1) 하나님은 선택하기도 하시고 버리기도 하신다. 바르트는 전통적 예정론에서 주장한 것과 같이 1936년 예정론에서 선택하고 버리시는 하나님에 대해 분명히 언급했다. 이 점은 1942년의 예정론과 차이가 나는 점이지만 바르트는 1936년까지는 하나님의 예정에 선택과 버림이라는 두 개의 영역이 있음을 분명히 주장했고 또한 이것이 성서적 증언이라고 굳게 믿었다. 1936년의 예정론에서 바르트가 언급한 성서적 근거 구절은 다음과 같다. "청함을 받은 자는 많되 택함을 입은 자

는 적으니라"(마22:14). "기록된바 내가 야곱은 사랑하고 에서는 미워하였다 하심과 같으니라"(롬9:13). "내가 너희에게 이르나니 그 밤에 두 남자가 한 자리에 누워 있으매 하나는 데려감을 당하고 하나는 버려둠을 당할 것이요"(눅17:34).

(2) 하나님의 사랑은 심판이 없는 사랑이 아니다. 하나님의 사랑은 그리스도 안에서 선택하고 버리시는 사랑이다. 바르트의 신학에 있어서 하나님의 심판 개념은 그의 신학의 변천에 따라 상당한 변천이 나타난다. 그의 신학 사상의 초기라고 볼 수 있는 「로마서 강해」 제 2판 (1922년)에서는 하나님의 심판 개념이 그의 책 전체를 지배하고 있다. 그러나 후기의 신학에서는 하나님의 심판 개념은 뒤로 밀려나고 하나님의 은총개념이 그의 책을 가득 메우고 있다. 1936년의 예정론은 이 신학적 변천의 중간 지점에 위치한다고 볼 수 있다. 바르트는 1936년의 예정론에서 그리스도 안에 있는 자에게는 선택과 은총이, 그리스도 밖에 있는 자에게는 심판과 저주가 있음을 밝히고 있다. 이 점은 1942년의 예정론 이후 모든 사람이 그리스도 안에서 예정되어 있다는 바르트의 사상과 큰 차이를 나타낸다. 1936년의 예정론에서 바르트는 다음과 같이 그리스도 밖에 있는 자에 대한 심판을 언급했다. "육은 심판을 언급하지 않는 사랑을 말하지만 영은 말씀을 우리에게 말해 준다."[152] "그러므로 보편적 은총 속에서 저주가 폐기되었다고 말해서는 안 된다."[153] "은총을 멸시하는 사람을 하나님의 율법이 죽일 수 있고 죽여야 할 수 밖에 없음을…, 여기(그리스도의 십자가)에 계시되어 있다."[154]

(3) 십자가의 그리스도는 "단 한 분 버림받으신 분"(Der einzige

---

152) *GG*, 50.
153) *GG*, 51.
154) *GG*, 22.

Verworfene)이 아니고 우리의 버림의 계시이다. 바르트는 그리스도의 십자가에서 하나님에 의한 우리의 버림받음을 인식했다. "우리는 하나님의 예정하신 버림을 골고다에서 언급할 수 있다."155) 그리스도의 죽음은 우리의 버림의 근거이고 그의 부활은 우리의 선택의 근거이다.156) 바르트는 1936년의 예정론에서 그리스도를 인간에 대한 하나님의 선택과 버림의 계시로 인식했다.

(4) 그리스도는 선택과 버림의 중재자(Vermittler)이다. 그러므로 하나님의 선택과 버림은 그리스도에 대한 인간의 믿음과 관계되어 있다. 1936년의 예정론에 의하면 그리스도는 인간에 대한 하나님의 선택 자체가 아니라 그리스도를 믿는 자에게 은총을 베푸는 은총의 통로이다. 즉 그리스도를 믿는 자에게는 하나님의 은총과 선택이, 믿지 않고 순종하지 않는 자에게는 저주와 버림이 주어지게 된다. "순종과 믿음, 믿음과 순종이 하나님의 사랑이 우리에게 계시되는 길이다"157)

(5) 선택은 하나님의 현존하는 자유의 행위와 이에 상응하는 인간의 믿음과 관계되어 있다. 따라서 선택은 하나님의 자유로운 행위인 동시에 현재 일어나는 사건이다. 바르트는 하나님의 선택은 영원 전에 일어나고 끝나버린 과거의 어떤 것이 아니고 현재 그리스도를 통해 이루어지고 있다고 생각했다. 그리고 이 선택에 상응하는 인간의 행위가 믿음이라고 보았다. 과거 모세를 선택했던 하나님은 오늘도 그리스도를 통해 우리를 선택하고 있는 것이다. 바르트에 의하면 예정은 인간의 자유와 책임을 무의미하게 만드는 기계적인 어떤 것이 아니다. 그리스도에 대한 믿음과 분리된 영원 전에 일어난 하나님의 '절대

---

155) GG, 20.
156) GG, 24.
157) GG, 50.

적 칙령'(decretum absolutum)개념은 예정론에 대한 심각한 혼란을 야기한다. 하나님의 영원한 예정과 시간 속에서의 인간의 믿음과의 관계는 '동일성'(Identität)의 관계이다.[158]

(6) 그리스도를 믿는 자는 선택된 자이다. 그리스도 안에서 우리가 선택되었다는 사실에 대해 '예'라고 대답하면 그것이 곧 우리가 선택되었다는 것을 의미한다.[159] 그리스도가 우리의 저주를 짊어지고 십자가에서 죽었다는 것이 우리의 선택의 확실한 보증이다. 바르트는 1936년의 예정론에서 그리스도 안에서 하나님이 인간을 선택했다는 사실을 강조하고 이것이 그리스도 계시 사건 속에 명백히 나타나 있음을 강조한다. 그러므로 내가 선택받았다는 것의 확실한 보증은 내 자신 속에 있는 것이 아니고 나의 저주를 짊어지고 죽은 그리스도 안에 있는 것이다. 즉 그리스도가 나의 선택의 확실한 보증이다. 그는 1936년 예정론에서 병상에 누워 죽어가는 사람 곁에서 "부르심을 받은 자는 많으나 택함을 받은 자는 적다"라는 말밖에 할 줄 모르는 개혁교회 목사를 비꼬는 반칼빈주의적 만화를 예로 들면서 예정론의 오용을 경고하고 있다. 우리의 선택의 확실한 근거는 어둡고 알 수 없는 하나님의 영원한 결의가 아니라 밝히 계시된 예수 그리스도이다. 하나님의 결의는 그리스도 안에 밝히 나타나 있고 그리스도를 믿는 자들은 모두 선택된 자이다. 우리는 '숨어 계신 하나님'(Deus absconditus)께로 도피해 가면 안 된다. 우리는 '계시 되신 하나님'(Deus revelatus)을 굳게 붙잡아야 한다.[160]

(7) 선택과 유기는 영원 전에 완성된 것이 아니라 종말론적 성격을

---

158) *GG*, 49.
159) *GG*, 29.
160) *GG*, 45.

지닌다. 신자와 불신자의 최종적 구별은 최후의 심판 때 드러나게 된다. 우리는 오늘 최후의 심판 때 버림받은 자와 선택된 자가 있을 것이라고 믿을 뿐이지 현재 누가 버림받았다고 단정할 수는 없다. 이 단정은 현존하는 하나님의 자유를 해친다.[161]

따라서 바르트는 1936년의 예정론에서 인간의 회개와 믿음과 순종을 강조하고 있다. 왜냐하면 겸손하게 회개하고 순종하는 것이 저주받지 않고 그리스도 안에서 영원히 사는 길이기 때문이다.

1942년의 예정론(Selbstbestimmung Gottes)

바르트는 1936년의 예정론에 대한 강연 이후 6년 만에 예정론에 대한 매우 중요한 체계적인 신학을 그의 「교회교의학」 속에서 전개했다. 1942년에 발표된 이 예정론은 바르트 신학에 있어서 획기적인 일대 전기를 형성하였다. 여기에는 바르트 후기 신학의 모체가 되는 새로운 신학 정신의 핵이 숨겨져 있다. 이 새로운 신학 정신의 핵은 은총의 하나님의 발견이라는 말로 요약할 수 있다. 이때부터 바르트의 신학은 철저한 은총의 신학으로 발전한다. 바르트는 이 은총의 하나님을 영원 전에 일어난 하나님의 예정 속에서 발견했고, 하나님의 이중 예정이란 것이 은총의 복음의 총화라는 사실을 알게 되었다.

1942년의 예정론은 1936년의 예정론과 분명한 차이가 있다. 이것은 그 사이에 바르트의 신학이 변천하고 발전했다는 사실을 분명히 나타낸다. 이 두 개의 예정론에 존재하는 신학적 차이를 인식하는 것은 1942년 이후에 전개되고 있는 바르트의 후기 신학사상을 이해하는 데

---
161) *GG*, 48.

결정적인 열쇠가 된다. 흔히 언급되고 있는 바르트 신학의 기독론적 집중은 1942년의 예정론에 와서 거의 그 정점에 도달하고 있다. 이것은 다른 말로 바꾸면 1942년 이전에는 아직 바르트의 신학이 확실한 기독론적 집중에 이르지 못하고 있다는 사실을 나타낸다. 바르트 신학의 기독론적 집중은 1942년 예정론을 전개하면서 하나님의 존재를 그리스도 안의 존재로 규정한 영원 전에 일어난 '하나님의 자기규정' (Selbstbestimmung Gottes)과 깊은 관련이 있다. 하나님의 존재가 그리스도 안의 존재로 규정됨에 따라 하나님을 은총의 하나님으로 규정되게 되었고 예정론은 은총론이라는 새로운 시각에서 쓰이게 되었다.

그러면 1942년 그의 「교회교의학」에서 새로이 전개된 예정론의 내용은 어떠한가? 그 주요 내용과 신학적 발전을 언급하면 다음과 같다.

1942년의 예정론의 중요 내용

(1) 예수 그리스도는 영원 전에 일어난 하나님의 자기규정이다. 바르트는 1942년 그의 예정론을 전개하면서 첫 머리에 어쩌면 사변적인 것같이 보이는 하나님의 삶의 시작에 있었던 하나님의 영원한 결의를 언급하고 있다. 하나님의 영원한 결의는 예수 그리스도 안에 존재하기로 결정한 결의였다. 이 하나님의 결정 이후부터 예수 그리스도 밖에 있는 하나님은 존재하지 않는다.

영원 전에 있었던 하나님의 자기규정 이후부터 하나님에 의해 일어나는 모든 것은, 예수 그리스도 안에서 일어난다. 그러므로 예수 그리스도는 하나님과 인간 사이에 일어나는 모든 사건의 근거이다. 하나님은 예수 그리스도 안에서 세상을 창조하시고 예수 그리스도 안에서 인간을 만나신다. 따라서 모든 창조세계와 모든 인간의 역사는 예수 그리스도의 은총의 빛에 둘러싸여 있다.

바르트가 1942년의 예정론에서 발전시킨 하나님의 자기규정으로서의 예수 그리스도에 대한 생각은 결코 사변이 아니다. 영원 전에 삼위 하나님이 예수 그리스도 안에 있기로 결정했다는 매우 추상적이고 사변적인 것 같이 보이는, 이 후기 바르트 신학에 있어서의 중요한 주제는 하나님을 오직 그리스도의 역사 속에서, 특히 그의 십자가 속에서 발견하고자 하는 바르트의 계시신학적인 노력의 결과이다. 영원 전에 있었던 하나님의 자기규정으로서의 예수 그리스도 안에 계신 하나님은 하나님의 자기 계시의 중심인 십자가 속에서 파악한 하나님의 모습을 영원 속으로 역투영한 것이었다.

(2) 하나님을 예수 그리스도 밖에서 찾으면 안 된다. 예수 그리스도 밖에 있는 신은 이미 성서의 하나님이 아니다. 신학은 예수 그리스도로부터 시작해야 한다. 다른 보편적인 원리들로부터 시작하면 안 된다. 예수 그리스도 밖에서 전능하신 하나님의 뜻, 하나님의 자유로운 결의 등을 찾는 것은 성서에 계시된 하나님을 찾는 것이 아니라 철학적이고 추상적인 하나님을 찾는 것이다. 왜냐하면 성서에 계시된 하나님은 예수 그리스도 안에 계신 하나님이기 때문이다. 하나님은 언제나 예수 그리스도 안에서, 십자가 안에서 언급되어야 한다.

(3) 예수 그리스도 안에 계시는 하나님은 선택하시는 하나님이다. 하나님은 예수 그리스도 안에서 인간을 선택하셨다. 하나님의 영원한 결의는 선택을 위한 결의였다. 영원 전에 하나님은 인간을 사랑하기로 결정하셨다. 예정론은 기쁘고 즐겁고 위로해 주는 복음이지 공포와 기쁨이 섞인 어떤 것은 결코 아니다.[162] 예정론은 인간을 향한 하나

---

162) *KD* II/2, 11.

님의 긍정(Ja)을 말하는 것이다. 인간을 버리시는 하나님은 존재하지 않는다. 영원 전에 인간의 한 무리를 지옥에 가도록 예정한 하나님은 없다. 지옥에 가는 자들의 이빨 가는 소리가 하나님의 의를 찬송한다는 가공할 만한 교리는 하나님을 예수 그리스도 밖에서 추상적이고 철학적으로 생각했기 때문에 나타난 결과였다. 예수 그리스도 안에 계시는 하나님의 의지는 어두움과 밝음, 선택과 버림이 섞인 의지가 아닌 밝은 의지요, 선택을 위한 의지이다.

(4) 하나님의 이중예정이란 예수 그리스도의 십자가 사건을 뜻한다. 즉 인간을 선택하시고 대신 자신을 버리신다는 십자가의 사건을 요약한 것이다. 바르트에 의하면 하나님의 이중예정은 십자가에서 이루어졌다. 하나님은 다른 인간을 버리지 않았다. 예수 그리스도가 "단 한 분 버림받으신 분"이다.[163] 십자가에서 하나님은 자신을 버렸고 인간을 선택했다.

(5) 예수 그리스도는 인간의 버림의 계시가 아니다. 예수 그리스도는 하나님의 극단적 대리적 교환(Tausch)에 의한, 인간에 대한 선택의 계시이다. 그리스도 안에 나타난 하나님의 의지는 죄 있는 인간을 심판하고 버리겠다는 의지가 아니고, 대신 버림받으신 분을 통해 인간을 사랑하고 선택하겠다는 의지인 것이다.

(6) 하나님의 선택은 고정된 체계가 아니라 지금 일어나고 있는 사건이다. 하나님의 선택은 역사이고 만남이고 사건이다. 하나님의 선택은 시간 속에서 영원히 일어난다. 그러므로 선택은 믿음의 사건이다.

(7) 현 역사 속에는 버림받은 자들이 존재했다. 이들의 존재는 하나님이 버렸기 때문이 아니다. 하나님의 행위는 언제나 은총이고 선택

---

163) *KD* II/2 389, 552.

이다. 그러나 이 하나의 행위는 두 개의 결과를 초래한다. 버림은 하나님의 선한 의지가 끊임없이 거부당하는 곳에 나타난다. 예수 그리스도 안에 나타난 하나님의 영원한 선택은 믿음의 사건을 필요로 한다. 이 믿음의 사건이 아직 일어나지 않는 곳, 즉 하나님의 자비로운 부르심이 거부당하는 곳에는 그리스도 안에서 영원히 폐기된 버림의 그늘이 존재한다. 이 그늘이 하나님의 심판이다. 그러나 이 그늘은 하나님의 자비의 뒷면일 뿐이다.

(8) 믿는 자는 선택된 자이다. 믿는 자는 영원 전부터 하나님이 그리스도 안에서 자신을 선택했다는 것을 깨닫는다. 십자가가 바로 이 영원한 선택의 보증이다.

1942년 예정론의 신학적 발전

1936년의 예정론과 1942년의 예정론의 가장 중요한 신학적 차이는 1936년의 예정론에서는 하나님의 행위가 두 가지(선택과 버림)인 데 비해 1942년의 예정론에서는 하나님의 행위가 오직 은총과 선택이라는 하나의 행위로 요약된다는 점이다. 1936년의 예정론에서는 인간을 두 부분으로 나누는 행위를 하나님의 선택으로 이해하고 예수 그리스도를 이를 위한 하나님의 제안(Angebot)으로 이해했다. 하나님은 예수 그리스도를 통해 인간을 선택하기도 하고 버리기도 하시는 분이었다. 그러나 1942년의 예정론에서는 예수 그리스도가 "단 한 분 버림받으신 분"으로 규정되고 있다. 예수 그리스도는 인간을 버리지 않는 하나님의 계시이다. 예수 그리스도 안에 계신 하나님은 긍정과 부정을 동시에 말하는 하나님이 아니고 오직 긍정만을 말하시는 하나님이다. 예수 그리스도 외에 하나님에 의해 참으로 버림받은 인간은 없다. 그러므로 1942년의 예정론에 의하면 예정이란 인간을 버리지 아니함(Nicht-Verwerfung des Menschen)을 뜻한다.[164] 즉 예정은 하나님의 사랑에 근거한 극단적인 대속의 행위, 극단적인 대리적 교환을 의미하는 것이다.[165] 1942년의 예정론은 십자가 위에서 하나님의 존재와 의지 및 행위를 파악하고 이 새로운 신관에 기초해서 예정론의 전체 체계가 형성되고 있다. 이 새로운 예정론 속에 나타난 바르트의 신학적 발전을 요약하면 다음과 같다.

(1) 바르트는 1942년 예정론에서부터 예수 그리스도 안에 계신 하나님이라는 기독론적 신관을 본격적으로 발전시키고 있다. 이 기독론적 신관에 의하면 하나님의 행위는 둘이 아니고 하나이다. 예수 그리스도 안에 계신 하나님은 인간을 심판하고 버리는 하나님이 아니다. 하나님의 심판과 유기는 하나님이 원치 않은 어떤 것이고 하나님의 은총과 자비의 뒤편에 있는 그늘일 뿐이다.

(2) 하나님은 오직 사랑이고 은총이다. 영원 전부터 일군의 무리를 저주로 예정한 그런 하나님은 없다. 이런 천상의 폭군의 변덕스런 행위를 하나님의 자유로 미화해서는 안 된다. 하나님의 자유는 사랑과 은총을 위한 자유이다. 전통적 칼빈주의 예정론이 하나님의 주권과 자유를 강조한 데 반해 바르트는 1942년의 예정론에서 하나님은 오직 사랑이고 그분의 자유는 극단적인 은총의 행위 이외에 다른 것이 아님을 강조하고 있다. 하나님의 자유는 곧 그분의 극단적인 사랑과 은총의 자유이다.

(3) 바르트는 하나님의 영원한 결의를 십자가의 사건과 관련시켰다.

---

164) *KD* II/2, 183.
165) *KD* II/2, 179, 182.

영원 전에 있었던 하나님의 결의는 일군의 무리를 지옥으로 보내는 결의가 아니고 십자가의 극단적인 대속 행위를 통한 인간의 선택을 위한 결의였다. 그러므로 예수 그리스도만이 "단 한 분 저주받으신 분"이다. 예수 그리스도는 인간의 버림과 심판에 대한 계시가 아니고 인간에 대한 선택의 계시이다.

(4) 하나님은 예수 그리스도 안에서 모든 사람을 선택하셨고, 또한 모든 사람을 각자의 고유의 특성에 맞게 선하게 계획하셨다. 현존하는 인간이 이 하나님의 선택과 계획을 모두 알고 있는 것은 아니지만 하나님의 예정은 개개인을 살리시기 위한 예정이고 선한 목적을 위한 선택과 계획이다. 그리스도를 믿게 된 사람들은 자신들을 향한 하나님의 계획과 목적을 점차 더 깊은 차원에 이르기까지 이해하게 된다. 이 하나님의 예정과 계획과 선한 섭리를 깨달을수록 인간은 더욱 더 하나님께 감사할 수밖에 없게 된다.

(5) 하나님의 예정이 만민을 향한 선택이라는 바르트의 주장은 이내 만인구원론에 대한 논쟁을 일으키는 도화선이 되었다. 바르트는 하나님의 예정이 만민을 향한 선택이 분명하지만 이것이 기계론적으로 만인구원론으로 귀결된다는 것에 대해 반대했다. 바르트는 하나님의 자유를 제약하는 논리의 추상화를 경계했다.

로마서 9장은 무시무시한 이중예정론을 가르치는 본문일까?

칼빈에 의하면 하나님은 선택하시기도 하지만 동시에 버리시기도 하신다. 칼빈은 버리시고 심판하시는 하나님에 대한 교리를 정당화시키기 위해 로마서 9장의 바울의 가르침을 근거로 제시했다. 칼빈은 자신의 이중예정의 교리를 반대하는 사람은 자신을 반대하는 것이 아니고 바울을 반대하는 사람이라고 규정했다. 그런데 바르트는 이런 칼빈의 가르침을 무시하고, 버리시는 하나님은 존재하지 않는다고 단언했다. 십자가에 계시된 하나님은 오직 사랑과 은총의 신으로 인간을 미워하시고 심판하시고 지옥에 갈 자들을 작정하시고 이를 지옥으로 보내시는 하나님은 결코 아니다. 하나님의 행위는 오직 사랑이고 은총이지 사랑과 은총이 아닌 하나님의 행위는 없다. 그렇다면 나는 야곱은 사랑하고 에서는 미워했다는 로마서 9장의 바울이 전한 말씀은 어떻게 되며, 토기장이 비유에서 나오는 천히 쓸 그릇을 만들 주권을 갖고 있는 토기장이의 자유는 어떻게 되는가? 칼빈과 바르트의 예정론에 있어서 누가 성서적 정당성을 획득할 수 있는가의 문제는 그 핵심에 로마서 9장의 바울의 가르침에 누구의 가르침이 더욱 상응하고 있는지가 그 관건이 된다. 외견상 칼빈의 가르침이 로마서 9장의 가르침에 상응하는 것 같이 보이지만 로마서 9장에 대한 바른 주석은 오히려 바르트의 가르침이 더욱 바울의 가르침에 근접하고 있다. 왜 그럴까?

로마서 9장의 토기장이의 비유는 무시무시한 이중예정을 위한 말씀이 아니다. 하나님의 주권으로 예수 그리스도에 대한 믿음을 통해 이방인을 하나님의 백성으로 삼기로 작정하셨다는, 이방인을 선택하고자 하시는 하나님의 주권적 예정을 위한 말씀이다.

전통적 예정론은 하나님의 무시무시한 이중예정을 위한 성경적 근거로 로마서 9장의 토기장이 비유를 사용했다. 그런데 이 토기장이의 비유는 일군의 무리를 지옥으로 예정했다는 잘못된 예정론의 근거로 사용되면 절대로 안 된다. 왜냐하면 이 비유는 하나님의 절대주권을 강조하기 위한 비유임에는 틀림없지만 로마서 9장을 쓴 바울은 일군의 무리가 지옥으로 예정되었다는 것을 전하기 위해 하나님의 절대주권을 사용하고 있는 것이 아니기 때문이다. 바울은 이 비유를 저주의 백성이었던 이방인들을 하나님이 전적으로 그분의 주권에 의해 예수 그리스도를 믿는 믿음을 의로 여기고 하나님의 택한 백성으로 삼기로 작정했다고 해서 감히 하나님을 힐문할 수 있느냐는 의도의 비유로 사용하고 있다. 즉 이 본문은 하나님이 자기 백성 아닌 자를 자기 백성으로 부르시기로 작정했는데 이에 대해 아무도 항변할 수 없다는 것을 말하려는 데 초점이 있다. 하나님이 아브라함의 육신의 자녀를 하나님의 백성으로 보지 아니하고, 예수 그리스도를 예정하시고, 이 예수 그리스도를 믿는 자는 유대인이건 이방인이건 하나님의 백성으로, 참된 약속의 자녀로 작정했다고 해서, 네가 뉘기에 감히 하나님의 계획에 대해 왈가왈부 할 수 있느냐 하는 것이 로마서 9장을 쓴 바울의 의도이다. 그러므로 로마서 9장은 전통적 예정론자들이 생각했던 것처럼 무시무시한 이중예정을 전하려는 본문이 아니라 하나님의 참되고 영원한 예정인 예수 그리스도를 통해 만민을 구원하고자 하신 하나님의 은총의 복음을 전하기 위한 본문이다.

로마서 9장의 내용을 더욱 자세히 이해하기 위해서 우리는 초대교회가 처해 있었던 매우 중요한 문제를 깊이 고려하지 않으면 안 된다. 초대교회는 이방인들도 하나님의 백성일 수 있는가라는 문제에 심각하게 부딪히고 있었다. 사도행전 10장에 기록되어 있는, 욥바 성에서 베드로가 경험한 환상은 이 문제의 중요성과 깊이 관련되어 있는 환상이다. 하늘에서 내려온 큰 보자기 속에는 네 발 가진 짐승과 기는 것과 공중의 나는 것들이 들어 있었다. 베드로는 속되고 깨끗지 않은 것은 먹을 수 없다고 버티고 있었고 하늘에서 들려온 소리는 하나님께서 깨끗케 한 것을 네가 속되다고 하면 안 된다는 말씀이었다. 이 일이 있은 직후에 베드로는 이방인 고넬료가 보낸 사람을 접하게 되었고 고넬료의 집에서 베드로는 성령이 고넬료를 비롯한 이방인들에게 임하는 것을 똑똑히 보게 된다(행10:45-46). 이 사건은 이방인들도 예수 그리스도를 믿으면 하나님의 백성이 된다는 것을 가르쳐 주는 매우 중요한 사건이었다.

그러면 왜 이 사건이 계시될 필요가 있었고, 또한 사도행전을 기록한 누가는 이것을 왜 길게 보도하고 있을까? 그것은 이방인들이 하나님의 백성이 될 수 있다는 것은 상상을 초월하는 너무나 파격적인 일이었고, 사람의 생각을 뛰어넘는 하나님의 주권적 결단에 기인한 것으로 특별히 오랫동안 선민사상에 젖어 있었던 유대인들로서는 쉽게 받아들일 수 없는 일이었기 때문이었다.

로마서 9장에서 바울은 바로 이 하나님의 주권적 결단에 기인한 파격적인 은총의 사건을 기술하고 있다. 바울에 의하면 하나님은 그분의 결단에 따라 야곱은 사랑하시고 에서는 미워하실 수 있는 분이시다 (롬9:12). 그분이 그렇게 하셨다고 해서 아무도 그분의 주권에 왈가왈부

할 수 없다. 왜냐하면 그것은 토기장이의 주권에 전적으로 속하기 때문이다(롬9:20-21). 그런데 그 하나님께서 그분의 주권으로 이방인들을 사랑하시기로 작정했다고 해서 누가 감히 하나님을 힐문할 수 있겠는가. 바울에 의하면 이제는 하나님의 주권으로 육신의 아브라함의 씨가 아니라, 예수 그리스도에 의해 믿음으로 태어나는 약속의 자녀가 참된 하나님의 백성이 되게 되었다.

"이스라엘에게서 난 그들이 다 이스라엘이 아니요 또한 아브라함의 씨가 다 그 자녀가 아니라 오직 이삭으로부터 난 자라야 네 씨라 칭하리라 하셨으니 곧 육신의 자녀가 하나님의 자녀가 아니라 오직 약속의 자녀가 씨로 여기심을 받느니라"(롬9:6-8). "이 그릇은 우리니 곧 유대인 중에서 뿐 아니라 이방인 중에서도 부르신 자니라 호세아 글에도 이르기를 내가 내 백성 아닌 자를 내 백성이라, 사랑치 아니한 자를 사랑한 자라 부르리라"(롬9:24-25).

바울에 의하면 하나님께서 자기 백성 아닌 자를 자기 백성으로 부르시기로 작정했다는 것이다. 그런데 그 백성은 유대인과 이방인으로 구성되는데 육신의 아브라함의 자손이 아닌, 약속에 의해서 생겨나는 새로운 백성이라는 것이다. 이것은 너무나 충격적인 일이지만 그러나 바로 이 충격적이고 놀라운 일이 하나님의 주권적 결단에 의해 일어나게 되었다는 것이 로마서 9장에서 바울이 전하고자 하는 내용의 핵심이다.

그러면 이 충격적이고 놀라운 일의 내용은 무엇인가? 그 내용은 바울에 의하면 하나님에 의해 일어난 은총의 사건인데, 곧 예수 그리스도를 믿는 믿음을 의로 여기고 유대인뿐만 아니라 이방인까지도 하나님의 백성으로, 의롭다 함을 받는 사람들로, 하나님의 자비와 구원의 그릇으로 삼기로 했다는 것이다. 이 내용이 로마서 9장 뒷부분과 로마서 10장에 걸쳐서 자세히 기록되고 있다. "그런즉 우리가 무슨 말 하리요 의를 좇지 아니한 이방인들이 의를 얻었으니 곧 믿음에서 난 의요"(롬9:30). "저를 믿는 자는 부끄러움을 당치 아니하리라"(롬9:33). "그리스도는 모든 믿는 자에게 의를 이루기 위하여 율법의 마침이 되시니라"(롬10:4). "믿음으로 말미암는 의는"(롬10:6).

바울에 의하면 이 하나님의 놀라운 은총을 받는 길은 유대인이건 헬라인이건 하나님 자신에 의해 이룩된 놀라운 구원의 사건인 예수 그리스도를 믿는 것이다. "누구든지 저를 믿는 자는 부끄러움을 당하지 아니하리라 하니 유대인이나 헬라인이나 차별이 없음이라"(롬10:11). "네가 만일 네 입으로 예수를 주로 시인하며… 네 마음에 믿으면 구원을 얻으리니"(롬10:9). "누구든지 주의 이름을 부르는 자는 구원을 얻으리라"(롬10:13).

그러므로 로마서 9장-10장은 무시무시한 하나님의 이중예정을 전하기 위한 본문이 아니고 예수 그리스도를 믿는 자는 하나님의 백성이 된다는 복음을 전하기 위한 본문이다. 이 본문은 운명론적이고 기계론적인 예정론을 뒷받침하는 본문이 아니고 예수 그리스도를 향한 믿음의 결단을 호소하는 본문이다. 즉 예수 그리스도를 믿는 자는 유대인이든 헬라인이든 하나님의 택한 백성이 된다는, 예수 그리스도 안에 나타난 은총의 총화를 전하는 본문인 것이다. 이 점에 있어서 바르트의 예정론은 전통적 칼빈주의의 이중예정론보다 바울의 정신에 더 깊이 접맥되어 있다고 평가할 수 있다.

바르트에 의하면 예정론은 복음의 총화이다. 하나님이 영원 전에 지옥에 갈 사람의 명단을 작성하고 계셨던 것이 아니고 유대인과 이방인 모두를 살리기 위한 위대한 역사를 예비하고 계셨다. 하나님의 주권에 의해 작정된 이 하나님의 위대한 역사는 인간을 향한 하나님의 주권적 자비를 의미하는 역사였다. 하나님은 인간의 죄악에도 불구하고 인간을 건지는 위대한 역사를 영원 전에 이미 예정하고 계셨다.

영원 전에 일어났던 이 하나님의 영원한 예정은 예수 그리스도의 사건이었다. 하나님은 영원 전부터 예수 그리스도를 통해 만민의 죄를 담당하시고 인간을 구원하시기로 작정하셨다. 즉 영원 전부터 하나님은 예수 그리스도를 통해 우리를 구원하시기로 작정하셨다. 그러므로 예정론의 핵심은 복음이고, 복음의 총화가 예정론이다. 즉 예정론은 하나님이 "창세 전에 그리스도 안에서 우리를 택하사 우리로 사랑 안에서 그 앞에 거룩하고 흠이 없게 하시려고… 예수 그리스도로 말미암아 자기의 아들들이 되게 하셨으니"(엡1:4-5)라는 복음 중의 복음을 전하려는 교리이다. 예정론은 하나님이 예수 그리스도를 통해 우리에게 속죄함을 주시고(엡1:7), 하늘과 땅에 있는 모든 것이 그리스도 안에서 통일되고 영원한 그리스도의 몸이 되게 하고자 하신 하나님의 비밀의 경륜(엡1:9)을 설명하는 교리이다.[166]

---

[166] 따라서 에베소서 1장의 내용과 로마서 9장의 내용 사이에는 아무런 신학적 차이가 없다. 이 두 본문은 모두 예수 그리스도 안에서 작정된 하나님의 위대한 경륜을 설명하는 본문이다.

신론

바르트는 「교회교의학」 II/1에서 자신의 신론을 전개했다. 그런데 바르트의 신론에서 결정적으로 새로운 것은 「교회교의학」 II/2의 예정론에서부터 등장한다. 「교회교의학」 II/2의 예정론은 바르트 신학의 그리스도론적 집중의 절정을 나타낸다. 「교회교의학」 II/2의 예정론에서부터 후기 바르트 신학의 원숙한 하나님에 대한 이해가 나타나는데 그 핵심적인 사상은 하나님의 인간성, 하나님의 고난과 죽음, 오직 은총의 하나님 등의 개념으로 표현할 수 있다.

하나님의 인간성

하나님은 하나님이시다. 하나님은 하늘에 계시고, 너는(인간) 땅에 있다. 이것은 1922년의 「로마서 강해」 제 2판에서 하나님과 인간의 질적 차이를 강조했고, 인간과 세상은 하나님을 만나는 순간 위기를 경험하고 하나님의 심판을 받게 된다. 당시의 바르트에 의하면 인간과 세상은 하나님을 만나는 순간 산산이 부서진다. 이런 까닭에 「로마서 강해」 제 2판은 위기의 신학이고, 하나님의 거룩성이 전면에 드러나는, 인간과 세상에 대한 하나님의 심판의 신학이다. 하나님의 신성은 인간과 세상을 위기에 몰아넣고 심판하신다. 하나님은 세상이나 인간과는 너무나 다른 분이시고 그런 까닭에 인간과 세상이 하나님을 경험하는 순간은 죽음의 순간이다.

하나님께서 전적 타자(Der ganz Andere)라는 당시의 바르트의 표어는 세상이나 역사나 문화 속에 신성이 존재하고 이 신성이 세상과 역사와 문화를 발전시킨다는 19C의 자유주의 신학의 대명제를 부수는 망치였다. 인간이나 세상이나 문화 속에 하나님의 신성이 존재하지 않는다. 따라서 역사의 발전을 통한 유토피아의 세계건설은 하나의 망상일 뿐이다. 전적 타자이신 하나님은 인간과 세상과 문화에 대한 완전한 부정이시고 세계역사에 대한 전적인 위기이다. 왜냐하면 전적 타자이신 하나님은 인간과 세상과 역사를 폐기시키는 신이시기 때문이다. 바르트는 제 2차 세계대전의 포화 속에서 심판하시는 이 전적 타자이신 하나님을 인식했고, 이 하나님의 거룩성을 「로마서 강해」 제 2판을 통해 전 세계에 알렸다.

그런데 「로마서 강해」 제 2판이 출간된 지 40여년이 지나 1956년에 바르트는 "하나님의 인간성"(Die Menschlichkeit Gottes)이라는 강연을 했다. 그런데 이 강연은 우선 제목부터 세계를 놀라게 하는 강연이었다. 「로마서 강해」 제 2판에 의하면 하나님은 인간을 부정하고 세상과 역사를 위기에 몰아넣는 분이신데, 그 하나님에게 인간성이라는 표현이 어떻게 가능한 것일까? 하나님의 신성은 인간의 인간성과 질적으로 다르다고 바르트가 분명히 강조했는데 인간에게 적용되는 인간성이라는 술어가 왜 하나님의 신성을 표현하는 술어로 나타나고 있는가? 인간성을 폐기하는 하나님의 신성이라는 제목으로 강연해야지 어찌하여 바르트가 하나님의 인간성이라는 제목으로 강연을 할 수 있단 말인가? 바르트는 이에 대해 "당시에는 하나님의 인간성이 중심에 있지 않았고 변두리에 있었는데, 곧 강조하고자 했던 핵심적 문장이 아닌 주변 내용 속에 있었다" [167] 고 언급했다. "약 40년 전에 우리에게 폭풍처럼 밀려왔던 것은 하나님의 인간성이라기보다는 하나님의 신성이었다… 그 근접할 수 없는 높음과 간격, 낯설음 및 전적 타자성이었다." [168] 바르트의 변명에 의하면 당시에는 하나님의 신성 곧 하나님의 전적 타자성을 강조했는데, 그것은 당시대의 시대적 상황과 관련이 깊은 것이고, 이제는 그 당시 강조하지 않았던 하나님의 인간성을 강조한다는 뜻이다. 그러나 바르트의 이 말은 부분적으로만 맞는 말이지 완전히 맞는 말은 아니다. 왜냐하면 「로마서 강해」 제 2판과 후기 바르트의 차이는 신학적 강조점의 차이로만 보기에는 어려운 커다란 신학적 변천이 있기 때문이다.

많은 사람들은 바르트의 이 변명에 속아 「로마서 강해」 제 2판의 시기에는 바르트가 하나님의 신성을 강조했고, 후기 바르트의 시대에는 하나님의 인간성을 강조했다고 믿고 있다. 그런데 이 믿음은 바르트에 대한 자세한 연구를 해보면 잘못된 믿음이라는 것이 드러난다. 왜냐하면 「로마서 강해」 제 2판의 하나님의 신성과 1956년의 「하나님의 인간성」에서의 하나님의 신성의 특성이 상당한 차이를 나타내고 있기

---

167) K. Barth, *Die Menschlichkeit Gottes*, ThSt(B)48(1956), 3.
168) *Ibid.*

때문이다. 그 핵심적 차이는 「로마서 강해」 제 2판에서는 하나님의 신성에는 인간이 없는 데 반해 "하나님의 인간성"에서는 하나님의 신성 안에 인간이 존재하고 있는데 있다. 「로마서 강해」 제 2판은 하나님은 인간과 다른 전적 타자인데, "하나님의 인간성"에서는 예수 그리스도를 통해 얻게 된 새로운 신(神)인식이 중심에 있는데, 곧 사람인 인간 예수께서 하나님이시라는 사실에서 하나님께서 인간적이라는 사실의 발견이 중심에 있다. 전적 타자이신 하나님은 인간이 아닌 하나님이고, 후기 바르트가 발견한 하나님은 인간이신 하나님이었다.

「교회교의학」 II/2의 예정론은 후기 바르트 신학의 새로운 출발점이다. 이 예정론에서 등장한 새로운 신(神) 개념은 그의 「교회교의학」 IV/1 - IV/4의 화해론에서 크게 발전되는데, 1956년의 "하나님의 인간성"은 바르트가 그의 「교회교의학」의 화해론을 쓰고 있던 시기이다. 바르트는 예정론 이후부터 십자가의 신학을 철저히 발전시키면서 심판하시는 하나님의 개념을 신 개념에서 제외했다. 바르트에 의하면 하나님은 그의 지극한 사랑 때문에 인간을 위해 대신 심판당하신 하나님이시지 심판하시는 신이 아니시다. 이는 「로마서 강해」 제 2판에 전면에 등장하고 있는 하나님의 거룩성과 하나님의 심판 개념과는 너무나 깊이 충돌되는 바르트의 새로운 신 개념이다. 「로마서 강해」 제 2판의 하나님의 거룩성은 인간과 세상과 역사를 심판하는 거룩성이었지만, 후기 바르트 신학에서의 하나님의 거룩성은 인간과 세상을 살리기 위한 하나님의 고난 속에 있는 거룩성이었다. 즉 후기 바르트 신학에서의 하나님의 거룩성은 그의 말할 수 없는 은총을 의미하는 것이었다. 바르트는 이 새로운 하나님을 인간이 되신 하나님에게서 곧 인간 예수의 역사와 그의 십자가의 고난 속에서 발견했다.

바르트는 그의 「교회교의학」 IV/1의 화해론에서 전적 타자로서의 하나님은 "전도되고, 받아들일 수 없고, 이교적"[169]이라고 분명히 밝혔다. 여기에서 전도되고, 받아들일 수 없고, 이교적이라고 밝히고 있는 높고 거룩한 신 개념(절대적이고 무한하고 고상하고 고난 받을 수 없고, 모든 인간적인 것에 초월해 있는 신 개념)은 전부 바르트가 「로마서 강해」 제 2판에서 강조했던 신 개념이다. 후기 바르트는 전통적으로 믿어오던 헬라 철학적 신 개념에 일대 혁명을 일으킬만한 새로운 개념을 제시하는데 이 새로운 개념은 모두 하나님의 인간성이라는 표제어로 표현할 수 있는 개념이다. 후기 바르트는 예수 그리스도의 십자가에서 하나님의 낮아지심을 발견했고, 하나님의 목마르심, 하나님의 약하심과 무능하심, 하나님의 고난과 죽음을 발견했다. 후기 바르트는 하나님께서 인간을 필요로 하시고 인간과의 사랑의 파트너가 되고 싶어 하시고, 인간의 사랑을 끊임없이 갈구하신다는 사실도 알게 되었다. 하나님은 인간을 필요로 하신다.

이 후기 바르트에게서 나타나는 신 개념은 「로마서 강해」 제 2판에 강조되지 않았던 신 개념이 아니고, 존재하지 않았던 신 개념이다. 「로마서 강해」 제 2판은 플라톤적인 헬라철학의 신 개념이 중심에 있다. 「로마서 강해」 제 2판의 전적 타자이신 하나님은 기독론적으로 접근해서 얻어진 신 개념이 아니다. 그것은 시간과 영원의 질적 차이라는 플라톤적 철학의 체계 속에서 구약에서 나타나는 거룩한 하나님과 결부시킨 개념이다.

그러면 후기 바르트는 전적 타자이신 하나님 개념을 완전히 버렸는가? 그렇지는 않다. 후기 바르트에 있어서도 하나님은 여전히 전적 타

---

169) *KD IV/1*, 203.

자이시고 거룩하시다. 후기 바르트 신학에서도 하나님은 여전히 인간과 다른 전적 타자이시다. 그런데 중요한 것은 인간과 다르다는 말의 의미이다. 후기 바르트 신학에서 하나님께서 인간과 다르다는 말은 하나님 안에 인간성이 없다는 말이 아니고 은총의 행위에 있어서 하나님은 참으로 "질적으로 다른 분"[170]이라는 말이다. 바르트는 일생동안 하나님께서는 인간과 참으로 다르다고 믿고 이를 가르쳤던 신학자이다. 그러나 그 다름의 의미는 「로마서 강해」 제 2판과 후기 바르트는 상당히 다르다. 「로마서 강해」 제 2판에서는 하나님은 인간이 아니고, 인간의 언어로 설명될 수 없는, 세상을 초월해 있는 전적 타자인데 반해 후기 바르트의 하나님은 세상 속에 계시면서 인간적 언어로 인간을 만나시지만 그분의 은총과 사랑과 능력이 인간과 전적으로 다르다는 의미이다. 십자가에 계시된 하나님은 참으로 전적으로 다른 하나님이다. 그 하나님은 세상이 도저히 알 수 없는 전적 타자이신 하나님이다. 하나님께서 인간의 신이시고 인간을 위해 죽으신 신이라는 사실은 참으로 세상이 알 수 없는 하나님의 은총의 전적 타자성이다.

하나님의 고난과 죽음

「교회교의학」 제 1권의 하나님의 말씀에 관한 교리에서 바르트는 하나님의 신성의 본질은 그의 주권과 전능성에 있다고 생각했다. 하나님께서는 그의 능력 속에서 자신을 계시하는 분이셨다. 그런 까닭에 인간 예수는 하나님의 계시의 은폐성에 해당되는, 하나님의 계시를

---

170) *KD IV/1*, 174.

담고 있지만 동시에 이를 가리고 있는 껍질 같은 성격을 갖고 있었다. 당시의 바르트에 의하면 부활이 하나님을 드러내는 사건이었다. 1924년의 "죽은 자의 부활"(Die Auferstehung der Toten)이라는 글에서 바르트는 "의심할 여지도 없이 죽은 자의 부활이라는 말이 하나님이라는 말을 설명하는 말이다"[171]고 언급했고, 「교회교의학」 I/2의 하나님의 말씀에 관한 교리에서는 육은 하나님의 말씀을 가리고 있는데, 십자가에서 부활에 이르는 길이 "비계시(Nichtoffenbarung)에서 계시(Offenbarung)로"[172] 가는 길이라고 주장했다. 예수 그리스도의 육체성과 예수 그리스도의 십자가는 하나님의 신성을 설명할 수 있는 도구가 아니었다. 바르트에 의하면 부활이나 기적과 같은 하나님의 능력과 전능성이 나타나는 사건이 "하나님께서 알려지게 되는 행위"(Gottes sichtbar werdende Tat)였다.[173] 「교회교의학」 제 1권의 말씀에 관한 교의에서의 바르트는 십자가를 하나님의 신성의 계시로 본 것이 아니고 부활을 완전한 하나님의 신성의 계시로 이해했다.

1942년 「교회교의학」 II/2의 예정론은 놀라운 후기 바르트 신학의 새로운 출발점이다. 그리고 이 새로운 신학은 그의 「교회교의학」 제 4권 화해론에서 그 웅장한 모습을 완전히 드러냈는데 그 핵심은 십자가에서 하나님의 본질을 파악하는 것이었다. 바르트는 인간 예수가 하나님의 참 모습을 계시하고 있다는 사실과 십자가가 하나님의 참 모습을 드러내는 결정적인 자리라는 것을 알게 되었다. 바르트는 인간에 대한 사랑 때문에 종의 길을 걸으시는 예수 안에서 하나님의 신성의

---

[171] K. Barth, Die Auferstehung der Toten. Eine akademische Verlesung über 1. Kor 15)München: 1924), 115.
[172] *KD I/2*, 183.
[173] *KD I/1*, 421.

본질을 깨달았고 십자가가 결정적으로 하나님의 신성을 계시하고 있다는 사실도 알게 되었다. 바르트에 의하면 하나님의 자기를 낮추심과 십자가는 하나님의 신성이 무엇임을 나타내는 결정적인 계시였다.174) 예수 그리스도의 인성과 십자가는 하나님의 계시를 은폐하는 비(非) 계시가 아니라 하나님의 계시 자체이고, 하나님의 신성이 무엇인가를 이해하는 결정적인 자리라는 것을 바르트가 깨달은 것이다.

바르트는 예수 그리스도의 십자가에서 하나님의 고난과 죽음을 발견했다. 하나님의 고난과 죽음이라는 표현은 헬라 철학적 신 개념으로는 결코 받아들일 수 없는 새로운 신 개념이다. 헬라의 철학은 고난당할 수 없는 신을 가르쳤다. 신과 인간과의 근본적인 차이는 인간은 고난당하고 죽지만 신은 고난당할 수도 죽을 수도 없다는 것이다. 고난당하고 죽는 자가 어떻게 신일 수 있을까? 헬라 철학의 영향을 받은 기독교 신학 역시 헬라 철학적 신 개념을 성서적 신 개념으로 받아들였고 이를 가르쳤다. 예수의 고난을 설명할 때도 고난을 인간 예수에게, 곧 예수의 인간성에 제한시켜서 언급했다.

그런데 바르트는 이와 같은 전통적 신 개념을 뒤엎었는데, 그것이 바로 하나님의 고난과 죽음 개념이다. 바르트는 예수 그리스도 안에서 하나님의 고난을 발견했다. 바르트에 의하면 하나님은 예수 그리스도 안에서 저주와 죽음을 자신의 것으로 하시고, 대신 인간에게 생명과 복을 허락하셨다. "예수 그리스도의 선택에 나타난 하나님의 영원한 의지는 이것인데 하나님께서 인간에게는 첫째 것, 곧 선택과 지복과 생명을, 자기 자신에게는 둘째 것, 곧 버림받음과 저주와 죽음을

---

174) *KD* VI/1, 179.
175) *KD* II/2, 177.

규정하셨다." 175) 하나님께서는 인간을 살리시고 인간과의 사귐을 위해 고난과 저주와 죽음을 자신의 것으로 받아들이셨다. 여기에서 중요한 것은 바르트가 고난과 저주와 죽음을 하나님께서 하나님의 신성 안으로 받아들였다고 보고 있는 관점이다.

예수 그리스도의 고난은 인간 예수의 고난일 뿐만 아니라 하나님 자신의 고난이다. "하나님께서 자기 자신의 것으로 선택하신 것은… 우리가 받아야 될 고난이다." 176) 하나님께서는 인간을 살리고 인간과의 사귐을 위해 지극히 위험한 길을 선택하셨다. 하나님께서 이 지극히 위험한 길을 스스로 선택하신 이유는 인간을 향한 지극한 사랑과 은총 때문이다. 하나님은 인간을 살리기 위해 스스로 죽기로 결심하셨고, 인간에게 지복의 기쁨을 주시기 위해 스스로 버림받음과 저주의 길로 가시기로 결심하셨고, 인간에게 영원한 생명을 주시기 위해 지옥형벌을 받기로 결심하셨다. 이 극단적인 하나님의 은혜와 사랑을 바르트는 예수 그리스도의 십자가에서 발견했다.

십자가는 하나님의 본성의 계시이다. 하나님께서 어떤 분이심을 알기 위해서는 철저히 예수 그리스도의 십자가를 바라보아야 한다. 후기 바르트의 신학에는 천상에서 자족하는 신 개념에도 일대 혁명이 일어나는데, 왜냐하면 천상에서 자족하는 신은 예수 그리스도의 십자가에 계시된 신과 너무나도 다르기 때문이다. 하나님은 인간을 찾아오시는 신이시고, 인간과의 사귐을 원하시는 신이시고, 인간과의 사귐을 위해 모든 고난을 감수하시고 끝없는 상처받음과 아픔을 간직하고 있는 신이시고, 인간을 살리시기 위해 스스로 죽으시는 신이시다. 하나님은 인간의 영원한 기쁨을 위해 인간이 받아야 할 형벌과 지옥의 고

176) *KD II/2*, 179.

통을 대신 받으신 신이시다. 바르트는 이 말로 형언할 수 없는 지극한 은총의 신을 예수 그리스도 안에서 발견했다.

바르트가 십자가에서 고난당하시는 하나님을 발견한 것은 기독교 신론의 역사에 있어서 기념할 만한 위대한 발견이었다. 20C 후반의 하나님의 고난의 신학의 발전에는 바르트가 새로이 정초해 놓은 신 개념이 결정적 요인이었다. 그런데 문제는 바르트의 하나님의 고난의 신학이 성부 수난설에 근접하고 있지 않는가 하는 것이다. 바르트가 하나님의 고난 혹은 하나님의 죽음이라는 표현을 쓸 때, 그가 의도한 지극한 하나님의 은총과 사랑은 이해할 수 있다고 할지라도 그 표현 자체에는 신학적 문제가 있지 않는가 하는 문제이다. 이 문제는 네덜란드의 신학자 베르까우어(G. C. Berkouwer)가 「칼 바르트의 신학에 있어서의 은총의 승리」(Der Triumph der Gnade in der Theologie Karl Barths)라는 책에서 제기했다.

바르트가 예수 그리스도의 십자가에서 하나님의 고난과 하나님의 죽음을 발견한 것은 분명 위대한 발견이었다. 그런데 이 하나님의 고난과 죽음을 표현하는 바르트의 표현이 충분히 삼위일체 신학적으로 발전되어 있지 않은 것이 문제로 보인다. 이 문제를 극복한 20C 후반의 결정적인 저술은 몰트만의 1972년 저술인 「십자가에 달리신 하나님」(Der gekreuzigte Gott)이다. 몰트만은 바르트가 발견한 하나님의 고난 및 하나님의 죽음의 개념을 이어받아서 이를 삼위일체 신학적으로 세밀히 발전시켰다. 몰트만은 하나님의 죽음이라는 표현이 성부수난설의 위험이 있다고 보고 그 표현 대신 '하나님 안에 있는 죽음' (Der Tot in Gott)이라는 표현을 사용했다. 몰트만에 의하면 예수 그리스도의 죽음은 성자의 죽음이지 성부나 성령의 죽음은 아니다. 그러나 성자의 죽음 안에서 성부와 성령은 함께 고통당하셨다. 성자는 인간을 살리기 위해 자신을 버리는 고난을 당하셨지만 성부는 인간을 살리기 위해 외아들을 버려야 하는 고난을 당하셨다. 몰트만에 의하면 예수 그리스도의 십자가는 삼위일체 하나님의 고난의 십자가이다. 바르트가 사용한 하나님의 고난이라는 말은 옳다. 그러나 하나님의 죽음이라는 말은 잘못되었다. 인간을 살리기 위해 성자께서 죽으신 것이지 삼위일체 하나님 모두가 죽으신 것은 아니다. 그러나 삼위일체 하나님 모두가 십자가에서 함께 고난당하셨다. 그런 까닭에 하나님의 고난이라는 표현은 신학적으로 유효하고 매우 중요한 표현이다.

오직 은총의 하나님

전통적 칼빈주의 예정론에 의하면 하나님은 영원 전에 선택받을 자와 유기될 자로 인류를 두 부류로 나누셨다. 이 결정은 모든 인간들이 태어나기 이전에, 우주가 창조되기 이전에, 하나님에 의해 이루어졌다. 이 결정에 따라 인류는 이 세상에 태어나서 선택된 자로 예정된 사람은 예수 그리스도를 구주로 받아들이고 구원받게 되지만, 유기될 자로 예정된 사람은 예수 그리스도를 구주로 받아들이는 데 결국 실패하고 영원한 형벌을 받게 된다.

인류의 운명이 영원 전에 결정되었다는 이 예정론은 인간의 자유와 책임을 부정하고 있다는 점에 있어서 많은 비판을 받고 있지만 그럼에도 불구하고 예정론자들은 이 교리가 하나님의 주권과 자유를 강조하는 교리라고 옹호한다. 토기장이가 귀히 쓸 그릇과 천히 쓸 그릇을 자신의 자유로 결정해서 만들 권한이 있는 것처럼 하나님께서 인류를 창조하시면서 귀히 쓸 그릇과 천히 쓸 그릇을 결정할 수 있는 자유가 있다는 것이다. 이 자유는 하나님의 주권에 속하는 것이기 때문에 그 누구도 이 하나님의 주권과 자유에 대해 왈가왈부해서는 안 된다.

과연 하나님께서 영원 전에 지옥 갈 사람들의 명단을 작정하고 계셨을까? 인류의 절대 다수가 지옥으로 들어가는 것을 하나님의 주권이라는 말로 과연 정당화시킬 수 있을까? 전통적 칼빈주의 예정론이 언급하고 있었던 하나님의 주권과 자유 개념은 이 가능성을 실재적으로 열고 있다. 그런데 하나님의 자유나 주권은 천상의 폭군 혹은 독재자를 정말 허용하는 신학적 개념일까?

바르트에 의하면 하나님의 본질은 사랑이다. 흔히 사람들은 하나님은 무엇이든지 할 수 있다고 생각하지만 하나님께서 하실 수 없는 일들은 많이 있다. 하나님은 거짓말을 못하시고 악한 일을 행하시지 못하신다. 사랑이신 하나님께 완전한 자유를 드리면 하나님께서는 사랑이 아닌 일을 하실 수 있을까? 하나님은 사랑이시기 때문에 그분이 자유롭게 원하시는 대로 하시는 일은 결국 사랑이다. 하나님의 사랑과 자유는 서로 다른 개념처럼 보이지만 사실은 하나이다. 하나님께서 원하시고 행하시는 그 한 가지는 하나님의 선하심인데, 곧 사랑이다.[177] 하나님의 자유는 사랑을 위한 자유이다.

지옥 가는 것을 기뻐하는 하나님의 주권과 자유는 없다. 영원 전에 하나님께서 지옥 가는 자들의 명단을 작성하는 하나님의 주권과 자유는 하나님의 자유에 대한 지독한 오해이다. 십자가에서 파악되는 하나님의 본질은 말로 표현할 수 없는 극단적인 은총과 사랑이다. 이 극

---

177) KD II/1, 308.

단적인 은총과 사랑의 신이 지옥 가는 자들의 명단을 작성하고 계셨을까?

바르트는 사랑이 아닌 하나님의 행위는 없다고 단정했다.[178] 왜냐하면 하나님의 존재가 "사랑하는 자"(Der Liebende)이기 때문이다. 하나님은 은혜로우시고 자비하시고 긍휼로 가득 찬 신이시다. 그런 까닭에 하나님의 행위는 은혜이고 자비이고 긍휼이다. 하나님의 자비와 하나님의 의가 분리되어 가르쳐진 것이 개신교 정통주의 신학의 신학적 오류이다. 오늘날 많은 한국의 개신교 신자들은 두 얼굴의 하나님을 상상한다. 이 두 얼굴의 하나님이란 우리에게 자비하신 하나님과 우리를 심판하시는 하나님의 두 얼굴을 뜻한다. 한국의 개신교 신자들이 두 얼굴의 하나님을 상상하는 이유는 개신교 정통주의 신학이 두 얼굴의 하나님을 가르쳤기 때문이다. 한 얼굴은 우리의 죄를 심판하고 의를 세우시는 무서운 하나님이고, 또 한 얼굴은 우리가 용서를 빌면 용서해주는 자비의 하나님이다. 이 때문에 한국의 개신교 신자들에게 하나님은 무섭기도 하고 좋기도 하고, 다가가고 싶은 분인 동시에 도망가고 싶은 분이기도 하다.

바르트의 「교회교의학」 II/2의 예정론은 이 두 모습의 하나님을 깨뜨리는 결정적 저술이다. 바르트에 의하면 하나님에게는 두 얼굴이 없다. 하나님에게는 오직 밝음과 기쁨만이 있다. 하나님께서는 인간이 당해야 할 형벌을 대신 지시고 인간을 용서하셨다. 하나님께서는 저주와 죽음을 맛보시고 인간은 영원한 삶과 열락을 얻게 되었다. 이 극단적인 하나님과 인간 사이의 자리바꿈의 사건이 십자가이고 바르트가 생각하는 복음의 핵심이다.

---

178) *KD* II/1, 309.

바르트는 십자가에서 하나님의 의가 계시되었다는 바울의 말씀을 주목해야 한다고 주장했다. 십자가에 계시된 하나님의 의란 무엇일까? 그것은 말로 표현할 수 없는 하나님의 자비였다. 세상적 개념으로는 의와 자비는 서로 공존하기 어려운 개념이다. 법관이 의를 세우면 죄인은 형벌을 받아 감옥에 가야하고, 법관이 자비를 베풀면 죄인은 풀려난다. 의와 자비는 서로 갈등을 일으키는 두 개의 다른 개념이다. 개신교 정통주의 신학도 이 둘을 분리해서 각각 하나님의 속성에 적용했다. 그런데 바르트는 하나님의 의가 십자가에 나타났는데, 놀랍게도 그 하나님의 의는 하나님의 극단적인 자비였다는 것이다. 인간이 받아야 할 형벌과 저주를 하나님께서 대신 지신 것이 십자가에 나타난 하나님의 의였는데 그것은 인간을 살리기 위한 하나님의 어마어마한 자비였다.

바르트에 의하면 구약의 율법은 하나님의 의의 계시이다. 그런데 구약의 율법의 내용이 무엇인가? 그것은 떠돌이, 나그네, 도망자, 고아와 과부, 가난한 자, 종과 노예들, 빚진 자들, 바로 이들을 살리고 건지기 위한 법이 아닌가! 바르트는 하나님의 의의 법은 곧 자비의 법이라고 보았다. 이 의와 자비가 결정적으로 하나라는 사실이 정확히 십자가에 계시되어 있다는 것이다. 그런데 십자가에 계시되어 있는 하나님의 의는 의롭지 않고, 범죄하고, 철저히 희망이 없고, 죽음에 처해질 인간을 살리고자 하는 하나님의 끝없는 자비인 것이다.

후기 바르트 신학에서 매우 중요한 것은 하나님의 행위가 하나로 일원화되어 있다는 점이다. 하나님의 행위는 오직 은총이다. 인간을 향한 하나님의 태도는 오직 긍정(Ja)일 뿐이다. 인간을 향해 부정(Nein)을 선포하는 것은 세상의 우상이지 십자가에 계시된 참 하나님은 아니다. 십자가에는 인간을 심판하지 아니하시는 하나님이 계시되어 있다. 후기 바르트 신학에서 하나님의 심판은 이미 십자가에서 행해진 어떤 것이다. 하나님은 십자가에서 예수 그리스도를 심판하시고 버리셨다. 그런 까닭에 더 이상 하나님의 심판에 대해 언급해서는 안 된다. 우리가 성서에서나 우리의 삶 속에서 심판으로 인식하고 있는 것은 하나님께서 십자가에서 이미 무(無)로 만드신 어떤 것이다. 그런데 이 무로 만드신 어떤 것이 그리스도 밖에 있는 자들에게는 무서운 힘으로 살아있다. 그리스도 밖에 있는 자들은 하나님의 무서운 심판을 사실상 경험하고 있다. 그러나 이 심판은 바르트에 의하면 십자가에서 이미 해결한 것이고 하나님께서 스스로 감당하신 것이다.

변치 않는 하나님과 인간의 기도

교의학의 신론의 전통적 항목 가운데 하나님의 불변이라는 항목이 있다. 하나님의 불변은 하나님의 변치 아니하심을 의미하는데 이것이 기도와 관련을 맺을 때에 심각한 문제가 종종 발생한다. 이 문제는 특히 예정론과 관련을 맺게 되면 더욱 심각한 문제가 발생한다. 그 심각한 문제는 하나님의 뜻과 계획이 불변이라면 인간이 기도하는 것이 무슨 의미가 있는가 하는 문제이다. 한국의 많은 교회에서 가장 지고한 기도는 내 욕망을 관철시키는 기도가 아니고 기도를 통해 하나님의 뜻과 계획을 알고 이 하나님의 뜻과 계획에 자신을 굴복시키는 것이라고 가르치고 있다. 예수의 겟세마네 동산에서의 기도가 바로 지고한 기도의 상징이라는 것이다. "내 뜻대로 마옵시고 아버지의 뜻대로 하옵소서"(마26:39). 나의 개인적인 욕망이 산산이 부서지고 하나님의 거룩한 뜻이 이루어지는 것, 바로 이것이 우리가 기도를 통해 얻어지는 가장 지고한 신앙의 단계라는 것이다.

그런데 문제는 교회에서 이렇게 기도에 대해 가르치면 너무나도 그 가르침이 고상하고 높은 차원인 것 같아서 그 가르침에 이의를 달수는 없어도 무언가 가슴 답답함을 금할 길 없다는 데 있다. 고상한 기도에 대해 가르침을 받으면 받을수록 결국 나 자신을 부인하고 나의 세속적인 꿈과 희망을 포기해야 하는 것이 신앙의 길로 드러나게 된다. 최근에 한국 교회 안에서 많은 영성 훈련들이 행해지고 있는데 이 영성수련에도 유사한 문제가 종종 발생한다. 지고한 영적인 단계는 자신을 부인하고 하나님의 뜻에 자신을 일치하는 단계라는 가르침이 그것이다. 그런 까닭에 지고한 차원의 기도는 세속적인 자신을 철저히 부정하고 하나님께서 원하시는 뜻에 자신을 철저히 복종시키고 하나님께서 원하시는 제자의 길을 받아드리는 것이다. 이와 같은 영성은 가톨릭교회의 수도원 전통 속에 깊이 존재하고 있다.

우리는 이와 같은 교회 역사적인, 그리고 신학적인 배경을 깊이 생각하면서 바르트의 가르침을 읽어나가야 한다. 그때 비로소 우리는 바르트의 가르침의 독특성과 위대성을 깨닫게 된다. 바르트에 의하면 하나님의 불변은 석고상 같은 무감각이나 움직일 수 없음을 의미하는 것이 아니다. 칼빈주의 예정론에 의하면 영원 전에 결정한 하나님의 예정이 인류 역사를 지배하는 주요인이다. 그런 까닭에 하나님께서 나를 선교사로 예정하셨다면 나는 예술가가 되고 싶은 꿈을 미리 접어야 한다. 내가 예술가가 되기 위해 노력하는 것은 계란으로 바위를 치는 일이고 무망한 일을 시도하는 것이다. 그런 시도를 하면 나 자신만

깨지고 다칠 뿐이다. 그런데 바르트에 의하면 하나님은 죽어있지 않고 살아계신다. 하나님께서 살아계신다는 말은 하나님과 인간과의 관계가 만남이요 역사라는 것을 뜻한다.[179] 하나님과 인간과의 관계는 고정된 것이 아니라 열려있다. 고정된 것이 아니라 열려있다는 말이 바로 하나님과 인간과의 관계가 만남과 역사라는 말의 뜻이다. 바르트에 의하면 열려있지 않고 움직이지 않는 것은 죽은 것이다.[180]

바르트는 기도가 살아계신 하나님에 대한 기도라고 보았다. 하나님의 살아계심과 자유를 근거해서 신자의 기도를 통한 하나님의 결정하심이 존재한다.[181] 하나님과 인간과의 관계는 만남이요 역사이기 때문에 기도를 통해 인간이 하나님의 뜻을 알고 하나님의 뜻에 복종하는 신앙의 행위가 일어난다. 그러나 동시에 하나님께서 인간의 뜻을 알고 인간의 기도를 근거해서 하나님께서 결정하시는 결정하심이 존재한다. 바르트에 의하면 하나님의 계획은 인간의 기도보다 앞서기도 하지만 또한 인간의 기도에 뒤따르기도 한다.[182] 인간의 기도는 하나님의 계획과 의지 속에 포함된다.[183]

겟세마네 동산에서의 예수의 기도는 하나님의 뜻을 예수께서 받아들이는 일일 것이다. 우리는 기도를 통해 하나님의 뜻을 알고 내 자신의 세속적 욕망을 버리고 하나님의 뜻을 받아들이는 신앙의 행위를 할 수 있다. 이 신앙의 행위는 칭찬할 만하고 거룩한 행위이다. 그러나 중요한 것은 기도는 양면적인 특징이 있다는 점이다. 하나님과의 만남을 의미하는 기도는 하나님으로부터 인간으로 향하는 방향만 있는 것

---

179) *KD* II/1, 565.
180) *KD* II/1, 309.
181) *KD* II/1, 579.
182) *KD* III/4, 117.
183) *Ibid.*

이 아니고 인간으로부터 하나님으로 향하는 방향도 존재한다. 그리고 이 후자는 기도의 부수적인 것이 아니고 본질적인 것이다. 기도의 시간은 하나님께서 인간의 말을 듣기 위해 기다리고 계시는 시간이다.

그러면 기도를 통해 하나님의 뜻이 변경될 가능성이 있을까? 기도가 참으로 힘을 얻으려면 이 가능성이 있어야 한다. 과연 어느 신학자가 이 가능성에 긍정성을 표할 수 있겠는가? 그런데 놀랍게도 바르트는 이 가능성에 대해 명백히 긍정을 표했다. 하나님께서 인간의 기도에 의해 당신의 뜻을 바꾸신다는 것이다. "하나님께서 우리의 기도를 들으시고 하나님의 뜻을 바꾸시는 것, 곧 하나님께서 인간의 청에 순복하신다는 사실은 그의 약함의 상징이 아니다. 하나님은 자신의 장엄하심과 위엄의 영광 속에서 기꺼이 그렇게 하시기를 원하셨고 또 원하시고 계신 것이다… 그 속에 그의 영광이 존재하고 있다." [184] 하나님의 전지전능하심과 무소부재하심은 인간의 간절한 소원에 의해 하나님의 뜻을 일부 바꾸었다 해서 그 위엄이 손상되는 것이 아니다. 하나님께서는 인간의 새로운 소원을 들으면서도 그의 전지전능하신 위엄을 얼마든지 드러내실 수 있다. 이때 그의 위엄은 간절한 소원을 청한 인간에 의해 더욱 끊임없는 감사의 대상이 될 것이다. 바르트에 의하면 하나님께서 인간의 기도를 들으시고 뜻을 바꾸시는 것은 그의 약함이 아니라 철저하게 그의 위대하심이다.

하나님께서 인간의 기도를 들으시고 그 뜻을 바꾸신 중요한 예를 우리는 히스기야에서 찾아볼 수 있다. 하나님께서는 히스기야의 기도를 들으시고 그의 생명을 15년 더 연장하셨다. 이 경우 하나님께서 뜻을

---

184) K. Barth, *Prayer*(Philadelphia: Westminster Press, 1985). 35. 이 책은 D. E. Salier가 편집하고 S. F. Terrien이 영문으로 번역한 책이다.

바꾸셨다 해서 과연 하나님의 신성과 위엄에 손상이 온다고 할 수 있을까? 바르트의 신학적 관점에 의하면 하나님의 신성과 위엄에 손상이 오는 것이 아니고 오히려 신성과 위엄의 영광이 한층 더 증대된다. 히스기야는 하나님의 긍휼과 자비를 더욱 깊게 느꼈을 것이고 하나님의 이름은 히스기야를 통해 더욱 송축될 것이다.

바르트는 루터의 말을 인용하면서 인간이 기도하지 않는 것은 하나님을 화나게 하는 것이라고 말했다.[185] 하나님께서는 인간의 기도를 들어주시고 그것을 통해 인간이 하나님께 감사하기를 원하시는 신이시다. 하나님께서는 인간의 감사를 받기를 원하신다. 바르트의 신론에서 매우 중요한 것은 하나님께서 인간을 원하시고, 인간과 깊은 사귐과 관계를 맺는 것을 기뻐하시고, 인간을 통해 감사와 영광을 받기를 간절히 기다리신다는 점이다. 바르트의 신학은 후기로 갈수록 이와 같은 하나님의 모습이 더욱 진하게 나타나는데 이는 바르트가 예수 그리스도 안에서 하나님을 발견하면서 이를 더욱 심화시키면서 깨닫게 된 하나님의 모습이다. 예수 그리스도 안에서 하나님은 인간이 되시고, 인간적인 언어와 인간적인 관계로 인간을 만나시고, 살리시고, 이 인간과 함께 영원히 사랑하면서 사시기를 원하신다는 사실을 바르트는 깊이 깨달은 것이다. 인간을 사랑하고 싶어서, 그리고 인간의 사랑을 받고 싶어서 세상에 오시고 말할 수 없는 고난을 겪으신 하나님을 바르트는 예수 그리스도의 십자가 속에서 발견했다. 그래서 바르트의 후기 신학의 집대성이라고 할 수 있는 그의 「교회교의학」 화해론에서는 하나님께서는 인간을 갈구하신다(begehren)라는 표현까지 사용했다.

---

185) *Ibid.*, 36.

이미 언급했듯이 예수 그리스도 안에서 발견한 "하나님의 인간성"은 후기 바르트 신학의 대주제이다. 하나님은 인간을 자신의 동반자(Partner)로 선택하셨고 이 인간과 함께 사시고 일하시기를 원하시는 신이시다. 하나님은 인간이 로봇이나 기계처럼 반응하는 것을 원하시지 않으신다. 하나님은 자유로운 인간이 그의 모든 자유 가운데서 하나님을 선택하고 하나님의 사랑에 반응하고 하나님께 감사와 영광을 돌리기를 원하신다. 하나님을 향한 인간의 진정한 사랑은 인간의 완전한 자유가 전제되지 않고서는 불가능하다.

바르트에 의하면 하나님과 인간과의 관계는 만남이요 역사이다. 인간을 로봇으로 보는 신학은 잘못된 신학이고 예수 그리스도의 계시와 충돌된다. 하나님은 인간을 만나시고, 인간의 기도를 들으시고, 또한 그 기도에 응답하시기를 원하신다. 그런 까닭에 예수께서는 기도하다가 결코 낙망하지 말기를 권고하셨다(눅18:1-8). 기도의 포기는 비신앙의 자세로서 위로 받을 길 없는 행위이다.[186] 기도란 인간이 사는 길이고, 하나님께서 기뻐하시는 일이고, 하나님과 인간 사이에 끊임없는 기쁨과 감사가 일어나는 통로이다. 하나님께서는 인간이 원하는 것을 들어주시고, 인간이 기뻐하는 것을 보고 즐거워하시고, 인간의 감사를 통해 더욱 기뻐하신다.

하나님께서 인간의 기도를 통해 자신의 뜻을 바꾸실 수 있다는 것은 인간의 자유를 통한 하나님의 영광이라는 바르트 신론의 대주제와 관련되어 있다. 물론 인간의 자유에는 위험성이 있다. 그러나 하나님께서는 인간의 자유로 말미암는 위험까지도 자신의 것으로 받아들이면서 그 길 위에서 인간을 구원의 길로 인도하신다. 바르트는 예수 그리

---

186) *KD II/1*, 575.

스도의 십자가 안에서 이 하나님을 발견한 것이다. 하나님의 진정한 전능하심은 인간에 대한 끊임없는 사랑 때문에 겪으시는 그의 고난 한 가운데 있다. 하나님은 인간의 자유가 만드는 고난까지도 자신의 것으로 감당하시면서 인간을 살려내고 있는 것이다.

그렇다면 하나님의 불변이란 무슨 뜻일까? 인간의 자유 때문에 하나님의 계획까지도 바뀔 수 있다면 하나님의 불변이라는 말은 잘못된 말이 아닐까? 바르트에 의하면 하나님의 후회하심은 명백히 존재한다.[187] 이스라엘의 역사 속에 후회하시는 하나님의 모습은 도처에 계시되어 있다. 인간의 죄악은 하나님의 후회하심을 만든다. 그러나 중요한 것은 인간의 죄악에도 불구하고 하나님께서는 새로운 구원의 길을 만드신다는 점이다. 하나님의 불변하심은 그분의 인격성의 불변을 의미한다.[188] 즉 하나님의 사랑과 은총 및 약속의 불변을 의미한다. 인간을 향한 하나님의 사랑이 변치 않는다는 말이다. 인간의 죄악에도 불구하고 인간을 사랑하시는 하나님의 사랑이 십자가에 계시되어 있다. 하나님의 불변은 석고상 같은 무감각, 움직일 수 없음을 의미하는 것이 아니고 하나님의 사랑의 불변, 그 분의 약속과 인격성의 불변을 의미한다.

민수기 23장 19절에 의하면 "하나님은 인생이 아니시니 식언치 아니하시고"라는 말씀이 기록되어 있다. 인간과 하나님의 근본적 차이를 언급하는 본문이다. 인간은 거짓말을 하고 말을 바꾸지만 하나님은 그렇지 않다. 인간을 향한 하나님의 약속은 영원히 변치 않으신다. 하나님의 불변을 하나님의 완고함으로 이해하면 안 된다. 하나님은

---

187) *KD IV/1*, 558 ff.
188) *KD II/1*, 583.

인간에 대한 사랑 때문에 한없이 약해지시고 심지어는 자신의 계획까지도 수정하신다. 그러나 영원히 변치 않는 것이 있는데 그것은 인간을 향한 하나님의 사랑이고, 인간을 구원하겠다는 하나님의 의지이다. 하나님께서는 은혜로우시고, 자비하시고 의로우시고, 오래 참으신다는 것, 더 나아가서 영원히 하나님께서 우리의 구원자요 주님이라는 것이 불변이다.189) 하나님의 인격은 반석 같아서 우리가 영원히 믿고 의지할 수 있는 불변의 구원의 성이시다.

---

189) *KD III/4*, 120.

창조론

성서의 창조 이야기는 역사일까 신화일까? 바르트는 성서의 창조이야기에 대해 어떤 관점을 가졌을까? 그에 의하면 성서의 창조이야기는 사화(Sage)이다. 그러면 사화란 무엇일까? 바르트는 계약(Bund)이 창조의 내적 근거라고 하는 유명한 말을 남겼는데 이 말의 뜻은 무엇일까? 왜 창조세계를 그리스도의 은총의 빛 속에서 볼 수 있을까? 창조세계를 그리스도의 은총의 빛 속에서 보면 세상은 어떻게 달라지는 것일까?

사화(Sage)로서의 하나님의 창조 이야기

창세기의 하나님의 창조 이야기는 바르트에 의하면 사화(史話)이다. 바르트는 창세기의 창조 이야기를 독일어로 '자게'(Sage)로 칭했는데, 이 '자게'는 적합한 한국어 번역을 찾는 것이 쉽지 않다. 많은 경우 이

'자게'를 설화(說話)로 번역하고 있는데 가능성은 있지만 상당한 오해를 불러일으킬 가능성이 있다. 왜냐하면 한국어 설화는 옛날부터 구전되어 내려오는 이야기인데 역사성이 있는지에 대해 명확히 할 수 없는 특징의 단어이기 때문이다. 일반인들은 설화라고 언급하면 거의 역사성이 없는 옛이야기라고 생각한다. 그런데 바르트가 창조이야기를 '자게'로 표현했을 때의 의도는 철저하게 역사성을 담지하고 있다는 것을 의미한다. 창조 이야기인 '자게'는 역사적 사건에 대한 이야기이다. 바르트는 '자게'와 신화(Mythus)를 철저히 구별했는데, 그 구별의 핵심은 '자게'는 역사적 사실에 대한 이야기인데 반해 신화는 역사성이 없는 가공의 이야기라는데 있었다. "성서의 창조사화(Schöpfungssage)는… 하나의 역사로서의 창조에 대한 순수한 이야기"[190]이다. 그러나 신화는 "역사가 아니고"(keine Geschichte), 따라서 신화에는 참된 "창조주도 없고", "주님도 없다."[191]

성서의 창조 이야기가 철저하게 역사성을 담지하고 있다는 바르트의 주장 때문에 우리는 바르트가 표현한 '자게'를 사화로 번역하고자 한다. 바르트에 의하면 창조 이야기는 역사적 사건에 대한 이야기이다. 따라서 그것은 창조사화이다. 그런데 우리가 '자게'를 사화로 번역할 때 또 하나 유의해야 하는 것이 있다. 바르트는 창조 이야기가 역사적 사건에 대한 이야기라고 분명히 언급했지만 그때의 역사적(geschichtlich)이라는 표현은 오늘의 일반인들이 생각하는 역사적(historisch)이라는 표현과 구별된다는 점이다. 바르트는 독일어로 '게쉬히테'(Geschichte)와 '히스토리'(Historie)를 구별하고 있다. 바르트를 잘못

---

190) *KD III/1*, 95.
191) *KD III/1*, 93 192) *KD III/1*, 100.

연구하게 되면 '히스토리'가 일반역사이고 '게쉬흐테'는 특별한 역사인데 바르트가 말한 '게쉬흐테'로서의 역사는 일반 세속사에 속하지 않는다고 판단할 가능성이 있다. 이렇게 구별하면 바르트가 '게쉬흐테'로 구별한 창조 사건, 기적 사건 및 예수의 부활 사건 등은 일반 역사에서 밀려날 가능성이 생긴다. 바르트가 말하는 '히스토리'는 일반인들이 일반적으로 생각하는 역사라는 말은 옳은 말이다. 그런데 중요한 것은 이 역사는 일반인들이 갖고 있는 역사에 대한 어떤 전제를 갖고 있다는 점이다. 이 '히스토리' 속에 있는 역사에 대한 전제 가운데 바르트가 강력하게 비판하는 것은 초월적 차원이 결여되어 있는 역사 개념이다. 19C 자유주의 신학의 역사관의 결정적 오류는 바르트에 의하면 바로 이 초월적 차원의 결여이다. 이 초월적 차원의 결여 때문에 19C 자유주의 신학은 기적을 부정했다. 기적은 성서시대에도 일어났고, 지금도 일어나고 있다. 그러므로 이 기적은 역사이다. 그러나 세상 사람들이 갖고 있는, 자기들이 스스로 만든 역사 개념으로는 이 기적은 받아들여지지 않는 신화이다. 바로 이런 까닭에 19C의 자유주의 신학은 창조 이야기는 신화로, 예수의 기적과 부활도 신화로 규정한 것이다.

바르트가 언급하고 있는 '게쉬흐테'는 초월적 차원이 결합되어 있는 역사이다. 즉 하나님과의 '직접적'(unmittelbar) 관계를 향해 열려있는 역사이다. 그것은 세상 밖에 있는 특별한 역사가 아니고 세상 속에서 하나님과 더불어 일어나는 역사이다. 따라서 이 역사가 참 역사이다. 하나님과의 직접적 관계를 거절하고 있는 세상의 역사(Historie)는 인간 상호간의 관계를 설명함에는 어느 정도 성공할 수는 있어도 세상의 역사의 실체를 완전히 드러내지는 못한다. 세상의 역사의 실체를 완전히 드러내는 역사는 '게쉬흐테'이다. 바르트가 예수의 부활이 '게쉬흐테'의 영역에 속한다고 했을 때, 이를 곡해하는 사람들은 바르트가 부활을 '히스토리'의 영역에 속하지 않는다고 언급하며 부활을 부정했다고 주장하는데 이는 바르트 연구의 부족에서 나온 평가이다. 바르트에 의하면 예수의 부활은 19C의 자유주의 신학자들의 역사개념으로는 납득되지 않는 신화겠지만, 그것은 참으로 역사 속에 일어난 역사였고, 바로 그 속에 세계 역사의 참 비밀이 숨겨져 있다.

하나님의 창조 역시 역사이다. 하나님께서 말씀으로 세상을 창조하신 것은 세상의 역사 개념으로는 신화일 것이다. 그러나 바르트는 하나님의 천지창조는 신화가 아니고 철저히 역사적 사건이고, 세계 역사가 시작되는 바탕을 마련한 전 역사(Prähistorie)로서의 역사적 사건으로 본다. 하나님의 천지창조는 하나님과의 직접적 관계가 그 중심에 있는 역사이다. 그것은 세상의 사물 사이의 인과관계를 기초로 해서 초월적인 존재의 개입을 거부하는 세상의 역사 개념으로 보면 '비역사적'(unhistorisch)이다. 왜냐하면 천지창조는 초월적인 하나님의 직접적인 개입에 의해 이루어진 역사이기 때문이다. 바르트에 의하면 천지창조는 하나님의 직접적(unmittelbar) 개입이 그 특징이다. 하나님의 천지창조에는 어떤 다른 도구의 개입이 없다. 하나님은 말씀으로 모든 것을 창조하셨다. 그리고 이 창조는 철저히 하나님에 의해 일어난 사건이고, 그런 까닭에 철저히 역사이다.

그러므로 바르트에 의하면 하나님의 천지창조를 보도하는 창세기의 이야기를 신화의 범주에 넣으면 안 되고 사화(Sage)의 범주에서 읽어야 한다. 사화는 일어난 역사적 사건을 "시적으로"(dichterisch) 표현하

---

192) *KD III/1*, 100.

는 이야기이다.[192] 바르트에 의하면 천지창조를 보도하는 저자는 이 창조의 역사를 "예지하고"(divinatorisch), 이를 시적으로 표현했다.[193] 그런 까닭에 천지창조를 보도하는 창조사화는 특별한 문학적 양태를 지니고 있는 이야기이다. 그것은 일어난 사건을 후대의 저자가 하나님의 특별한 감동으로 이를 "예지하고 - 시적으로"(divinatorisch - dichterisch) 표현한 이야기이다.[194]

그런데 천지창조를 보도하는 창세기의 창조사화는 특정한 지리적 역사적 배경을 갖고 있다. 예컨대 창세기 1장의 창조사화는 홍수가 자주 범람하는 바벨론 지역을 배경으로 하고 있다. 창세기 1장 6절에서 7절의 하나님께서 궁창 위의 물과 궁창 아래의 물로 나누었다는 기사는 두 개의 바다 개념이 전제되어 있다. 즉 하늘에 있는(궁창 위에 있는) 바다와 땅에 있는 바다가 그것이다. 하나님께서는 하늘에 있는 바닷물이 땅으로 쏟아지지 않도록 거대한 둑을 건축하셨는데 바로 이것이 궁창이다. 그런 까닭에 궁창은 하나님께서 만드신 투명한 거대한 건축물이다. 우리는 이 본문을 이해하기 위해 창세기 1장이 기록된 바벨론 지역의 상황을 생각해야 한다. 바벨론 지역은 티그리스 강과 유프라테스 강이라는 거대한 두 개의 강으로 둘러싸여 있는 지역이다. 이 지역에서 가장 무서운 일은 강의 범람이다. 홍수가 시작되어 거대한 두 강이 범람하면 인간의 생존의 터전은 한 순간 없어진다. 바벨론 지역에서의 물의 범람은 인간이 통제할 수 없는 적이고 인간의 삶을 철저히 파괴시키는 폭력적 현실이다.

하나님께서 궁창을 만드시고 물을 궁창 위에 가두신 것은 놀랍고 놀

---

193) *Ibid.*
194) *KD III/1*, 88.

라운 하나님의 구원의 행위이다. 궁창을 만드신 하나님의 창조행위는 바르트에 의하면 혼돈의 현실을 파괴시키고 생명의 질서를 만드시는 하나님의 행위이다. 궁창은 하나님의 권능의 계시이다. 물론 오늘의 자연과학적 시각으로는 궁창은 하늘에 존재하지 않는다. 그러나 창세기 1장의 창조사화를 이해함에 있어서 오늘의 자연과학적 세계관을 투영하면 안 된다.[195] 창세기 1장의 창조사화는 홍수가 범람하는 바벨론 지역의 당시의 우주관 속에서 하나님의 창조를 설명하고 있다는 점을 유념해야 한다. 궁창은 무질서와 혼돈의 현실을 무(無)로 만드시는 하나님의 권능의 계시이다. 바벨론 지역에서 많은 물은 저항할 수 없는 파괴적 권능이다. 그런데 이 파괴적 현실이 하나님의 창조에 의해 하늘에 갇히게 된 것이다. 궁창은 위험을 무로 만들고 통제하는 하나님의 권능이다.[196]

바르트는 창세기 1장 9절에서 10절의 땅의 물을 한 곳에 모이게 해서 바다를 만드신 것 역시 같은 시각을 나타내는 것으로 보고 있다. 땅과 바다를 나누는 것은 인간의 삶의 영역을 만드시는 하나님의 은총의 행위이다. 하나님께서는 물이 한 곳으로 모이도록 명령하셨고, 이 하나님의 명령과 권능에 의해 인간의 삶의 영역과 터전이 마련되었다. 창세기 1장의 창조사화는 인간의 삶의 영역과 터전이 모두 하나님의 능력의 말씀에 의해 만들어졌다는 것을 전하는 하나님의 말씀이다. 하나님의 권능의 말씀에 의해 물은 한 곳에 모이게 되었고 하나님께서 원하시고 의도하셨던 인간이 거할만한 견고한 땅이 만들어졌다는 것이 이 본문이 전하는 하나님의 말씀이다.[197]

195) *KD III/1*, 155.
196) *KD III/1*, 151-158.
197) *KD III/1*, 158-161.

바르트에 의하면 천지창조를 보도하는 창세기의 창조사화는 특정한 지리적 역사적 배경만 가지고 있는 것이 아니고 특정한 종교사적 배경도 지니고 있다고 본다. 창세기 1장의 창조사화는 바벨론이라는 지리적 역사적 배경만 있는 것이 아니고 바벨론의 창조신화인 에누마 엘리쉬(Enuma elisch)를 비롯한 종교적 신화들이 그 배경에 있다. 바르트는 창세기 1장이 에누마 엘리쉬를 비롯한 종교적 신화가 그 배경에 있다는 것을 부정하지 않는다. 그런데 중요한 것은 바르트가 창세기 1장을 어떻게 보느냐 하는 신학적 시각이다. 창세기 1장이 바벨론의 창조신화인 에누마 엘리쉬의 영향에 의해 생겨난 창조신화로 보느냐의 문제는 바르트 앞에 놓인 커다란 신학적 과제였다. 창세기 1장에 대한 종교사적 연구는 창세기 1장의 창조 이야기가 바벨론이 창조신화인 에누마 엘리쉬의 영향을 빼고는 설명이 쉽지 않다는 시각을 나타내고 있었다. 만약 창세기 1장이 바벨론의 창조신화인 에누마 엘리쉬의 영향에 의해 쓰인 창조신화라면 성서의 창조기사의 독특성과 유일성은 그 순간 무너지게 되고 성서본문의 경전성에 대한 문제도 심각한 도전 앞에 서게 된다.

이 문제에 대한 바르트의 답은 창세기 1장의 창조사화는 결코 바벨론의 창조신화에 영향을 받아 탄생한 창조 이야기가 아니고, 바벨론의 창조신화를 비롯한 주변종교의 창조신화와의 대결적 관점에서 쓰인 창조사화라는 것이다. 그에 의하면 에누마 엘리쉬와 창세기 1장은 "비평적"(kririsch)이고 "논쟁적"(polemisch)인 관계에 있다.[198] 이 말의 뜻은 창세기 1장은 바벨론의 창조신화나 주변종교의 창조신화를 비판하고 바른 창조에 대한 신학적 시각을 보여주기 위해 기록되었다는

---

198) KD III/1, 98.

뜻이다.

그러면 바르트가 언급하고 있는 대결적이고 비평적 시각이란 구체적으로 무엇일까? 바르트에 의하면 바벨론의 창조신화인 에누마 엘리쉬에는 다신이 전제되어 있다. 에누마 엘리쉬에서 세상을 창조하는 신인 마르둑(Marduk)은 천상천하의 유일한 신이 아니고 신들 간의 싸움에서 승리한 신일 뿐이다. 즉 마르둑은 신들 간의 싸움에서 승리한 승자이다. 그런데 성서의 창조사화에는 다신이 존재하고 있지 않다. 오직 하나님만이 신이시다. 이 신의 유일성(Singularität)에 대한 시각은 에누마 엘리쉬의 창조신화와는 근본적으로 구분되는 시각이다. 더 설명하면 창세기 1장에는 신들 간의 싸움도 없고 신들 사이에 위계질서도 없다. 에누마 엘리쉬에는 신들 사이의 싸움이라는 특성이 전체를 지배하고 있다.

바르트에 의하면 성서의 창조사화와 바벨론의 창조신화는 상호갈등관계에 있는 두 개의 창조 이야기이지 자유주의 신학자들의 관점인 종교사적인 영향 속에 공존하고 있는 이야기가 아니다. 창세기 1장의 창조사화는 하나님의 권능의 말씀이 전체를 지배하는 대표적 특성이다. 즉 하나님은 말씀으로 천지를 창조하셨고 말씀으로 빛이 있으라 하니 빛이 존재하게 되었다. 바벨론의 창조신화인 에누마 엘리쉬에서는 마르둑이 힘겨운 싸움 끝에 여신 티아맛(Tiamat)을 죽여 그 몸을 갈라서 세상을 만들었다. 이 힘겨운 싸움과 권능의 말씀 사이에는 엄청난 차이가 있다. 에누마 엘리쉬의 신은 결코 완전하지 않다. 서로 동맹을 맺고, 도망가고, 겨우 이기고, 또 죽이고 하는데 이는 피조물과 같은 운명을 지닌 신이다. 이와 같은 신은 바르트의 시각에 의하면 인간

199) *KD III/1*, 96.

이 자신의 모습을 투사해서 만든 신일 뿐이다.[199] 창세기 1장의 창조사화는 위와 같은 가짜 신을 몰아내고 참 하나님의 "주권적"(Souveränität)인 천지창조를 선포하는 이야기이다.[200]

바르트에 의하면 에누마 엘리쉬에 나오는 여신 티아맛은 혼돈(Chaos)의 신인데 홍수의 범람과 연계되어 있는 신이다. 창세기 1장 2절의 토후(tohu)라는 혼돈을 의미하는 단어는 분명 티아맛과 연계되는 단어이다. 그런데 하나님은 에누마 엘리쉬에서처럼 티아맛과 힘겨운 싸움에서 승리해서 그 티아맛의 몸을 갈라서 세상을 창조한 것이 아니다. 하나님은 권능의 말씀으로 혼돈의 세계를 없애고, 권능의 말씀으로 하늘에 궁창을 만드시고 물을 통제하셨다. 창세기 1장은 물을 배경으로 하는 혼돈의 세계가 배경으로 자리 잡고 있고, 이는 모두 바벨론이라는 지리적 역사적 정황과 에누마 엘리쉬라는 바벨론의 창조신화와 관련을 맺고 있다. 창세기 1장을 바로 이해하기 위해서는 이 배경에 대한 이해가 중요하다. 그러나 이 배경에 대한 이해가 창세기 1장의 창조사화의 본질을 왜곡하는 단계로 나가면 안 된다. 창세기 1장은 바벨론이라는 지리적 역사적 정황과 바벨론의 창조신화를 배경으로 하고 있지만 철저히 그 창조신화와 대결하면서 진짜 창세기를 기술하고 있는 것이다. 창세기 1장의 창조사화가 진짜 창세기이다. 에누마 엘리쉬는 가짜 창세기일 뿐이다.

첫째 날 창조하신 빛의 창조 역시 이 문제와 관련해서 매우 중요하다. 성서의 창조사화는 해와 달과 별을 창조하기 이전에 하나님께서 빛을 먼저 창조하셨다고 선언하고 있다. 해와 달과 별은 수많은 신화에서 신적인 존재로 추앙받고 있다. 특히 태양은 많은 종교에서 신으

200) *KD III/1*, 78.

로 경배되고 있다. 왜 태양이 신으로 경배되고 있을까? 그것은 태양이 어둠을 몰아내고 빛을 비추기 때문일 것이다. 즉 태양이 빛의 근원이기 때문에 태양은 신적인 존재이고 많은 경우 태양은 으뜸가는 신이기도 하다.

그런데 바르트는 창세기 1장의 창조사화가 태양을 창조하기 이전에 빛을 창조했다고 선언하는 점에 유의해야 한다고 주장하고 있다.[201] 성서의 창조사화는 태양을 빛을 발하는 근원으로 설명하고 있는 것이 아니고 하나님께서 창조하신 빛을 전달하는 도구로 설명하고 있다는 것이다. 태양은 어둠을 밝히는 램프처럼 빛을 전달하는 하나님의 하나의 피조적 도구일 뿐이다. 빛을 태양보다 먼저 창조했다고 선언하는 성서의 창조사화는 너무나도 놀랍고 창조사화의 계시적 차원을 읽을 수 있는 측면이라고 주장하고 있다.[202]

성서의 창조사화는 태양을 빛을 전달하는 존재로 인식하고 있을 뿐만 아니라 하늘의 궁창에 묶여있는 하나의 피조적 도구라고 선언하고 있다. 이 피조적 도구는 자신이 세상의 길흉화복을 결정할 힘을 갖고 있는 것이 아니고 단지 세상의 낮과 밤을 나누고 날짜를 정하는 시계와 같은 존재라고 선언하고 있다. 바벨론의 종교와 애굽의 종교와는 극단적으로 대비되는 성서의 창조사화의 위대성이다. 성서의 창조사화가 해와 달과 별은 신적 존재가 아니고 단순한 피조물에 불과하고 하나님께서 창조하신 세계에서 하나님의 목적을 위해 사용되는 도구라고 선언하고 있는 것은 당시의 종교적 정황에서는 매우 놀라운 선언이다. 뿐만 아니라 성서의 창조사화는 당시의 종교세계 속에 크게 유

---

201) *KD III/I*, 132-137.
202) *KD III/I*, 134.

행했던 점성술에 대해서도 하등의 가치를 부여하고 있지 않다. 왜냐하면 하늘의 별 역시 태양과 더불어 빛을 전달하는 단순한 도구에 불과하기 때문이다. 그러므로 창세기 1장의 창조사화는 바벨론이나 다른 종교의 창조신화를 모방해서 일부 수정한 신화가 아니고 철저히 바벨론이나 다른 종교의 창조신화를 거부하고 이것과 논쟁을 벌이면서 하나님의 참된 천지창조를 설명하고 있는 진정한 창세기이다.

창조(Schöpfung)와 계약(Bund)

창조의 내적 근거로서의 계약

바르트에 의하면 계약이 창조의 내적 근거이다.[203] 이 말의 뜻은 무엇일까? 이 말은 하나님께서 세상과 인간을 창조하신 이유가 하나님의 사랑 때문이라는 뜻이다. 하나님께서는 인간과의 사랑의 사귐을 원하셔서 세상을 창조하셨다는 말이다. 하나님께서는 인간과 대화하시고 인간과 관계를 맺으시고 인간의 진정한 파트너가 되시기를 원하신다. 이 하나님의 말할 수 없는 사랑이 예수 그리스도 안에서 계시되었다. 하나님께서는 예수 그리스도 안에 계시된 놀라운 사랑으로 세상을 창조하셨고, 예수 그리스도 안에 나타난 그 사랑이 마침내 승리해서 인간들이 이 하나님의 사랑에 말할 수 없는 찬양과 사랑과 감사를 놀리는 날을 기다리고 계신다. 이런 까닭에 바르트에 의하면 예수

---

203) *KD III/1*, 258-377.
204) *KD III/1*, 263.

그리스도는 창조의 시작이자 목적이다.204)

계약이 창조의 내적 근거라면 창조는 계약의 외적 근거이다. 예수 그리스도 안에 계시된 하나님과의 말할 수 없는 사랑의 기쁨의 사귐이 성취되려면 세상과 인간의 창조는 필수적이다. 세상과 인간이 없이 어찌 이 말할 수 없는 사랑의 기쁨의 사귐이 가능하겠는가? 바르트가 창조가 계약의 외적근거라고 하는 말은 계약이 성취되기 위해서는 창조라는 외적 형태가 필수적이라는 말이다. 하나님께서는 사랑이 넘치는 기쁨의 세계를 건설하기 위해서 인간과 세상을 창조하였다.

에베소서 5장 23절에서 33절의 남편과 아내와의 사랑의 관계가 그리스도와 교회와의 사랑의 관계에 비유된 말씀은 바르트 창조론 이해에 매우 중요하다. 바르트에 의하면 야훼 하나님과 이스라엘과의 관계는 남편과 아내와의 관계 속에 투영되어 있다.205) 남편과 아내와의 사랑의 기쁨은 하나님과 인간과의 사랑의 기쁨의 유비이다. 하나님의 창조사역의 궁극적 목적이 남자와 여자 사이의 사랑 속에 유비적으로 투영되어 있다는 것이다. 그런 까닭에 창세기 2장의 창조사역의 절정은 바르트에 의하면 아담이 하와를 보면서 기뻐하며 "이는 내 뼈 중에 뼈요 살 중에 살이로다"(창2:23) 언급하는 장면이다.

하나님의 창조가 예수 그리스도 안에 맺혀진 계약에 근거하고 있기 때문에 창조세계는 하나님의 긍정의 빛 속에 있고 하나님은 처음부터 인간을 위한 하나님으로 존재하고 계셨다. 하나님께서 원하시는 것은 인간이 이 하나님의 은총을 깨닫고 하나님의 사랑을 받고 하나님의 도우심을 받아 예수 그리스도 안에 계시된 은총의 세계로 나아가는 것이다. 그런데 중요한 것은 하나님의 창조가 계약에 근거하고 있다는 이

---

205) *KD* III/1, 367.

사실은 일반인들에게 보여지는 진리가 아니라는 점이다. 바르트에 의하면 이것은 믿음의 진리이다. 창조주가 계시고, 이 창조주의 사랑에 의해 천지가 창조되었고 이 창조주께서 창조하신 궁극적 목적이 있다는 사실은 말씀과 성령이 아니고는 일반인들이 알지 못한다. "믿음으로 모든 세계가 하나님의 말씀으로 지어진 줄을 우리가 아나니"(히 11:3). 바르트에 의하면 말씀과 성령이 없이는 창조가 어디서 시작되었으며 어떤 방향과 목적을 갖고 있는지 모른다. 창조주께서 계시고 예수 그리스도 안에서 맺어진 계약이 창조의 근거이자 목적이라는 사실은 객관적인 진리이지만, 믿음의 진리이다. 그리스도 밖에 있는 자들에게는 창조세계에 대한 이해에 있어서 오류는 불가피하다.[206] 창조의 진실은 계약이고, 하나님의 은총이고, 창조세계를 향한 하나님의 무한한 긍정(Ja)이지만 이 놀라운 사실은 아직 세상 속에서는 비밀로 존재하고 있다. 계약이 창조의 내적 근거이고 이것이 객관적 진실이지만 세상이 이를 알지 못하고 있기 때문에 진실이 아닌 어떤 것이 등장하는데 이것이 바르트 창조론에서 또 하나님의 중요한 주제인 무(Das Nichtige)이다. 그에 의하면 무는 대단히 위험하고 선한 창조세계를 심각하게 파괴시킬 수 있는 힘을 가지고 있다.

예수 그리스도 안에서 창조된 세상

바르트의 창조론의 가장 큰 특징은 하나님께서 예수 그리스도 안에서 세상을 창조하셨다는 가르침이다. 예수 그리스도 안에 나타난 은총이 창조의 비밀이라는 바르트의 가르침은 매우 획기적인데, 전통적

---

[206] E. Busch, *Die grosse Leidenschaft*, 193-194.

으로 내려오던 창조계시와 그리스도 계시를 나누던 그리스도교의 전통을 뒤엎는 충격의 가르침이었다.

개신교 정통주의 신학은 창조계시와 그리스도 계시를 나누었다. 이를 다른 말로 표현하면 일반계시와 특별계시로 나누는 나눔이다. 많은 한국 교회에서 타종교에 구원이 없다고 주장할 때 그 배후에는 일반계시와 특별계시를 나누는 구별이 존재하고 있다. 일반계시인 창조세계를 통해 인식될 수 있는 하나님은 율법의 신인데, 이 율법의 신의 인식으로는 결코 구원에 이를 수 없다는 것이다. 율법으로는 구원에 이를 수 없다는 사도 바울의 가르침이 이를 잘 설명하고 있다는 것이다. 율법으로는 구원에 이를 수 없고, 구원에 이르는 길은 오직 은총을 통해서인데, 곧 특별계시이신 예수 그리스도를 알고 믿는 길이 구원에 이르는 길이라는 주장이다. 이와 같은 중요한 주장 배후에는 창조계시와 그리스도계시를 나누는 정통주의 신학의 체계가 존재하고 있는 것이다.

그런데 바르트는 이 거대한 체계를 뒤엎은 것이다. 요한복음을 비롯한 성서의 증언들은 예수 그리스도를 통해 세상이 창조되었다고 가르치고 있다.[207] 말씀을 통하지 않고 창조된 것은 아무 것도 없다. 창조의 근거는 계약이고 은총이다. 그런 까닭에 바르트는 "창조가 은총이다"(Schöpfung ist Gnade)[208]라고 간단히 요약했다.

그에 의하면 창조는 선한 것이다. 그것은 하나님의 선하심의 표현이고 은총의 나타남이지, 세상을 심판하는 율법의 신의 흔적이 아니다. 인생은 일장춘몽이라든지, 세상은 허무일 뿐이고 실상은 없는 것

---

207) 요1:3; 골1:16; 히1:3 등
208) K. Barth, *Dogmatik im Grundriss*(Zürich: Theologischer Verlag, 1979), 62.

이라는 등의 가르침은 창조세계를 제대로 본 가르침이 아니다. 세상을 버리고 열반의 세계를 추구하는 아시아 종교의 정신은 창조신앙과 충돌된다.[209] 세상을 비관적으로 염세적으로 보는 모든 사상은 창조주 하나님에 대한 신앙과 대립되어 있다. 세상을 비관적으로 염세적으로 보지 않더라도, 세상을 비관과 낙관이 섞인 어떤 것으로 보는 것 역시 그리스도 안에서 세상의 창조를 가르치는 그리스도교의 창조신앙과 대립된다. 계약이 창조의 내적 근거라는 말은 창조세계가 은총의 빛 속에 있다는 말이고, 하나님의 무한한 긍정(Ja)의 빛 속에 있다는 말이다.

창조세계가 하나님의 무한한 긍정의 빛 속에 있기 때문에 인간의 존재 역시 하나님의 무한한 긍정의 빛 속에 있다. 바르트에 의하면 인간은 하나님의 언약의 파트너이고, 왕같은 존재(Der königliche Mensch)이다. 인간에 대한 모든 염세적 사상은 인간에 대한 심각한 오류이다. 이런 염세적 사상들은 인간이 예수 그리스도 안에 있고 예수 그리스도 안에서 시작해서 예수 그리스도 안에 있는 계약의 완성을 향해가는 존재라는 인간존재의 비밀을 모르는데서 나온 것들이다. 예수 그리스도를 모르면 인간존재의 비밀도 모르고, 창조세계의 참모습도 모른다.

예수 그리스도 안에 있는 인간은 하나님의 은총과 세상의 아름다움 속에 싸여있는 존재이다. 그런 까닭에 인간의 본질은 감사(Dankbarkeit) 속에 있는 존재이다. 인간은 자신의 상황을 바르게 깨달을수록 가슴 속에서부터 솟아오르는 감사를 억제할 수 없다. 하나님의 창조의 목적도 바로 여기에 있다. 감사로 가득 찬 세상이 하나님의 창조의 목적이다. 예배의 본질도 하나님께 대한 감사이다. 현재 교회 속에 있는 하

---

209) *Ibid.*, 60.

나님에 대한 감사는 우주적 영역으로 확대되어야 한다. 세상이 하나님에 대한 감사와 하나님의 영광으로 가득 찬 세상이 되는 것이 하나님의 창조의 궁극적 목적이다. 그리고 바로 여기에 바르트에 의하면 인간의 책임(Verantwortlichkeit)이 존재한다.

하나님께서 예수 그리스도 안에서 세상을 창조하셨고, 창조계시와 그리스도 계시를 나누는 나눔은 잘못되었다는 바르트의 가르침을 가톨릭 신학자 칼 라너(K. Rahner)가 계승한 것으로 보인다. 라너는 바르트와 마찬가지로 자연과 은총을 나누던 가톨릭교회의 전통적 체계를 뒤엎고 그리스도를 통한 창조라는 바르트적 사상을 정당한 것으로 받아들였다. 라너는 여기에서 그의 유명한 익명의 그리스도인 이론을 발전시켰는데, 익명의 그리스도인 이론은 자연과 은총으로 나누는 신학적 체계와는 근본적으로 대립된다. 타종교의 구원의 가능성을 열 수 있는 길은 타종교인들이 창조계시를 통해 그리스도의 은총을 경험할 가능성이 있어야 하는데 자연과 은총으로 나누는 신학적 체계로는 불가능하기 때문이다. 라너에 의하면 모든 인간은 태어날 때부터 그리스도의 은총을 경험할 가능성이 있다. 그 이유는 모든 인간이 그리스도 은총에 의해 선험적으로 접맥되어 있기 때문이다. 라너는 이 그리스도의 은총을 경험하고 또한 이를 나누어주는 사람들을 익명의 그리스도인이라고 칭했는데, 이 익명의 그리스도인은 고등종교 속에 많이 있다고 보았다.

바르트와 라너는 모두 창조계시와 그리스도 계시 혹은 자연과 은총을 나누던 개신교회와 가톨릭교회의 뿌리 깊은 전통을 뒤엎는데 공통점이 있다. 그러나 바르트는 라너와는 달리 타종교를 긍정적으로 혹은 낙관적으로 보지 않았다. 라너는 타종교를 상대적 가치를 갖는 구원의 길로 인식한데 비해, 바르트 신학 속에는 이와 같은 긍정적 평가를 찾기 어렵다. 오히려 앞에서 언급했듯이 바르트는 열반의 세계를 찾는 아시아의 종교를 그리스도교의 창조신앙에 대립되는 어떤 것으로, 부정적인 것으로 평가하고 있다. 왜 바르트는 타종교를 긍정적으로 보고 있지 않을까? 그리스도 안에서의 창조가 성서적 가르침이라면 창조세계 속에 그리스도의 은총이 빛나고 있다고 볼 수 있을 것이고, 타종교도 은총에 접맥될 가능성이 충분히 있다고 보아야 하지 않을까?

이 문제에 대한 답은 바르트가 무(Das Nichtige)의 존재에 대해 매우 심각하게 생각하고 있는 것과 관련되어 있다. 이 무는 하나님께서 창조하신 것이 아니다. 이 무의 표출이라고 볼 수 있는 죄, 죽음, 지옥 등은 하나님의 창조가 아니다. 그런데 하나님의 창조는 처음부터 이 무에 의해 둘러싸여져 있다. 이 무의 존재근거는 역설적이긴 하지만 하나님의 원치 않음에 근거하고 있다. 존재하는 것은 존재하지 않음의 위협 속에 있는데 바로 이 존재하지 않음이 무이고, 이 무는 하나님께서 원치 않는 것이다. 이 무의 의인화된 성서적 표현은 마귀이다. 바르트는 무의 활동의 심각성과 이에 상응하는 인간의 죄의 심각성 때문에 인간은 하나님의 존재와 하나님의 은총 및 세상과 인간존재의 긍정성을 인식하지 못한다.

바르트에 의하면 예수 그리스도에 대한 바른 지식과 신앙이 없으면 세상은 잃어버린 세상이 된다. 세상은 무에 의해 사로잡히고, 십자가에서 영원히 폐기된 하나님의 부정(Nein)이 세상 속에 뚜렷이 그 모습을 드러내게 된다. 그에 의하면 하나님의 긍정(Ja)이 세상의 참 모습이지만 세상은 하나님이 원치 않는 하나님의 부정(Nein)의 그늘 밑에 존재한다. 바르트가 타종교에 대해 긍정을 표하고 있지 않는 이유가 여기 있다. 바르트는 창조세계 속에 하나님의 긍정이 빛나고 있다는 것을 파악한 훌륭한 신학자였지만, 동시에 성령과 예수 그리스도에 대한 믿음을 부인한 세계에는 무의 힘이 세상을 지배하고 있다는 현실 역시 파악한 훌륭한 신학자였다. 이런 까닭에 바르트는 예수 그리스도에 대한 신앙과 성령의 활동 외에 인간과 세상과 하나님에 대한 바른 지식이 있다는 것에 대해 회의를 가지고 있었다. 라너와 바르트는 창조계시와 그리스도 계시 혹은 자연과 은총으로 나누는 신학적 전통을 부정하고 그리스도 안에서 창조세계를 바라보는 동일한 신학적 체계를 갖고 있었지만 타종교에 대해 라너는 상대적으로 낙관적으로 이해했다면 바르트는 세상 속에 존재하는 무의 힘의 심각성 때문에 타종교에 대한 낙관론을 경계했다고 볼 수 있다.

하나님의 형상으로서의 인간

바르트의 인간론, 특히 하나님의 형상으로서의 인간에 대한 교리는 매우 관심을 끄는 교리이다. 바르트는 남자와 여자와의 사랑의 관계를 하나님의 형상으로 이해했다. 어거스틴 이래로 서방 기독교의 신학 전통은 인간의 영적 특징을 하나님의 형상으로 이해해왔다. 이 이해에 따르면 인간의 영혼이 하나님의 형상이지 인간의 육체는 하나님의 형상이 아니다. 어거스틴은 육욕을 죄의 근원으로 보았기에 인간의 육체를 결코 하나님의 형상으로 볼 수 없었다. 육욕의 죄의 근원인 인간의 육체가 하나님의 형상이 아니고, 영적인 세계를 감지하고 하나님의 뜻과 말씀을 인식하고 분별하는 인간의 영혼이 하나님의 형상이다. 이 어거스틴의 하나님의 형상 이론에 근거해서 서방 기독교 전통 속에 많은 영성신학이 발전하게 되었는데, 이 영성신학들은 일반적으로 영혼의 깊은 곳에서 하나님을 만나고 경험할 수 있다는 특징을 갖고 있다. 육체를 억압하고 영혼 속에 깊이 침잠할 때 혹은 영혼의 칠층산꼭대기에서 하나님을 경험한다는 등의 영성신학은 모두 어거스틴적인 신학전통을 공유하는 영성신학이다. 이 영성신학들은 모두 인간의 육체성, 혹은 세상의 빛나는 아름다움 속에서 하나님을 경험하는 영성신학이 아니고, 인간의 육체나 세상의 아름다움을 거부하는 곳에서, 더 정확히 언급하면 인간의 육체나 세상의 아름다움을 억누르고, 세상에 등을 돌리고, 영혼의 깊은 골짜기 속에서 하나님을 경험할 수 있다고 가르치는 영성신학들이다.

그러나 이와 같은 영성신학들은 그 근본적인 전제에 큰 문제점을 안고 있다. 그 큰 문제점은 성서가 인간의 육체성을 부정적으로 보고 있지 않다는 점과 관련되어 있다. 바울에 의하면 인간의 몸은 하나님이 거하시는 성전이다. 살인과 이간질과 다툼과 미움과 우상숭배 등 모든 악의 진정한 근원은 인간의 육체가 아니고 인간의 영혼이다. 성서가 언급하는 육에 속한 인간은 마귀의 세력에 사로잡힌 인간이지, 육체를 폄하하는 의미를 갖고 있는 용어가 아니다. 어거스틴이 하나님의 형상에 대한 교리를 설명하면서 인간의 육체를 제거하고 영혼만을 하나님의 형상으로 가르친 것은, 그 근원이 성서에 있는 것이 아니고 마니교 사상과 신플라톤주의 철학에 있었다. 어거스틴은 마니교와 신플라톤주의에 상당한 영향을 받았던 사람인데 이 둘 모두 인간의 육체를 저급하다고 보는 공통적 특징을 갖고 있다. 어거스틴은 마니교와 신플라톤주의의 사상적 영향을 받아 성서의 하나님의 형상에 대한 본문을 성서적으로 해석하지 못하고, 자신도 모르게 마니교적으로, 신플라톤주의적으로 해석하는 오류를 범했다. 바르트는 인간의 육체를 저급하게 보는 모든 서방 기독교의 전통을 거부하고, 인간을 전인(全人)으로 이해했고, 육체를 바탕으로 형성되는 남자와 여자와의 사랑의 관계를 하나님의 형상으로 해석하는 놀라운 해석을 발전시켰다.

서방의 기독교 전통은 어거스틴과 헬라철학의 영향을 받아 남자와 여자 사이의 에로스적 사랑을 폄하했다. 이 폄하의 배후에는 육체를 매개로 하는 사랑은 저급하다는 비성서적 관점이 깊게 자리 잡고 있었다. 바르트는 이와 같은 서방의 기독교 전통을 그 근원에서 뒤집었다. 남자에게 여자가 없는 것, 반대로 여자에게 남자가 없는 것은 본질적으로 악마적(dämonisch)이다. 왜냐하면 인간의 본질과 신비는 더불어 사는 인간성(Mitmenschlichkeit)에 있는데 이 더불어 사는 인간성의 기본적 형태가 남자와 여자 사이의 사랑에 있기 때문이다.

바르트는 하나님의 인간성을 발견한 놀라운 신학자였고, 인간성 속에 깊은 신비와 기쁨이 있고, 하나님의 형상이 존재하고 있다는 것을 발견한 신학자였다. 휴머니즘의 진정한 본질은 더불어 사는 인간성이고, 남자와 여자 사이의 사랑의 기쁨이 휴머니즘의 핵심이다. 이 남자와 여자 사이의 사랑의 기쁨을 제거하거나 억압하는 것은 근본적으로 악마적일 수밖에 없고, 그것이 기독교 전통 속에 깊이 존재하고 있는 것은 사실이지만 그것은 비성서적이고 비복음적인 전통일 뿐이다.

남자와 여자 사이의 사랑의 관계는 삼위일체 하나님의 사랑의 관계의 유비이다. 그런 까닭에 남자와 여자 사이의 사랑의 관계는 삼위일체 하나님의 모습을 닮은 하나님의 형상이다. 바르트는 창세기 1장 26

절에서 28절의 하나님의 형상에 대한 해설에서 남자와 여자를 창조하셨다는 말씀의 깊은 의미를 강조했고, 창세기 2장 18절 이하의 본문에서 나오는 아담이 하와를 보고 기뻐하는 장면이 하나님의 창조사역의 절정으로 보았다. 남자와 여자 사이의 사랑의 기쁨이 삼위일체 하나님의 사랑의 기쁨의 유비이다. 바르트는 이 남자와 여자 사이의 사랑의 관계가 삼위일체 하나님 사이의 사랑의 관계를 닮았다고 해서 관계의 유비라 칭했다.

바르트에 의하면 하나님은 홀로 계신 하나님이 아니고 사랑 가운데 서로 교제하고 계신 하나님이시다. 성부와 성자와 성령 사이의 사랑의 교제가 하나님의 삶을 규정하는 개념이다. 하나님은 "사랑하시는 자이시고 사랑받는 자이시고, 영원한 사랑이시다. 바로 이 삼위일체성 속에 모든 나와 너의 관계의 원형과 샘이 존재하고 있다."[210] 남자와 여자 사이의 사랑의 원형과 샘은 하나님의 삼위일체성이다. 남자와 여자 사이의 사랑은 그리스도와 교회 사이의 사랑의 유비이고, 더 나아가서 성부와 성자 사이의 사랑의 유비이다.

남자와 여자가 서로 사랑하는 관계가 삼위일체 하나님의 사랑의 관계의 유비라는 바르트의 신(神) 형상 개념은 매우 가치 있고, 또한 매우 독특한 사상이다. 이는 신 형상 개념을 새롭게 정립하는 신학적 계기를 마련한 바르트의 중요한 업적으로 평가할 수 있다. 그러나 바르트의 가르침과 유사한 가르침이 기독교 역사 속에 전혀 없었던 것은 아니다. 특히 동방교회의 삼위일체론의 역사 속에서 우리는 유사한 가르침을 발견할 수 있다. 나치안즈의 그레고르(Gregor von Nazianz)는 최초의 가족이라고 볼 수 있는 아담과 하와와 셋의 관계를 삼위일체 하나

---

210) *KD* III/2, 260-261.

님의 지상적 유비로 이해했고, 또한 이를 가르쳤다. 그레고리에 의하면 인간 사이의 사랑의 공동체가 삼위일체 하나님께 상응하는 공동체이다. 남편과 아내와 자녀사이의 사랑의 사귐 속에 삼위일체 하나님은 인식되고, 또한 이 사귐 속에 삼위일체 하나님의 모습이 투영되어 있다.[211]

이와 같은 그레고리의 가르침은 독일의 경건주의자 친첸도르프(Zinzendorff)의 가르침 속에서도 일부 나타나는데, 특히 친첸도르프는 성령의 어머니직을 강조했다. 친첸도르프는 예수 그리스도의 아버지이신 성부 하나님은 참으로 우리의 아버지이시고, 예수 그리스도의 영이신 성령이신 하나님은 참으로 우리의 어머니이시고, 예수 그리스도께서는 참으로 우리의 형제이시다고 주장했다. 이와 같은 그레고리와 친첸도르프의 사상을 이어받아 몰트만은 인간의 온전한 공동체는 남자와 여자의 공동체인 동시에 부모와 자녀 사이의 공동체로 인식했다. 몰트만에 의하면 이성 간의 사랑의 사귐 속에 삼위일체 하나님의 사랑의 모습이 투영되어 있듯이 부모와 자녀 사이의 사랑, 넓게는 세대간의 사랑의 사귐 속에도 삼위일체 하나님의 사랑의 모습이 투영되어 있다. 몰트만은 인간 세상 속에서의 하나님의 형상은 이성 간의 사귐과 아울러 세대 간의 사귐 속에 존재하고 있다고 주장했다.[212]

20세기의 두 신학의 거장인 바르트와 몰트만의 인간의 신(神)형상론에 있어서 남자와 여자 사이의 사랑의 관계가 삼위일체 하나님의 사랑의 관계의 유비라는 점은 완전히 일치하고 있다. 둘 사이의 중요한 차이는 몰트만이 부모와 자녀 사이의 사랑의 관계 역시 삼위일체 하나님의

---

211) J. Moltmann, *In der Geschichte des dreieinigen Gottes*(München: Kaiser, 1991), 94.
212) *Ibid.*, 95.

사랑의 관계의 본질적인 유비라고 보는 데 반해, 바르트는 이를 반대하고 있는 점에 있다. 바르트는 인간의 신형상론의 본질인 더불어 사는 인간성의 근본 형태는 남자와 여자 사이의 사랑의 관계이고, 나머지 이웃과의 모든 사랑의 관계는 이 기본 형태의 발전 혹은 연장으로 보고 있다. 바르트는 다음과 같이 언급했다. "창세기 2장 18절 이하의 본문은 더불어 사는 인간성의 근원적이고 본질적인 모습으로 남자와 여자 사이의 더불어 사는 삶을 말하고 있을 뿐이지, 부모와 자식과의 관계나 형제자매나 친척이나 친구들이나 유럽 사람이나 아시아 사람이나 셈족이나 아리안족이나 노인이나 젊은이나 능력 있는 사람이나 능력이 모자라는 사람이나 또한 지배자나 지배받는 사람이나 이들에 대해서는 아무런 언급도 없다."[213] 바르트는 인간의 하나님 형상됨의 근원적 관계는 철저히 남자와 여자 사이의 사랑의 관계임을 강조했다. 그러나 바르트가 몰트만과는 달리 인간의 하나님의 형상됨의 근원적 형태를 남자와 여자 사이의 사랑의 관계에 한정시키고는 있지만, 그럼에도 불구하고 바르트 역시 자녀와 친구와 친척과 타민족과 이들 모두를 포함한 더불어 사는 인간성이 삼위일체 하나님의 모습에 상응한다는 점에 있어서는 몰트만과 완전히 일치하고 있다. 바르트도 자녀와 형제자매와 친척이나 친구들이나 세계의 여러 민족과의 사랑의 사귐의 중요성을 강조했다. 바르트에 있어서 이 모든 사랑의 사귐은 남자와 여자 사이의 사랑의 사귐의 발전이자 연장이다. 그런 까닭에 바르트와 몰트만의 인간의 하나님 형상됨에 대한 이해는 큰 틀로 보면 서로 일치하고 있다. 바르트와 몰트만은 모두 더불어 사는 인간성이 삼위일체 하나님의 사랑의 관계의 유비로 이해했고, 이런 이유로 인간의 더불어 사는 삶의 사

---

213) *KD* III/2, 353.

회적 실천으로 볼 수 있는 사회 민주주의를 두 신학자 모두 선호했다.

무(Das Nichtige)

무에 대한 바르트의 가르침은 매우 특이하다. 우선 무라는 표현이 전통적 신학 속에서 볼 수 없는 표현이다. 바르트가 무라고 표현한 것은 표현 그대로 없는 것이다. 그런데 왜 없는 것이 바르트의 「교회교의학」 속에 하나의 항목으로 크게 자리 잡고 있는가? 또한 「교회교의학」을 자세히 읽어보면 이 무는 인간의 힘으로 결코 이길 수 없는 매우 위험하고 무서운 것이다. 그러면 도대체 무란 무엇일까?

무에 대한 전통적 표현은 마귀이다. 성서가 마귀로 의인화해서 표현한 것이 바르트가 무라고 표현하고자 하는 것이다. 바르트는 그의 「교회교의학」에서 성서적 표현인 마귀 혹은 사단 등의 표현도 사용하고 있다. 그런데 바르트는 무라는 표현이 이 존재의 실체를 참으로 잘 나타내는 표현이라고 생각했기 때문에 「교회교의학」의 창조론 속에 "하나님과 무"라는 항목을 만들었다.[214]

바르트에 의하면 무는 하나님께서 창조하신 것이 아니다. 전통적으로 마귀는 타락한 천사로 이해되어왔지만 바르트는 이 이해를 거부했다. 왜냐하면 무는 하나님께서 창조한 어떤 것이 아니기 때문이다. 무는 하나님의 창조와 더불어 존재하기 시작한 이상한 어떤 것이다. 모든 존재는 비존재의 위협을 받고 있는데 바로 그 자리가 무가 존재하는 자리이다. 무는 없는 것인데 모든 존재의 경계 선상에 존재의 위협으로 존재하고 있다.

무는 하나님께서 원치 않는 것이다. 무의 존재론적 근거는 특이한

---

[214] *KD* III/3, 327-425.

표현이기는 하지만 하나님의 원치 않음 속에 있다. 이 무는 존재의 경계선상에 있다가 기회가 생기면 세상 속으로 들어온다. 죄는 무가 세상 속으로 들어오는 통로이자 무가 세상 속에 나타나는 양태이다. 질병과 죽음 역시 무가 나타나는 양태이다. 무는 도덕적 악만으로 제한되지 않는다. 무는 도덕적 악을 넘어서는 것으로 인간과 세상을 근원적으로 파괴시키는 무서운 힘이다. 바르트에 의하면 인간은 이 무의 힘을 이기지 못한다. 무는 대단히 위험하고 대단히 무서운 존재이다.

그러나 이 무는 십자가에서 철저히 파괴되었고 없어졌다. 바르트가 마귀를 무라고 표현하는 이유도 여기에 있다. 마귀는 더 이상 존재할 수도 없고 그 힘을 나타낼 수도 없다. 왜냐하면 십자가에서 철저히 심판받아 폐기되었기 때문이다. 예컨대 인간은 더 이상 비존재의 위협 속에 있지 않다. 모든 존재하는 것은 비존재의 위협 속에 있지만 그 비존재의 위협까지도 완전히 폐기되었다. 그 비존재의 위협은 이제 더 이상 없다. 왜냐하면 인간은 비존재로 없어지는 것이 아니라 그리스도의 은혜로 영원히 살도록 규정되었기 때문이다.

무는 하나님께서 폐기하신 것으로 존재한다. 무의 존재근거는 하나님께서 없애신 곳에 있다. 즉 십자가의 그늘이 이 무가 존재하는 자리인데 사실상 이 무는 없어졌고 있는 것같은 그림자만 있을 뿐이다. 그렇기 때문에 이것은 무일 뿐이고 그런 까닭에 바르트는 마귀라는 표현보다 무라는 표현이 가장 적절한 표현이라고 생각하고 있는 것이다.

그러나 이 무는 인간의 불신앙 속에서는 여전히 그 위험한 힘을 나타내고 있다. 인간이 영원히 사는 존재라는 사실을 믿지 못하는 사람들에게는 이 무는 대단히 위력적이고 인간을 죽음의 공포 속으로 몰아넣는다. 불신앙 속의 인간은 무의 나락으로 떨어지고 십자가에서 폐기된 무의 힘은 폐기되기 이전의 힘으로 인간과 세상을 사로잡는다. 은혜가 부정되는 곳에서 무는 자신의 세계를 만든다. 인간이 하나님을 거부하는 자리가 무가 들어오는 자리이고 무가 승리하는 자리이다.

무는 전도된 현실이다. 무에 대한 바른 인식은 예수 그리스도로부터 온다. 예수 그리스도께서 죄와 무에 대한 지식의 객관적 근거이고, 이 세상의 현실을 바르게 이해하는 객관적 근거이다. 예수 그리스도의 빛에서 보면 무는 오직 불가능한 가능성일 뿐이다. 그것은 지나가는 그림자일 뿐이다. 예수 그리스도에 대한 지식은 무에 대한 승리의 기쁨을 우리에게 준다.

무는 하나님께서 원치 않는 것이지만 이상한 방식으로 하나님을 섬기는 종이다. 인간은 이 무 때문에 하나님을 찾고 하나님께 감사하게 된다. 무는 전능하지도 영원하지도 않다. 무는 하나님의 부정(Nein) 속에 존재하면서 하나님을 섬긴다. 무는 자기를 폐기시킨 하나님을 영화롭게 하는 종이다. 무는 마침내 그림자처럼 사라지면서 하나님의 뜻을 이룬다. 무는 자기를 폐기시킨 하나님을 인간으로 하여금 찾게 하고 사랑하게 하면서 함께 선을 이루는 이상한 방식의 하나님의 종이다.

화해론

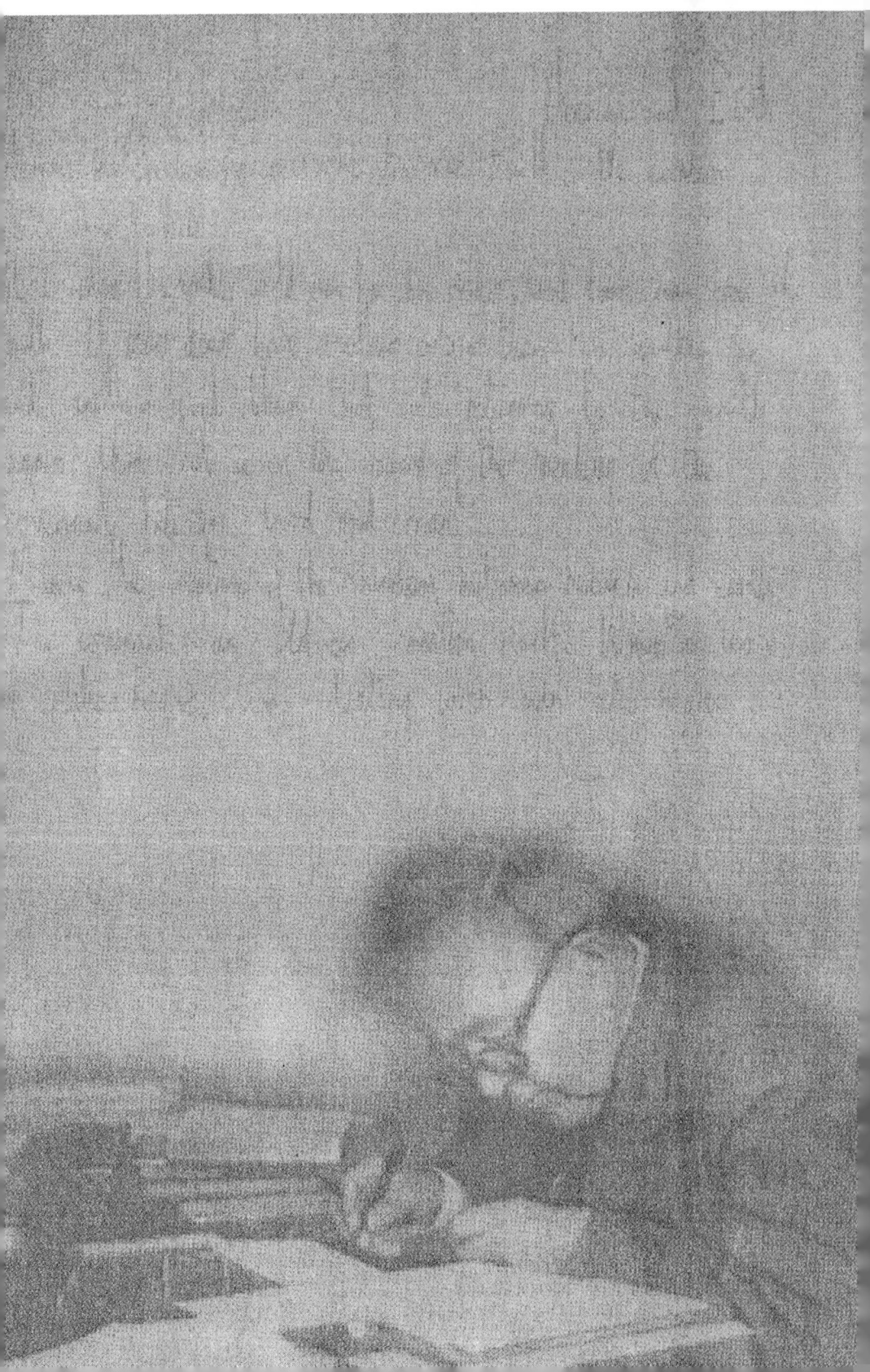

화해론

바르트의 화해론은 그의 「교회교의학」 13권 가운데 5권에 걸쳐서 쓰인 것으로 바르트의 교의학에서 가장 방대하고 또한 바르트 신학의 절정이라고 할 수 있는데, 전기의 투쟁적인 특징을 벗어나 원숙한 바르트의 모습을 읽을 수 있는 책이다. 그런데 이 화해론 가운데 특별히 놀라운 것은 그가 객관적 화해론을 주장하고 있다는 점인데, 이는 그 자체로도 매우 중요할 뿐만 아니라 그 이후 신학적 파장이 매우 큰 신학이론이었다. 또한 바르트가 화해론에서 발전시킨 죄론은 전통적인 죄론과 매우 다른 관점에서 접근한 이론인데, 죄론에 대한 매우 깊이 있는 신학적 이론으로 평가된다. 바르트는 화해론과 죄론에서 매우 독특한 신학 이론을 발전시키면서 또한 놀랍게도 믿음을 인간의 행위로 규정하면서, 그의 「교회교의학」의 하나님의 말씀에 대한 교리에서 주장했던 것과는 상당한 치이기 니는 신학이론을 제시했다. 믿음을 인간적 행위로 규정한 것은 화해를 객관적인 하나님의 행위로 규정한 것의 뒷면으로 신학적으로 원숙한 바르트를 느낄 수 있는 바르트의 가르침이다.
객관적 화해론

바르트의 화해론의 가장 큰 특징과 독특성은 그가 객관적 화해론을 주장했다는 점에 있다. 객관적 화해론은 주관적 화해론과 대립되는 개념인데, 만인은 예수 그리스도에 대한 주관적 믿음과 관계없이 객관적으로 하나님과 화해되어 있다는 주장이다.[215] 전통적 화해론에 의하면 인간이 하나님과 화해되는 순간은 예수 그리스도를 구주로 받아들이는 순간이다. 즉 예수 그리스도께서 나의 죄를 위해 십자가에서 죽으시고 나의 모든 죄의 문제를 해결하셨다는 것을 믿는 순간이 하나님과 화해되는 순간이다. 즉 인간과 하나님과의 화해가 인간이 예수 그리스도를 주관적으로 믿음으로 받아들이는 순간에 일어나기 때문에, 이 화해론은 주관적 화해론이다. 그러나 바르트에 의하면 이 주관적 화해론은 잘못되었다. 왜냐하면 인류가 하나님과 화해된 순간은 자신의 믿음의 순간이 아니고 이천년 전에 예수 그리스도께서 십자가에서 인류의 죄악을 짊어지고 죽으신 순간이기 때문이다. 예수 그리스도께서 인류의 죄악을 짊어지고 십자가에서 죽으실 때 모든 인류의 죄는 해결되었다. 즉, 이 사실을 인간이 믿든지 그렇지 않든지 상관없이 인류의 죄가 해결되었고, 인류는 하나님과 화해되었다. 바르트에 의하면 하나님과 인류와의 화해의 사건은 객관적으로 이미 십자가에서 일어났다. 인류는 하나님과 화해되었고, 만인의 죄는 이미 용서되

---

215) *KD IV/1*, 573-718; H. Küng, *Rechtfertigung*(München/Zürich: Piper, 2004), 21-101. 바르트의 객관적 화해론은 전통적 화해론의 주관주의와도 다르지만 바르트의 동시대 신학자인 불트만(R. Bultmann)의 실존주의 신학의 주관주의와도 크게 대립된다. 바르트의 객관적 화해론은 불트만 신학의 실존주의적 주관주의에 대한 비판의 성격을 강하게 띠고 있다.

었다.

　바르트에 의하면 예수 그리스도께서는 인류를 심판하실 진정한 심판자이심에도 불구하고 우리를 대신해서 심판을 받으셨다. 십자가에서 일어난 사건은 놀라운 하나님과 인간의 교환의 사건이었다. 심판하셔야 할 예수 그리스도께서 오히려 심판을 받으시고, 심판을 받아야 할 인간은 심판을 받지 않고 살아났다. 모든 인류는 사실상 예수 그리스도 안에서 심판을 받았는데, 곧 예수 그리스도께서 모든 인류를 대신해서 죄에 대한 심판을 받으시고 죽으셨다. 십자가는 우리를 대신해서 죽으신 예수 그리스도의 사건이었고, 우리를 대신해서 당하신 하나님의 고난이었다. 십자가에서 인간과 하나님의 교환이 일어났고, 예수 그리스도께서는 죽으셨고, 인류의 죄에 대한 형벌은 사실상 완료되었다.

　십자가는 극단적인 하나님의 사랑과 자비의 계시이다. 하나님은 극단적인 사랑과 자비로 모든 인류의 죄악의 짐을 스스로 감당하시고, 그 고통을 겪으시면서, 인류를 용서하시고 죄를 사면하셨다. 바르트에 의하면 이 십자가의 극단적인 하나님의 사랑과 자비에 의해 모든 인류는 하나님과 화해되었다. 아직 하나님을 향해 반역을 행하고, 깊은 죄 속에 있는 자들의 죄까지 하나님은 이미 십자가에서 용서하셨고, 그들에게 영원히 자비한 신으로 존재하시기로 작정하셨다. 십자가는 영원히 하나님께서 우리와 함께 계심을 나타내신 사건이었고, 인간과 하나님은 이미 영원히 하나님과 화해되어 있음을 계시한 사건이었다.

　바르트에 의하면 하나님과 인간 사이의 화해는 인간의 믿음에 의해 규정되지 아니한다. 인간을 향한 하나님의 용서는 이미 영원히 결정되었고, 하나님은 인간에게 영원히 자비하신 신이시다. 인간이 이 영원히 자비하신 신을 모를 수는 있어도, 하나님께서 인간을 향한 그의 자비하심을 거두시지는 아니하신다. 인간이 십자가에 계시된 놀라운 화해의 사건을 모를 수는 있어도, 그 화해의 사건을 철회시킬 수는 없다. 왜냐하면 이 화해의 사건은 이미 객관적으로 일어났고, 인간의 죄악의 형벌은 이미 객관적으로 해결되었기 때문이다.

바르트의 화해론은 하나님과 인간 사이의 화해의 순간을 지금 여기에서 믿는 믿음의 순간에서 이천년 전의 십자가에서 예수 그리스도께서 죽으신 순간으로 옮겨놓은 화해론이다. 예수 그리스도께서는 만인의 죄를 짊어지고 죽으셨고 만인은 하나님과 화해되었다. 그리고 이 예수 그리스도의 사건은 단 한 번 일어난 사건이지만 동시에 영원한 사건이다. 예수 그리스도 이전에 살던 사람들도 예수 그리스도 사건의 소급하는 능력으로 그들 역시 하나님과 화해된 사람들이었다. 예수 그리스도의 사건이 단 한 번 일어난 사건이지만 영원한 사건이라는 말의 뜻은 이 사건이 모든 인류의 역사를 관통하는 사건이라는 뜻이다. 예수 그리스도의 화해의 사건은 모든 인류의 역사를 관통하고 있고, 그런 까닭에 모든 인류는 하나님과 화해되어 있다.

예수 그리스도의 화해의 사건이 모든 인류의 역사를 관통하고, 모든 인류가 하나님과 화해되어 있다면, 모든 인류는 결국 구원에 이르는 것이 아닐까? 바르트의 화해론은 결국 만인구원론을 주장하려는 이론이 아닐까? 인간의 믿음과 관계없이 모든 인류가 객관적으로 화해되어 있다면 그것은 결국 인간의 믿음이 불필요한 만인구원론의 이단적 이론이 아닐까? 바르트가 그의 「교회교의학」 화해론에서 객관적 화해론을 주장하자, 이내 전 세계에 걸쳐 위와 같은 질문이 빗발치듯 바르트를 향하게 되었다. 바르트의 객관적 화해론은 만인구원론과 동일한 이론일까 아니면 다른 이론일까?

바르트의 화해론이 만인구원론과 동일한 이론이 아닌가하는 세계의 빗발치는 질문과 비판에 대해 바르트는 자신의 이론은 만인구원론이 아니고 만인화해론이라고 밝혔다. 바르트는 만인구원론(Allerlösungslehre)과 만인화해론(Allversöhnungslehre)은 같은 이론이 아니고 다른 이론이라고 주장했다. 바르트 연구에서 바르트 신학을 세밀하게 관찰하지 않는 학자들은 바르트가 표기한 만인화해론(Allversöhnungslehre)을 만인구원론으로 잘못 번역해서 바르트가 만인구원론을 말했다고 주장하기도 한다. 이런 주장은 특히 미국의 근본주의와 복음주의 계열의 학자들에게서 자주 나타난다. 우리가 유념해야 하는 것은 바르트는 만인구원론을 주장한 것이 아니고 만인화해론을 주장했다는 점이다.

그렇다면 만인구원론과 만인화해론은 무엇이 다른가? 바르트에 의하면 화해와 구원은 다른 사건이다. 화해는 객관적으로 일어났지만 구원은 주관적으로 지금 일어나고 있고, 또한 앞으로도 일어날 사건이다. 바르트는 화해와 구원의 차이를 잘 인식하지 못하는 사람들을 위해 다음과 같은 예를 언급했다.

2차 세계대전 때 오스트리아의 어떤 사람이 나치를 피해 알프스의 깊은 산속으로 숨었다. 그는 나치를 피해 산으로 피했지만 깊은 산속에서의 삶은 참으로 처참했고 힘들었다. 그가 알프스의 깊은 산속에서 힘든 비인간적인 삶을 살아가고 있는 동안에 나치가 망했다. 오스트리아의 여러 도시들은 해방되었고 자유와 기쁨의 시대가 오게 되었다. 나치가 망하고 오스트리아의 여러 도시들은 구원받았지만 알프스의 깊은 산속에서 힘든 비인간적인 삶을 살아가는 그는 아직 구원을 받지 못했다. 왜냐하면 나치가 망한 기쁜 소식을 그가 듣지 못했기 때문이다. 그가 구원을 받을 때는 나치가 망한 기쁜 소식을 누군가 그에게 전해야 하고, 이 기쁜 소식을 들은 그가 그 소식을 사실로 믿고, 알프스 깊은 산속의 동굴생활을 청산하고 자유와 기쁨이 물결치는 오스트리아의 도시로 내려올 때이다.

바르트에 의하면 나치가 망한 사건이 화해의 사건이다. 십자가에서 사단은 망했고, 무의 세력은 끝장났다. 더 이상 사단은 인류를 지배할 힘을 잃었다. 나치가 망한 사건이 유럽 전체를 관통하는 사건인 것과 마찬가지로 십자가에서 사단이 망하고 무의 세력이 끝장난 사건은 모든 인류의 역사를 관통하는 사건이다. 십자가에서 죄는 더 이상 힘을 쓸 수 없게 되었다. 하나님의 용서와 구원이 온 인류의 역사에 찬란하게 빛나게 되었다. 모든 인류는 자비의 하나님을 만나게 되었고, 인류의 역사에는 십자가의 복음의 기쁨과 자유가 물결치게 되었다. 그러나 알프스의 깊은 산 속에 있는 사람은 아직 나치가 망한 소식을 듣지 못하고 있는 것이다. 나치가 망한 기쁜 소식을 듣지 못한 상황 속에서는 여전히 그는 동굴 속의 삶을 살아야 하고 비참하고 비인간적인 삶을 계속 살아야 한다. 나치는 망했지만 아직 나치가 망한 기쁜 소식을 듣지 못하고 알프스의 깊은 산 속에서 비참하게 살아가는 사람이 화해와 구원 사이에 존재하는 인간이다. 이 사람이 구원을 받기 위해서는 누군가 나치가 망한 기쁜 소식을 전해야 하고 그 기쁜 소식을 믿고 오스트리아의 도시로 내려와야 한다. 이 사람이 나치가 망한 기쁜 소식을 믿고 자유가 물결치는 오스트리아의 도시로 내려올 때 이 사람은 구원을 얻은 것이다.

바로 이 화해와 구원 사이의 시간이 교회의 시간이고 선교의 시간이고 성령의 시간이다. 모든 인류는 하나님과 화해되어 있다. 그런 까닭에 만인화해론은 옳다. 그러나 모든 인류가 구원받고 있는 것은 아니다. 그런 까닭에 만인구원론은 지금 여기서 언급할 수 있는 이론이 아니다. 복음을 듣지 못한 사람이나 복음을 믿지 않고 있는 사람들은 여전히 비참한 환경 속에 살고 있고 비인간화된 곤경 속에 살고 있다. 나치는 망했지만 알프스의 깊은 산 속에 있는 사람에게는 나치의 통치는 계속되고 있다. 나치가 망한 기쁜 소식이 전달되고 있지 않는 알프스의 산 속은 망한 나치의 통치가 여전히 지속되고 있고 그 속에 사는 사람은 비참과 비인간화된 곤경 속에 있다. 바르트가 십자가에서 폐기되고, 추방된 죄의 세력과 무의 세력이 세상을 여전히 지배하고 있다고 말하고 있는 것은 바로 이와 같은 맥락 속에서 언급하고 있는 말이다. 이제 더 이상 사단과 무의 세력이 세상을 결코 지배할 수 없다. 왜냐하면 십자가에서 사단은 망하고 무의 세력은 폐기되었기 때문이다. 그럼에도 불구하고 사단과 무의 세력은 여전히 세상을 지배하는 힘이다. 이 힘이 현실적으로 존재하는 것은 바르트에 의하면 "불가능한 가능성"(unmögliche Mglichkeit)이다. 망한 나치의 힘이 여전히 지배한다고 할 때 그것이 어떻게 가능하겠는가! 그러나 그 가능성은 현존하고 있고, 이 가능성에서 인간은 빠져나가지 못한다. 바르트의 죄론과 사단론에서 계속적으로 언급되고 있는 불가능한 가능성이란 표현은 바로 위와 같은 관점에서 이해되어야 한다. 바르트가 하나님께서 십자가에서 심판한 심판의 그늘(Schatten)이 세상 속에 존재하고 있다는 표현도 역시 같은 맥락이다. 하나님의 심판은 십자가에서 이루어졌다. 하나님은 더 이상 인간을 심판하시지 않는다. 하나님은 인간에게 자비하시고, 또한 영원히 자비하실 것이다. 그럼에도 불구하고 세상 속에는 하나님의 심판이 존재한다. 그것은 하나님께서 십자가에서 심판하신 것의 그늘이다. 그것은 실상은 없는 것인데 그럼에도 불구하고 세상 속에 존재하고 있고 세상 속에 있는 인간들이 느끼고 경험하는 것이다.

바르트에 의하면 복음과 성령만이 인간을 사단과 무의 세력에서 해방시킬 수 있다. 인간은 복음을 듣고 성령의 인도하심을 받아 알프스의 산 속에서 내려와 자유와 기쁨이 물결치는 오스트리아의 구원받은 도시로 내려와야 한다. 복음에 대한 불신앙은 십자가를 십자가의 사건 이전으로 돌리는 인간의 크나큰 어리석음이다. 그것은 알프스의 산속에서 비참과 비인간화된 곤경 속에서 계속 살겠다는 인간의 고집인데, 이 무모한 인간의 고집과 어리석음 때문에 인간의 비참과 곤경은 계속된다. 인간이 알프스의 산 속에서도 행복하게 살 수 있다고 우기는 것이 교만(Hochheit)으로서의 죄이고, 오스트리아의 자유와 기쁨의 도시로 가지 않겠다는 어리석음(Dummheit)이 태만(Trägheit)으로서의 죄이고, 나치가 망했다는 사실을 거짓이라고 생각하는 것이 기만(Lüge)으로서의 죄이다. 이 교만과 태만과 기만이 바르트가 언급한 인간의 죄의 세 가지 특징인데 그 근원에는 복음에 대한 인간의 불신앙(Unglaube)이 존재하고 있다. 이 불신앙 때문에 인간은 하나님의 자비와 긍휼의 사건 이전의 상태에서, 다시 말하면 예수 그리스도가 없는 상태에서, 비참과 곤경 속에서 살고 있다.

객관적 화해론의 신학적 파장

바르트가 주장한 객관적 화해론은 너무나도 놀랍고, 매우 극적이어서 세계 신학계에 당혹감과 충격과 깊은 신학적 파장을 몰고 왔다. 우선 가까운 신학적 파장으로는 만인구원론에 대한 신학적 논쟁이었다. 바르트가 자신의 화해론은 만인구원론이 아니라고 주장했음에도 불구하고 바르트의 화해론이 만인구원론을 향하고 있는 것이 아니냐는 신학적 논쟁이었다. 하나님께서 만인의 죄를 십자가에서 용서하셨다면, 마지막 심판 때 하나님께서 그 누구도 심판치 않고, 모든 사람을 용서하고 결국 구원하게 된다는 것이 바르트를 향한 신학적 비판이었다. 에밀 부룬너와 게하르트 에벨링(G. Ebeling)에 의하면 하나님께서는 믿는 자에게는 구원과 긍휼을, 믿지 않는 자에게는 심판을 하신다는 것이 성서의 가르침이기 때문에 만인구원론을 주장해서는 안 되고 마지막 날의 이중심판론을 주장해야 된다고 바르트를 향해 비판의 포문을 터뜨렸다.[216]

그러나 우리는 바르트가 결국 만인구원론을 주장하려고 했는지 그것에 관해서 확실히 알지 못한다. 바르트는 「교회교의학」의 예정론에서 만인을 향한 선택에서 바로 만인구원론을 이끌어내는 것은 신학적 추상화이고, 이를 감행해서는 안 된다고 경계했다. 또한 바르트는 하나님의 자유와 하나님의 사랑은 서로 균형과 조화를 이루고 있는 것인데 하나님의 사랑에서만 신학적 논리를 추론해서 논리적 비약을 하는

---

216) E. Brunner, *Dogmatik I*(München: Theologischer Verlag, 1972), 358f.; G. Ebeling, *Dogmatik des christlichen Glaubens I*(Tübingen: Mohr, 1979), 527f.

것 역시 경계했다. 또한 하나님은 살아계신 하나님이시기 때문에 인간의 논리로 그분의 활동하심과 미래를 예측하는 것은 잘못이다. 바르트가 이와 같은 입장을 갖고 있었기 때문에 세계의 많은 신학자들은 바르트가 그의 「교회교의학」 구원론에서 어떤 결론을 낼지 매우 궁금해 했고, 그의 신학적 결론을 애타게 기다리고 있었다. 바르트는 「교회교의학」 화해론을 쓰고 난 이후 구원론을 쓰려고 계획하고 있었다. 바르트의 「교회교의학」 구원론은 바르트 신학의 최종 결론일 것이기 때문에 비상한 관심을 끌고 있었다. 그러나 유감스럽게도 바르트는 그의 「교회교의학」 구원론을 쓰지 못하고 1968년 12월 10일 하나님의 부르심을 받고 말았다.

바르트가 세상을 떠난 후 바르트가 남긴 신학적 문제는 세계 신학계의 중대한 숙제로 남아 있었지만, 이 문제에 대한 뚜렷한 신학적 발전은 나타나지 않았다. 많은 학자들이 바르트의 화해론을 연구하고 그 화해론에 나타난 신학적 발전의 중요성을 인식했지만 바르트의 화해론이 제기한 신학적 문제를 해결하는 일은 쉽지 않았다. 그런데 1995년 위르겐 몰트만이 「오시는 하나님」(Das Kommen Gottes)을 출간하면서 바르트가 그의 화해론에서 남긴 신학적 문제는 획기적인 발전을 하게 되는데 놀랍게도 몰트만이 「오시는 하나님」에서 발전시킨 신학적 답은 만유구원에 대한 희망이었다.[217] 몰트만은 2003년 「마지막 속에 시작이 있다」(Am Ende-Der Anfang)를 계속 저술하면서[218] 자신의 만유구원에 대한 희망을 더욱 자세히 체계화시켰다. 몰트만의 만유구원에 대한 희망은 바르트가 그의 「교회교의학」 예정론에서 이미 기초를 세우

---

217) J. Moltmann, *Das Kommen Gottes*(München: Kaiser, 1995), 262-284.
218) J. Moltmann, *Am Ende-Der Anfang*(München: Kaiser, 2003).

고 그의 화해론에서 거대하게 발전시킨 20C의 그리스도교의 새로운 구원론의 기나긴 여정 가운데 하나의 완성이었다.[219]

몰트만에 의하면 바르트의 화해론이 남긴 큰 신학적 숙제는 십자가에서 나타난 하나님의 결정과 이에 대한 응답으로서의 인간의 자유와의 관계였다. 인간이 끝까지 하나님의 은총에 대해 거부할 때, 곧 복음에 대해 인간이 끝까지 거부한다면, 마지막 날 하나님은 인간을 심판하고 지옥에 넣을 것인가의 문제였다. 하나님은 십자가에서 이미 인간을 용서하셨는데, 끝까지 믿음을 거부하고, 하나님의 은총을 거부하는 인간을 마지막 날 하나님은 어떻게 하실 것인가? 이 문제는 하나님의 사랑과 인간의 자유 사이의 문제이기도 하고, 동시에 하나님의 사랑과 하나님의 자유 사이의 문제이기도 하다.

만유 구원론이 옳은가 이중적 심판론이 옳은가를 결정하는 문제는 몰트만에 의하면 하나님의 결단과 인간의 결단이 어떤 관계에 있는가의 문제와 깊이 연관되어 있다. 유일회적인 하나님의 영원한 결단이 십자가에서 이루어졌다. "하나님은 소수의 선택받은 자들뿐만 아니라 '우주'를 그 자신과 화해시켰다(고후5:19). 하나님은 믿는 사람뿐만 아니라 '세상'을 사랑하셨다(요3:16). 멸망에서 구원으로의 위대한 전환은 골고다에서 일어났으며, 우리의 신앙의 결단이나 전향의 시간에 비로소 일어나는 것이 아니다. 신앙은 이 전환의 개인적 경험이요 수단이지 그 전환 자체가 아니다. 나의 신앙이 나에게 구원을 마련하는 것이 아니라 구원이 나에게 신앙을 마련한다."[220] 몰트만에 의하면 우리를 위한 하나님의 결정이 영원의 영역에 속한다면 신앙을 거부하는 우

---

219) 참고하라. 김명용, "몰트만의 종말론", 한국조직신학회(편), 「몰트만과 그의 신학. 희망과 희망사이」,(서울: 한들출판사, 2005), 247-273.
220) J. Moltmann, *Das Kommen Gottes*, 126.

리의 결정은 시간의 영역에 속한다.[221] 인간은 자신의 잘못된 결정으로 자신의 무덤을 스스로 팔 수 있다. 그러나 그 잘못된 결정은 시간의 세계에 속하는 결정이다. 그는 결코 영원한 하나님의 결정을 뒤엎을 능력은 없다.

 인간의 결정에 의해 모든 것이 궁극적으로 정해진다면 태어나면서 죽은 아이들의 운명은 어떻게 될까? 스스로 결정할 능력이 없는 정신장애자들의 운명은 어떻게 될까? 회교권에서 살다 간 수많은 사람들이, 그들이 세상에 살아 있는 동안 과연 그리스도를 향해 결단할 수 있는 형편에 처해 있었을까? 인간의 결정에 의해 인간의 궁극적 운명이 결정된다면 인간은 자신에 대해 스스로 신이 되는 것이 아닐까? 몰트만에 의하면 인간의 운명을 궁극적으로 정하신 분은 인간이 아니라 하나님이시다. 그 인간의 궁극적 운명이 십자가에 계시되었는데, 그것은 구원이고 열락이었다.

 그에 의하면 인간의 결정과 하나님의 결정은 대칭적인 것이 아니고 심각하게 비대칭적이다. 하나님의 결정이 절대 우위의 능력을 갖고 있다. 인간은 끝없이 그리스도를 거부할 수 있다. 그러나 그것은 영원히 인간을 사랑하는 하나님의 사랑의 영원성을 극복할 수 없다. 로빈슨(J. A. T. Robinson)에 의하면 인간의 자유 때문에 천국과 지옥의 양자택일이 있다. 그러나 하나님의 사랑 때문에 우주는 구원받을 수밖에 없다. 그렇지 않으면 하나님은 하나님이 아니실 것이다. 지옥은 하나님의 사랑의 그럼에도 불구하고(nevertheless)에 의해 한계 지워져 있다. 몰트만은 이와 같은 로빈슨의 관점을 정당하다고 파악하고 있다.[222]

---

221) *Ibid.*, 273.
222) *Ibid.*,

몰트만에 의하면 모든 사람이 이미 하나님과 화해되어 있다는 바르트의 견해는 전적으로 옳다. 모든 인간은 그리스도 안에서 "객관적으로"(objektiv) 화해되어 있다.[223] 그들이 그것을 알고 있든지 모르고 있든지 그것은 이미 하나님에 의해 영원히 정해진 객관적 사실이다. 그러므로 그리스도인들은 다른 모든 사람들을 그리스도 안에서 화해되어 있는 사람으로 보아야 한다. 몰트만에 의하면 믿지 않는 자들의 불신앙을 하나님께서 화해시킨 영원한 하나님의 결정보다 크게 보면 안 된다. 하나님이 계시는 한에 있어서 하나님이 원치 않는 어떤 것이 영원히 존재할 수 없다. 불신앙과 저주는 인간의 자유와 시간의 영역에 속한다. 그러나 만유를 구원하는 하나님의 사랑과 능력은 영원히 계속될 것이다.

몰트만에 의하면 십자가에서 계시된 하나님의 의지는 인간만 구원하는 것이 아니고, 만유를 구원하고자 하는 의지였다. 바르트의 화해론이 그 초점이 인간을 향해 있다면 몰트만의 십자가의 신학은 그 초점이 만유를 향하고 있다. 이는 바르트가 세상을 떠난 이후 생태학적 신학이 크게 발전된 것과 깊이 연관되어 있다. 몰트만은 십자가에 계시된 하나님의 의지는 인간만 살리는 것이 아니고 만유를 살리고자 하는 의지였다고 본 것이다.

인간의 운명이 이 세상에서의 죽음으로 모든 것이 끝나는 것이 아니다. 몰트만에 의하면 죽은 자의 세계에도 복음이 전파된다. 십자가에 계시된 하나님의 긍휼과 자비는 죽은 자의 세계에도 존속된다. 죽은 자의 세계에도 복음은 전파되고 죽은 자들도 믿음에 이를 수 있다. 몰트만은 십자가에 계시된 만유를 구원하겠다는 하나님의 의지는 죽은

223) *Ibid.*, 276.

자의 세계에도 복음의 빛을 끊임없이 비추게 하고, 궁극적으로 이 의지는 구현될 것임을 믿은 것이다. 몰트만은 예수 그리스도의 십자가가 만유의 구원을 희망하고 기다리는 희망의 보증이라고 보았다.

바르트의 객관적 화해론은 가톨릭교회 안에도 대단히 중요한 신학적 파장을 발견할 수 있는데, 특히 중요한 것은 칼 라너의 구원론과 관련해서 이 파장을 발견할 수 있다. 라너가 20C 후반에 발전시켜 가톨릭교회 안에 큰 신학적 변혁을 몰고 온 "익명의 그리스도인" 이론은 바르트의 객관적 화해론과 관계해서 연구한 큰 가치를 갖고 있는 신학 이론이다. 라너는 "칭의론에 관해 논쟁이 되는 신학적 문제들"(Fragen der Kontroverstheologie über die Rechtfertigung)이라는 유명한 글에서[224] 바르트의 화해론에 대한 상당한 긍정을 표하고 있는데, 특히 모든 인간은 이미 선험적으로 의화 된 인간이라는 라너의 신학적 관점이 바르트의 객관적 화해론과 일치하고 있고, 바르트의 화해론의 신학적 파장을 느낄 수 있는 점을 유념할 필요가 있다. 바르트의 객관적 화해론이 모든 인류가 이미 하나님과 화해되어 있고, 화해된 존재로 모든 인류를 바라보아야 한다는 것을 가르치고 있다면, 라너가 모든 인류는 이미 선험적으로 의화 된 인간이고, 이 사실이 그리스도 사건 속에 계시되어 있다고 가르치고 있는 것이다. 우리는 이 두 가르침 사이에 근본적인 차이가 없다는 점을 유념해야 한다.

라너는 그의 익명의 그리스도인 이론에서 모든 인류는 그리스도 은총에 의해 객관적으로 관통되어 있다고 주장했다.[225] 그리스도 은총에 의해 객관적으로 관통되어 있는 인류라는 라너의 가르침은 바르트

---

224) K. Raner, *Schriften zur Theologie*(Einsiedeln: Benziger, 1967), 237-271.
225) 익명의 그리스도인 이론에 대해 다음의 책을 참고하라. 심상태, 「익명의 그리스도인」(서울: 성바오로출판사, 1989).

의 객관적 화해론의 신학적 발전으로 보인다. 라너는 그리스도의 은총에 의해 객관적으로 관통되어 있는 인류라는 개념에서 익명의 그리스도인 이론을 발전시켰다.

라너에 의하면 모든 인류는 의화된 존재이고 그리스도의 은총을 경험할 가능성을 선험적으로 갖고 있다. 왜냐하면 모든 인류에게 그리스도의 은총이 객관적으로 관통하고 있기 때문이다. 이런 까닭에 모든 인류는 그리스도의 은총을 사실상 경험하고 사는데, 특히 초월적 존재를 향해 자신을 개방하는 사람들, 이웃과 선을 위해 자신을 개방하는 사람들은 그리스도의 은총을 더욱 경험할 가능성이 높다. 라너는 모든 사람들이 잠정적인 그리스도인이지만 특히 초월적 존재를 향해 자신을 개방하고, 이웃과 선을 위해 자신을 개방해서 그리스도의 은총을 경험하고, 그리스도의 은총에 힘입어 살고, 이를 다른 사람들에게 나누어 주는 사람을 익명의 그리스도인이라 칭했다. 라너에 의하면 이 익명의 그리스도인은 특히 고등 종교인들 속에 많이 존재하고, 이들은 구원에 이를 가능성이 높다. 왜냐하면 그들은 그리스도의 은총에 힘입어 살아가는 사람들이기 때문이다.

라너의 익명의 그리스도인 이론은 가톨릭교회의 제 2차 바티칸 공의회에 영향을 크게 미쳤고, 가톨릭교회는 이 신학적 빛에서 타종교와의 대화를 향해 크게 문호를 개방했다. 가톨릭교회는 더 이상 타종교를 마귀시하지 아니하고, 타종교인들을 존경할 것을 명했고, 타종교나 세상 속에 존재하는 진리를 반영하는 것들, 말씀의 씨앗에 대해 유념할 것을 가르쳤다.

바르트의 객관적 화해론은 라너라는 가톨릭 신학의 또 한 사람의 신학적 천재에 의해 익명의 그리스도인 이론으로 발전했고, 이 이론은

20C의 가톨릭교회의 방향을 바꾸는 분수령이었다. 물론 바르트의 신학 이론은 라너의 익명의 그리스도인 이론이나 가톨릭의 타종교에 대한 포용주의적 관점과는 일치하지 않는다. 그럼에도 불구하고 바르트의 객관적 화해론은 바르트 자신의 의지와는 상관없이 독자적인 힘을 가지고 있어서 가톨릭 신학의 방향을 바꾸는 큰 신학적 파장을 일으켰다. 바르트의 객관적 화해론은 몰트만의 만유구원에 대한 희망의 이론도 라너의 익명의 그리스도인 이론도 아니었다. 그럼에도 불구하고 바르트의 객관적 화해론은 20C 후반의 신교와 구교를 망라해서 구원론의 방향이 새롭게 정립되는 큰 신학적 파장을 몰고 온 것이다.[226]

교만과 태만과 기만으로서의 죄

인간의 죄의 참된 형태를 어디서 알 수 있을까? 세상의 형법이나 도덕법을 깨뜨리는 곳에 죄의 참된 형태가 존재할까? 세상의 형법이나 도덕법은 참된 법일까? 과거의 형법과 도덕법이 오늘에 와서 달라진 것들이 얼마나 많은가. 바르트에 의하면 인간의 죄의 참된 형태는 예수 그리스도 안에서 발견할 수 있다. 인간은 스스로 죄인이란 사실조차도 잘 모르고, 죄가 무엇인지도 잘 알지 못한다. 죄를 없애기 위해 오신 예수 그리스도 안에서 인간의 죄가 무엇인지, 또한 죄의 결과가 무엇인지 참으로 알 수 있다. 예수 그리스도를 떠나서는 인간은 죄가

---

[226] 바르트의 객관적 화해론과 라너의 익명의 그리스도인 이론 및 몰트만의 만유구원론은 전통적인 믿음에 기초한 이중심판론과 더불어 21C의 세계 신학 앞에 놓여있는 해결해야 할 거대한 신학적 과제이다. 이 과제는 오늘날 거대한 신학적 토론을 일으키고 있다. 이 신학적 과제의 해결을 위해 바르트의 객관적 화해론은 더욱 세밀히 검토되어야 할 것이다.

무엇인지 참으로 알지 못한다.

바르트에 의하면 신학적으로 볼 때 화해론의 뒷면이 죄론이다. 화해론과 죄론은 동전의 양면과 같은 것이다. 죄를 해결하기 위한 것이 화해의 사건이고, 이 화해의 사건의 뒷면이 죄악 된 인간의 삶이고 역사이다. 인간의 죄를 해결하기 위해 세상에 오시고, 십자가에서 죽으시고 부활하신 예수 그리스도 안에서 인간은 죄의 참 형태를 깨닫고, 죄에서 벗어날 수 있고, 죄의 결과의 참혹함과 비참함에서 해방되어 하나님의 은총의 세계에서 살게 되는 길을 발견하게 된다.

바르트에 의하면 인간의 죄의 첫 번째 형태는 교만(Hochmut)이다. 죄를 해결하기 위해서 예수 그리스도께서는 낮아지셨다. 죄를 해결하기 위해 행하신 예수 그리스도의 삶의 반대 형태가 인간의 죄이다. 하나님께서는 예수 그리스도 안에서 인간의 죄를 해결하기 위해서 낮아지셨다. 그리고 섬기는 종이 되셨다. 바르트는 예수 그리스도 안에서 교만으로서의 인간의 죄는 4가지 특징이 있다고 보았다. 하나님은 낮아지시고 인간이 되셨는데 인간은 하나님처럼 높아지려고 하고 있다. 이것이 교만의 첫째 형태이다. 이 교만은 또한 우상을 만드는 인간의 모습과도 연계되어 있다. 하나님만이 하나님이신데 인간은 자기중심적인 우상을 만들고 이를 확장시키고 있는 것이다. 하나님을 하나님으로 섬기지 않는 것이 인간의 죄악이고 이것이 인간의 교만의 첫 번째 형태이다. 또한 하나님께서는 섬기는 종이 되셨는데 인간은 끊임없이 남을 지배하는 주(Herr)가 되려고 하고 있다. 그는 이것이 교만의 둘째 형태라고 본다. 인간이 하나님이 되려고 하는 교만이 하나님에 대한 반역이라면, 인간이 이웃을 지배하려는 교만은 이웃을 파괴하는 행위이고, 형제살해자(Brudermörder)의 반열에 들어가는 죄이다. 바르트는 이 교만의 둘째 형태의 구체적 예로 사무엘상 8장에서 31장에 등장하는 사울의 삶을 제시했다. 교만의 셋째 형태는 인간이 스스로 심판자가 되려하는 것이다. 참으로 심판자이신 하나님은 스스로 심판자가 되려하고 이웃과 세상을 아전인수 격으로 심판한 인간의 죄를 해결하시기 위해 십자가에서 심판을 받으셨다. 바르트는 열왕기상에 등장하는 아합과 나봇의 이야기는 스스로 심판자가 되려는 인간의 모습을 잘 드러내는 예로 보았다. 인간의 교만의 넷째 형태는 인간은 스스로를 참으로 도울 수 없음에도 불구하고 스스로를 도울 수 있다고 생각하고, 스스로 삶을 개척할 수 있다고 생각하고, 위대한 인물 곧 거인(巨人)이 될 수 있다고 생각하는 교만이다. 참으로 능력이 많은 하나님께서는 이 인간을 살리기 위해 무능하게 되시고 십자가에서 죽으셨는데 죽는 것 외에는 할 일이 없는 참으로 무능한 인간은 스스로 모든 것을 할 수 있는 것처럼 생각하고 있다. 이 교만은 결국 스스로를 파괴하는 자리에 이르고, 허무와 좌절 속에서 자신의 무능을 인식할 수밖에 없는 결과를 초래한다. 바르트는 이 네 번째 교만의 구체적 예로 열왕기하에 등장하는 유다와 이스라엘의 멸망의 날을 언급했다. 하나님 없이 스스로 살려고 했던 유다와 이스라엘의 멸망의 날이 얼마나 비참했는가! 하나님 없이 스스로 살 수 있다고 생각하고, 행동하는 인간의 교만은 결국 스스로 거인이 되는 것이 아니라 스스로를 파괴하고 비참과 좌절로 끝나게 된다.

인간은 교만의 죄로 말미암아 나락(Fall)의 상태에 떨어진다. 인간이 나락의 상태에 떨어지는 것은 자신의 교만 때문이다. 이 나락의 상태에 떨어진 인간의 특징은 하나님을 부인하는 자(Gottesleugner)이고, 자신을 파괴하는 자(Selbstzerstörer)이고 형제를 살해하는 자

(Brudermörder)이다.

바르트가 언급한 인간의 죄의 두 번째 형태는 태만(Trägheit)으로서의 죄이다. 바르트는 예수 그리스도 안에서 인간의 참된 모습이 계시되었는데, 이 예수 그리스도 안에서 계시된 인간의 참된 모습은 왕같은 인간(Der königliche Mensch)으로 보았다. 예수 그리스도의 십자가의 고난으로 인간의 죄는 속량되었고, 하나님께서는 죽은 예수 그리스도를 부활시키시고 승천시키시면서 속량받은 인간의 참 모습을 보여주셨다. 바르트에 의하면 부활하시고 하늘에까지 높임을 받으시고 존귀해지신 예수 그리스도의 모습이 인간의 참 모습이다. 인간은 존귀한 자이고 하나님의 자녀이고 왕같은 존재이다. 이 사실을 세상의 종교나 철학은 알지 못한다. 세상에 존재하는 모든 인간에 대한 언급들은 인간을 바르게 설명하는 말들이 아니다. 예수 그리스도께서 인간을 바르게 나타내셨고 복음이 인간의 본질을 바르게 가르치고 있는데, 인간은 하찮은 존재도 아니고 평범한 존재도 아니라, 너무나도 존귀한 존재인데, 곧 하나님의 자녀이고 하나님의 나라를 유업으로 받을 자이고 영생할 자이다.

인간이 스스로를 하찮게 여기는 것은 인간의 죄이다. 또한 스스로를 죽음에 갇힌 존재로 생각하고 염세주의에 빠지는 것 역시 인간의 죄이다. 바르트에 의하면 죄의 두 번째 형태는 하나님께서 예수 그리스도를 통해 드러내신 인간의 참모습이 자신의 참모습임에도 불구하고 이 어마어마한 자격과 위상과 특권을 받아들이지 아니하는 인간의 거절 속에 존재하는데, 바르트는 이를 태만의 죄라고 칭했다. 쉽게 말하면 죄의 두 번째 형태인 태만으로서의 죄는 복음을 거절하는 것이다. 왕같은 존재로서의 하나님의 자녀의 모든 자격과 위상과 특권을 거절하고 복음 이전의 옛사람의 비참(Elend) 속에 머물러 있으려는 인간의 생각과 행위가 태만으로서의 죄이다. 예수 그리스도 안에 나타난 천국의 삶을 스스로 거절하고 지옥에 머물러 있으려는 인간의 말할 수 없는 어리석음이 태만으로서의 죄이고, 그 결과는 비참이다.

태만으로서의 죄에 빠진 인간은 하나님과의 관계에 있어서는 하나님의 은총을 거절하는 어리석음에 빠져있다. 복음과 하나님의 은총을 거절하는 것은 매우 어리석을 뿐만 아니라 대단히 위험하다. 이 위험은 대단히 파괴적이고 강력한 힘을 갖고 나타나는데, 우선 이웃과의 관계에서 인간은 비인간적인 존재로 나타난다. 또한 자신과의 관계에서는 자신을 파괴하는 자로 나타난다. 그리고 시간과 미래와의 관계에 있어서 이 어리석음은 불안과 염려로 나타난다. 바르트는 이 불안과 염려의 죄의 구체적 예로 모세가 약속의 땅을 정탐하기 위해 12명의 정탐꾼을 보냈을 때 여호수아와 갈렙을 제외한 10명의 정탐꾼은 그곳에 사는 아낙 자손은 대장부 같고 우리는 메뚜기와 같다고 보고했고, 이 염려스러운 보고를 듣고 불안과 공포에 빠진 이스라엘 백성을 언급했다.

인간은 하나님의 자녀이고 하나님과 이웃을 사랑하는 존재이다. 인간은 하나님께 기도하는 것이 허락되어 있고 이 기도는 하늘의 모든 보화가 인간에게 전달되는 통로이다. 하나님께서는 그의 나라의 모든 귀한 것들을 인간에게 주시기를 원하지만 이 모든 것을 거절하는 것이 인간의 죄이다. 하나님께 기도하는 것이 너무나 당연함에도 불구하고 기도하지 아니하는 태만이 인간의 죄이다. 이것은 너무나도 어리석은 것인데, 인간은 이 어리석음을 감행하고 있다. 인간이 이런 어리석음 속에 있는 것은 인간의 불신앙 때문이다. 그런 까닭에 모든 형태의 인간의 죄의 근원에는 인간의 불신앙이 자리 잡고 있다. 또한 인간은 하나님과 이웃을 사랑하도록 규정되어 있다. 인간성의 참된 신비는 하나님을 사랑하고 이웃을 사랑하는 것 속에 있다. 인간은 하나님을 사랑하고 이웃을 사랑하면서 참으로 인간이 된다. 홀로 있는 인간은 참 인간이 아니다. 그는 인간성의 기쁨과 신비를 알지 못하는 어리석은 인간이다. 인간은 하나님을 사랑하고 이웃을 사랑하면서 인간성의 기쁨과 신비를 알게 되고 참 인간이 되고 새 인간이 된다. 착취와 약탈과 억압은 태만의 죄에 빠진 인간이 이웃과의 관계에서 자신을 드러내는 특징들이다.

태만으로서의 죄는 복음에 대한 거절인 동시에 거룩한 삶에 대한 거절이다. 인간은 하나님의 은총과 성령의 도움으로 예수 그리스도를 본받아 거룩한 삶에 이를 수 있다. 인간은 저급한 존재가 아니고 고상한 존재이고 하나님의 뜻을 이룰 수 있는 하나님 나라의 일꾼들이다. 그럼에도 불구하고 인간이 스스로 고상한 삶을 거부하고 저급한 존재로 살아가고, 하나님의 의를 이루지 아니하고, 세상의 탐욕 속에 묻혀 사는 것 역시 태만으로서의 죄이다.

바르트에 의하면 죄의 세 번째 형태는 인간의 기만(Lüge)이다. 기만은 인간의 속임수와 거짓말을 의미하는데, 그 뒤에는 무의 세력, 곧 마귀가 있다. "마귀는 처음부터 거짓말하는 자이다"(요8:44). 진리는 예수 그리스도이시다. 예수 그리스도와 진리를 일치시키지 않는 곳에 인간의 교만의 첫째 형태가 있다. 세상 종교는 진리를 예수 그리스도와 일치시키지 않고 있다. 그런 까닭에 그것은 비 진리다. 십자가의 말씀이 진리이고 은혜와 용서의 말씀이 진리인데, 십자가와 진리를 일치시키지 않는 곳에 은혜와 용서를 진리와 일치시키지 않는 곳에 인간의 기만의 둘째 형태가 있다. 진리가 알려지면 인간은 감사와 기쁨의 순종으로 화답하게 된다. 그러나 세상은 십자가와 진리를 일치시키지 아니하고, 은혜와 용서가 진리라는 것을 가르치지 않는다. 오히려 인간들은 인과응보를 신의 진리로, 보복을 인간이 걸어야 할 바른 길로 가르치고 있다.

바르트에 의하면 진리는 예수 그리스도 안에 나타난 화해의 사실이다. 십자가에 달리신 예수 그리스도와 부활하신 예수 그리스도께서 진리이시다. 무의 세력과 마귀의 세력은 끝장났고, 존귀와 영광과 평화가 인간의 현실이자 미래라는 것이 진리이다. 예수 그리스도께서 승리자이시라는 것이 진리이고, 그분은 지금도 살아계셔서 인간을 구원하고 계신다는 것이 진리이다.

바르트에 의하면 진리를 거스른 인간의 기만은 비 기독교 세계에만 있는 것이 아니다. 기독교 세계에도 기만으로서의 죄는 도처에 존재한다. 기독교인들이 만들어 놓은 유사 신들과 이 유사 신들의 율법들은 대단히 위험하고 파괴적이다. 그런 까닭에 진리이신 예수 그리스도께서는 성령을 통해 기독교 세계 속에 있는 유사 신들과 유사 율법들과 싸우고 계신다. 이 기독교 세계 속에 있는 사이비 신들과 사이비 율법들 때문에 세속세계 속에 거짓은 더욱 자라고 더욱 파괴적이 된다. 바르트는 욥기에 등장하는 욥의 세 친구들의 말을 기독교 세계 속에 존재하는 경건한 거짓의 예로 언급했다.

그에 의하면 교만으로서의 죄의 결과는 인간의 추락(Fall)이고, 태만으로서의 죄의 결과는 인간의 곤경(Elend)이다. 그렇다면 기만으로서의 죄의 결과는 무엇일까? 바르트는 기만으로서의 죄의 결과는 인간의 저주(Verdammnis)라고 밝혔다. 십자가에서 예수 그리스도께서는 인간의 모든 저주를 짊어지시고 죽었는데, 이 사실을 믿지 않고 부정하는 것은, 이 사실을 그것이 있기 이전의 상태로 돌리는 것이 된다. 곧 저주를 인간이 짊어지게 된다고 바르트는 주장했다. 이 저주는 인간에게는 더 이상 없는, 예수 그리스도께서 이미 해결하신 것이지만, 죄에 빠진 인간은 이 저주를 끊임없이 자기 것으로 만들고 있다는 것이다. 곧 예수 그리스도께서 계시지 않았던 것처럼, 십자가와 부활이 없었던 것처럼 만드는 것이 기만으로서의 죄이다. 마귀는 예수 그리스도를 부인하고, 마귀에게 사로잡힌 인간들은 거짓말하는 마귀와 함께 예수 그리스도께서 계시지 않았던 것처럼, 십자가와 부활이 없었던 것처럼 거짓말을 한다. 그 결과는 저주이다.

인간의 행위인 믿음

하나님은 하나님을 통해서 인식된다. 이 말은 바르트의 신 인식론의 특징을 요약한 말로 오랫동안 인식되어 왔다. 바르트는「교회교의학」의 하나님의 말씀에 대한 교리를 집필하면서 하나님은 철저하게 성령을 통해서만 인식된다는 것을 강조했다. 성령을 통한 하나님의 인식이라는 말은 믿음을 통한 하나님의 인식이라는 말과 같은 말이었다. 하나님은 성령을 통해, 그리고 믿음을 통해 인식되는 신이었다.

그런데 하나님께서 성령을 통해, 그리고 믿음을 통해 인식된다고 할 때 인간의 믿음과 하나님의 성령의 활동은 사실상 동시적인 것이었다. 정확히 말하면 하나님의 성령의 활동 속에 믿음이라는 인간의 활동이 내포되어 있는 것으로, 신율 속에 인간의 자율이 속해 있는 것이었다. 그러므로 하나님께서 성령을 통해 인식된다는 말과 하나님께서 믿음을 통해 인식된다는 말은 사실상 같은 말이었고, 이 말이 같은 말일 수 있는 이유는 성령의 활동이 인간의 믿음을 불러일으키고, 또한 이 성령의 활동 속에 인간의 믿음이 공재하고 있기 때문이었다. 이런 신학적 구조 속에서는 믿음은 인간의 행위이지만 동시에 그것은 성령의 행위이다.

바르트를 깊이 연구하지 않은 사람들은 하나님은 하나님을 통해 인식된다는 가르침을 바르트의 독특한 가르침으로 생각하고 이를 찬성하기도 하고, 또는 이를 비판하면서 바르트 신학의 문제점을 제기하기도 한다. 하나님께서는 하나님을 통해 인식된다는 가르침을 했던 바르트는 그의 「교회교의학」 화해론을 집필하면서 상당한 신학적 발전과 변천을 나타내었다. 바르트는 「교회교의학」 화해론에서 인간의 활동과 하나님의 활동을 구분하면서 성령의 행위 속에 공재하고 있던 인간의 믿음을 분리시켰다. 「교회교의학」 화해론에서 바르트에 의하면 인간의 믿음은 성령의 활동에 포함되어 있는 것도 아니고, 공재하고 있는 것도 아니다. 믿음은 철저히 인간의 행위이다.

바르트는 「교회교의학」 화해론에서 객관적 화해론을 발전시키면서 하나님의 화해의 활동의 객관성과 하나님의 활동의 독립성을 강조했다. 하나님의 화해의 사역은 인간의 동참 없이 객관적으로 일어났다. 하나님의 화해의 사건에 인간의 믿음은 필요치 않았다. 오히려 하나님의 화해의 사건의 정점인 예수 그리스도의 죽음과 부활은 인간의 반역과 불신앙에도 불구하고 일어났다. 불트만이 주장한 것처럼 제자들의 믿음 속에서 예수 그리스도께서 부활하신 것이 아니고, 제자들의 불신앙에도 불구하고 예수 그리스도의 부활은 일어났다. 부활은 하나님에 의해 이루어진 놀라운 능력의 현시로, 객관적 역사적 사실이다. 인간의 신앙 속에서나 존재하는 실존적인 사건이 아니다. 부활은 배타적인 하나님의 행위였고, 인간의 동참 없이 하나님께서 역사 속에 스스로를 드러내신 사건이었다.[227]

그러면 예수 그리스도의 부활과 인간의 믿음은 어떤 관계가 있을까? 바르트에 의하면 부활은 구체적 사건으로 볼 수 있고, 들을 수 있고, 만져볼 수 있는[228] 놀라운 사건이었다. 제자들은 이 놀라운 사건 앞에 서 있었고, 이 놀라운 사건에 대면해 있었다. 하지만 이 놀라운 사건을 제자들은 믿을 수 없었다. 그러므로 제자들의 신앙과는 철저히 구별되는 독립적 사건이었다. 그런데 이 놀라운 사건은 마침내 제자들의 불신앙을 부수고 그들의 가슴 속에 믿음을 창조해 내었다.[229] 이때의 제자들의 믿음은 이 놀라운 사건에 대한 자연스런 인간의 결단이었다. 바르트에 의하면 믿음은 성령을 통해 인간의 마음속에 마술적으로 만들어지는 어떤 것이 아니고, 하나님께서 행하시는 놀라운 사건에 대한 인간의 자연스러운 결단이다. 부활한 예수 그리스도를 눈으로 직접 목격한 제자들은 마침내 예수 그리스도의 부활의 증인이 되었는데, 이 제자들의 신앙과 활동은 이성이 마비된 채 어떤 힘에 의해 휩쓸려서 행하는 어떤 활동이 아니고, 매우 이성적인 바른 인간의 결단이고 행위이다.

부활하신 예수 그리스도께서는 오늘 성령 안에서 세계 역사 속에 활동하시고 현존해 계신다. 부활하신 예수 그리스도의 현존과 활동은 오늘도 그 놀라운 은총과 능력으로 인간의 가슴 속에 믿음을 일깨우

227) KD IV/1, 33.
228) KD IV/3,1, 360.
229) KD IV/1, 376.

고, 그의 증인들을 만들고 계신다. 그러나 믿음은 인간의 행위이다. 부활하신 예수 그리스도의 은총과 능력을 경험하면서도 인간은 믿음으로 결단하지 않을 수 있다. 바르트에 의하면 이것은 사실상 불가능한 가능성이지만, 현실 속에서는 이것이 실질적으로 가능하고, 또한 존재하고 있다. 이와 같은 결단하지 않음과 이중적 태도가 인간에서 "사실상 가능하다."[230] 여기에 하나님의 "한계"[231]와 "약함"[232]이 있다. 「교회교의학」 화해론에서 바르트에 의하면 하나님은 더 이상 권위적이시지 않고 인간과 대화를 원하시고, 인간을 그의 사역의 동반자로 삼기를 원하셔서, 인간을 설득하시는 하나님이시다. 하나님은 성령을 보내셔서 인간의 마음속에 마술적으로 믿음을 만드는 신이 아니시고 인간이 바르게 결단해서 믿음에 이르기를 바라시고 설득하시는 신이시다. 바로 이 바른 결단에 인간의 책임이 존재한다.

그에 의하면 믿음은 인간의 자유로운 결단이다. 그것은 철저히 인간의 행위이지 하나님의 행위가 아니다. 이런 까닭에 하나님은 인간의 행위인 믿음을 통해 인식된다. 바로 여기에서 인간과 하나님의 참된 만남이 시작된다. 하나님께서는 이 만남을 원하시고 이 만남을 간절히 기다리고 계신다.

그러나 바르트가 「교회교의학」 화해론에서 믿음이 철저히 인간의 자유로운 행위라고 강조했다고 해서 하나님께서 성령을 통해 인식된다는 「교회교의학」 하나님의 말씀에 대한 교리의 주장을 버렸다고 생각하면 안 된다. 바르트의 화해론에서의 가르침은 하나님의 말씀에 대한 교리에서의 가르침의 발전으로 보아야 한다. 왜냐하면 인간의

---

230) *KD* IV/3,2, 797.
231) K. Barth, *Das christliche Leben*, 202.
232) *KD* IV/3,2, 564f.

믿음이 철저히 인간의 자유로운 행위이지만, 이 인간의 믿음을 불러일으키고, 믿음으로 결단하도록 인도하시는 분이 성령이기 때문이다. 부활하신 예수 그리스도께서는 성령 안에서 활동하고 계시고, 이 예수 그리스도의 은총과 능력은 인간을 믿음의 사람으로 만든다. 바르트는 인간에게 역사하는 성령의 활동과 인간의 믿음의 결단을 꽃봉오리가 태양이 비춰면 자연스럽게 꽃을 활짝 피우고, 어린아이가 재미있는 것을 보면 자연스럽게 웃는 것에 비유했다.[233] 그 웃음은 어린아이가 웃는 것이지만, 사실상 재미있는 것을 보여 준 사람이 만든 것인 것처럼 인간의 믿음이 인간의 자유로운 행위이지만, 성령에 의해 인도된 믿음임에 틀림없다는 것이 바르트의 의도이다. 그러나 웃는 어린아이는 로봇이나 기계가 아니고 하나의 인격체이고, 어린아이의 웃음이 재미있는 것을 보여 준 사람에게 한없는 기쁨을 주는 것처럼, 인간의 믿음과 예수 그리스도의 증인으로서의 삶은 하나님께 말할 수 없는 기쁨이 된다.

이런 관점 때문에 바르트는 믿음은 인간의 행위라고 말하면서 동시에 하나님을 인식하는 것은 철저히 성령 안에서 역사하는 예수 그리스도의 역사라는 것을 강조했다. "그분이 이 일을 하신다! 이분, 바로 고난의 모습 속에 계신 예수 그리스도께서 말씀하시고 스스로를 인식시키신다."[234] 그리고 이 성령 안에 역사하시는 예수 그리스도께서 참된 증인(Der wahrhaftige Zeuge)이시고, 이 증인의 역사로 말미암아 인간은 믿음을 갖게 되고 하나님을 인식하게 되고, 예수 그리스도 안에 나타난 화해의 사건을 깨닫게 되고 세상과 우주 만물 속에 깃들어 있는 하나

---

233) K. Barth, *Einführung in die evangelische Theologie*(Gerd Mohn: Gütersloher, 1980), 82.
234) *KD* IV/3,1, 472.

님의 능력과 영광의 빛을 볼 수 있게 된다.

태양이 비칠 때 겨울철의 두꺼운 옷을 입고 있는 사람은 어떠할까? 그는 계속 겨울철의 두꺼운 옷을 입고 있을 수 있을까? 바르트에 의하면 그는 계속 그 두꺼운 옷을 입고 있을 수 있다. 그것은 매우 어리석은 일이지만 인간은 자유인이고 자유로운 인간은 그렇게 할 수 있다. 이때의 인간이 갖고 있는 자유는 분명히 자유이지만 그것은 진정한 자유가 아니고 전도된 자유이다. 이 전도된 자유 속에서 인간은 고통스럽고, 저주의 상태 속에 있다. 그러나 태양이 계속 빛을 비추면 인간은 자연스럽게 겨울철의 두꺼운 옷을 벗고 가벼운 옷차림으로 따뜻하고 화창한 날씨를 즐기고 새로운 봄바람을 가슴으로 느낀다. 이때 인간이 누리는 자유는 진정한 자유이다. 바르트에 의하면 태양의 빛은 성령 안에서 역사하는 예수 그리스도의 은총의 능력에 비유될 수 있다. 인간이 겨울철의 두꺼운 옷을 벗는 것은 죄를 벗고 믿음을 갖는 것에 비유될 수 있다. 이때 죄를 벗고 믿음을 갖는 것은 분명히 인간의 일이지만, 이 일은 동시에 성령 안에서 역사하신 예수 그리스도의 은총의 능력이다. 그리고 두꺼운 옷을 벗어야 봄의 새로움을 느낄 수 있는 것처럼, 죄를 벗고 믿음을 가질 때 예수 그리스도 안에 나타난 세상의 참모습을 볼 수 있다. 그에 의하면 인간은 스스로 겨울철 두꺼운 외투를 벗지 못한다. 인간에게서 겨울철 두꺼운 외투를 벗게 할 수 있는 존재는 성령 안에서 역사하시는 예수 그리스도 뿐이시다. 그런 까닭에 믿음은 인간의 일이지만 성령의 일이고, 인간이 구원에 이르는 것 역시 성령의 도우심이시다.

「교회교의학」 화해론은 바르트 신학의 절정으로 바르트는 이 화해론에서 그의 전기 저술에서 하지 못했던 인간의 진정한 자유와 책임을 언급하기 시작했다. 바르트는 화해론에서 하나님께서 인간과의 만남을 원하시고 인간으로부터 감사와 찬양을 받기를 원하시는 신이라는 사실을 본격적으로 체계화시켰다. 믿음은 인간의 행위이고 기도와 감사와 찬양 모두 인간의 행위이다. 인간은 결코 로봇이나 기계처럼 규정된 대로 움직이는 어떤 존재가 아니다. 하나님께서 자유로운 신이신 것처럼 인간 역시 자유로운 존재이다. 하나님은 결코 인간의 자유를 침해하는 신이 아니시다. 물론 인간의 진정한 자유는 예수 그리스도를 믿는데 있고 하나님을 사랑하는데 있고 이웃을 사랑하고 하나님의 명령을 행하는데 있지만 이 진정한 자유로 가는 길에 어떤 강요나 억압도 존재하지 않는다. 하나님께서는 인간이 하나님께서 인간을 사랑하신 사실을 알고 믿기를 기다리고 계시고, 인간이 알고 믿어서 하나님을 사랑하고 하나님께 감사와 영광을 돌리는 것을 애타게 바라고 계신다. 믿음이 인간의 행위가 아닌 한 그것이 하나님께 기쁨일 수가 없고 찬양과 감사가 인간의 행위가 아닌 한 하나님께서 그것을 애타게 기다리실 필요가 없다. 하나님은 인간이 믿을 수 있고 감사와 영광을 돌릴 수밖에 없는 모든 여건들을 만드시고 인간의 응답을 기다리고 계시는 것이다. 태양이 비쳐서 꽃봉오리가 꽃을 피우면 그 꽃을 보면서 한없는 기쁨을 느끼는 것처럼 하나님은 인간의 응답을 기다리면서 힘든 인류구원의 사역을 행하고 계신 것이다.

윤리학

윤리학

바르트의 윤리학은 하나님의 직접적 명령으로의 윤리학이다. 바르트에 의하면 하나님의 명령은 인간을 살리는 명령으로 복음이다. 그것은 결코 인간을 구속하거나 인간에게 멍에를 씌우는 명령이 아니고 인간을 살리고 세상을 살리고 바르게 하는 하나님의 사랑의 명령이다. 그리고 이 명령은 개개인에게 구체적이고, 직접적인 성격을 갖고 있는 명령이다. "지금", "여기에서" 주어지는 개개인을 향한 하나님의 명령이 바르트가 말하고자 하는 그의 윤리학의 핵심이다. 그리고 바르트의 윤리학의 목적은 인간을 성화시키는데 최종적인 목적이 있는 것이 아니고 하나님 나라를 향한 인간의 섬김과 소명에 있다.

바르트 윤리학의 또 하나의 중요한 성격은 그리스도인의 삶과 행동은 철저히 처음부터 마지막까지 기도와 동반되어야 한다는 가르침이다. 그러므로 바르트의 윤리학은 기도론의 성격을 띠고 있다. 기도 없이는 그리스도인의 윤리적 삶은 불가능하다. 인간이 하나님의 직접적인 명령을 듣고 아는 것에서부터 하나님 나라를 향한 자신의 소명을 완수함에 이르기까지 하나님의 인도하심과 도우심은 절대적이다. 그런 까닭에 바르트의 윤리학은 하나님 아버지를 부르는 기도에서부터 시작하는 윤리학이다.

복음의 형식인 율법

율법과 복음에 대한 바르트의 견해는 매우 독특하다. 바르트는 율법과 복음이라는 전통적 도식을 복음과 율법으로 바꾸었고, 이 복음과 율법이라는 순서가 복음과 율법에 대한 참으로 바른 순서이라고 주장했다. 바르트에 의하면 율법은 복음의 형식이고 복음은 율법의 내용이다. 율법은 복음을 떠나서는 이해될 수 없고 또한 성취될 수도 없다.[235]

율법과 복음에 대한 전통적 견해에 따르면 인간은 율법을 통해 죄를 인식하고, 하나님의 심판을 받을 수밖에 없는 존재라는 것을 깨닫게 된다. 따라서 인간은 율법하에서 두려움을 느끼고 하나님의 심판에 대한 불안에 떨게 된다. 이 두려움과 불안은 복음을 찾게 하고 인간을 그리스도 앞으로 인도한다. 율법과 복음에 대한 전통적 견해에 따르면 인간으로 하여금 죄를 인식하게 하는 것이 율법의 첫째 기능이고, 이 죄를 인식한 인간을 그리스도 앞으로 인도하는 것이 율법의 둘째 기능이다. 그런 까닭에 율법은 복음에 앞서 있고, 율법으로부터 사람들은 복음으로 나아간다.

---

[235] K. Barth, *Evangelium und Gesetz*. ThEx 32(München: 1935); E. Busch, *Die grosse Leidenschaft*, 161-173.

그러나 바르트는 위와 같은 율법과 복음의 도식을 정반대로 바꾸었다. 바르트에 의하면 인간이 죄를 인식하는 것은 율법을 통해서가 아니고 복음을 통해서이다. 복음을 알지 못한 인간들은 스스로를 의롭다 하고, 회칠한 무덤처럼 스스로를 고상한 자로 꾸미고, 자신의 양심까지 속이면서 자신의 정당성을 주장한다. 자신을 정당화시키는 수많은 이론들을 발전시키고, 모든 잘못을 이웃과 주변 환경으로 돌리는 것이 현존하고 있는 인간의 참모습이다. 인간은 복음에 접하기 전에는 결코 자신이 참으로 죄인이라는 것을 깨닫지 못한다. 인간이 자신을 죄인이라는 것을 참으로 깨닫는 순간은 자신의 죄를 위해 죽으신 십자가의 그리스도를 만날 때이다. 복음을 접한 인간은 비로소 자신이 영원한 형벌을 받을 죄인이라는 것을 알게 되고 자신의 죄의 심각성과 죄인 됨을 깊이 깨닫게 된다.

바르트에 의하면 율법이 자기 기능을 하는 것도 복음 안에서이다. 복음을 깨달은 인간이 하나님의 율법을 읽을 때 비로소 그 율법은 살아있는 법이 되고 인간의 잘못을 책망하고, 인간은 더욱 깊게 그리스도의 죽음의 은혜를 알게 된다. 율법은 복음을 떠나서는 살아있는 기능을 수행하지 못한다. 율법은 복음 안에서 살아 움직이기 시작하고, 인간에게 죄를 깨닫게 하고, 그리스도의 은총 앞에 인간을 세운다. 그런 까닭에 율법이 복음에 앞서있는 것이 아니고 복음이 율법에 앞서있고, 율법이 제 기능을 하는 것은 오직 복음 안에서이다.

바르트는 로마서의 바울의 가르침은 이미 복음을 접한 바울이 그 복음의 빛에서 율법을 해석하고 있다는 점을 유념해야 한다고 강조했다. 복음을 접하지 못한 자가 바울이 해석한 것과 같이 율법을 결코 해석할 수 없다. 전통적인 율법과 복음의 도식은 이미 복음에 접한 바울이 율법과 복음을 해석하고 있다는 점을 간과하고, 복음과 분리된 인간에게도 율법이 복음에 접한 바울에게 나타나고 있는 것과 똑같은 기능을 수행할 것이라고 생각한 것에 근본적인 오류가 있다고 바르트는 보았다.

하나님의 명령인 율법은 복음 속에서만 제 기능을 발휘한다. 복음 속에서 제 기능을 발휘하는 율법은 소극적으로는 인간의 죄를 책망하는 기능을 갖고 있지만, 적극적인 차원에서는 그것은 인간을 살리기 위한 하나님의 명령이다. 바르트에 의하면 율법은 인간을 살리기 위한 하나님의 명령으로, 곧 복음이다. 따라서 율법은 선한 것이다. 인간은 무엇이 참으로 선한 것인지 알지 못한다. 인간을 참으로 살리고 바르게 하는 길을 죄인인 인간은 알지 못한다. 율법이 복음인 이유는 그것이 인간을 살리고 바르게 하는 하나님의 명령이고 하나님의 은총이기 때문이다. 인간은 율법을 통해 하나님의 명령을 듣고, 이 명령을 수행하면서 인간은 구원받고, 살아나고, 바르게 되고, 부요해지고, 비인간적인 곤경에서 벗어나 참으로 인간이 된다. 그런 까닭에 율법은 인간을 살리기 위한 복음의 형식이다. 이 복음의 형식이 없으면 인간은 이내 방향을 잃고 참으로 인간이 되는 길을 걷지 못한다.

율법의 핵심은 하나님의 사랑과 이웃사랑에 있다. 인간은 하나님을 사랑하면서 참으로 구원받고, 행복해지고, 부요해지고, 기쁨과 즐거움의 삶을 영위하게 된다. 또한 인간은 이웃을 사랑하면서 참으로 인간이 된다. 소외된 인간, 고독한 인간은 참인간이 아니고 비인간화된 인간이고 구원받아야 할 인간이다. 인간은 이웃과의 만남과 사귐을 통해 인간성의 참 신비와 아름다움을 깨닫게 되고, 하나님으로부터 규정된 인간의 참된 즐거움을 누리게 된다. 율법의 형식으로 나타나는 하나님의 명령은 인간을 살리고 참으로 인간답게 만들고자 하시는 하나님의 은총의 명령이고, 바로 이 은총이 구체적으로 나타난 형식이다. 그런 까닭에 율법은 복음의 형식일 뿐 다른 아무 것도 아니다.

하나님은 사랑이시고, 언제나 은혜로우시다. 그리고 이 은혜로우신 하나님의 명령 역시 언제나 은총이다. 그것은 인간에게 무거운 짐을 지우는 명령이 아니고, 인간에게 유익하고, 덕이 되고, 인간이 즐겁게 할 수 있는 것을 명하는 하나님의 은총의 명령이다. 바르트에 의하면 하나님의 명령은 불가능한 요구가 아니고, 복음과 하나님의 은총을 통해 이미 인간에게 주어져 있는 것을 행하도록 명하시는 하나님의 은총의 명령이다. 하나님은 복음과 하나님의 은총을 통해 인간을 다른 상황 속에 존재하는 자로 만들어 놓으셨다. 즉 하나님은 복음과 그의 은총을 통해 인간이 하나님의 명령을 수행할 수 있는 자로 만들어 놓으셨다. 그런 까닭에 그에 의하면 "너는 ~해야 한다"(Du sollst)는 "너는 ~하도록 허락되어 있다"(Du darfst) 혹은 "너는 ~하게 될 것이다"(Du wirst)는 말씀과 같은 말씀으로 간주해야 한다. 인간은 하나님의 명령을 수행할 수 있다. 왜냐하면 하나님께서 복음과 그의 은총으로 하나님의 명령을 수행할 수 있는 여건을 만들어 놓았기 때문이다. 그런 까닭에 인간은 하나님의 명령을 수행하는 자가 되어가는 것이고, 인간이 이 하나님의 명령을 수행할 수 있도록 환경을 마련하시고 그 환경을 허락하신 하나님께 감사하게 된다.

그러므로 인간은 감사하면서 용기를 가지고 하나님의 명령을 수행해야 한다. 하나님께서는 성령을 통해 인간에게 이 환경을 깨우치고 감사를 알게 하고, 용기를 일깨워 주신다. 그렇다고 해도 용기를 갖고 하나님의 명령을 수행하는 일은 인간의 일이다. 그러나 이 일은 감사 속에서 일어나는 일이다. 바르트의 윤리학은 감사의 윤리학이다. 그것은 철저히 복음과 하나님의 은총 때문에 가능한 일이기 때문에, 언제나 감사가 동반되는 일이다. 하나님의 명령은 복음이 구현되는 형식이다.

바르트에 의하면 인간은 하나님의 자녀이고 하나님 앞에 기도하도록 허락되어 있는 존재이다. 그것이 인간이 하나님의 명령을 수행할 수 있는 첫 번째 환경이다. 하나님을 아바 아버지라고 부르는 것은 세상이 할 수 없는 일을 행하는 새 역사의 시작이다. 하나님은 인간에게 영원한 도움으로 존재하시고, 인간은 인간을 위해 도우시고 일하시는 하나님과 함께 새 역사를 만들어 나간다. 인간에게 주어져 있는 이 새로운 환경은, 놀랍고도 신비한 환경인데, 이 새로운 환경 때문에 인간은 하나님의 명령을 수행할 수 있는 인간이 된다.

바르트에 의하면 율법은 복음을 떠나서는 존재할 수 없다. 율법은 복음이 나타나는 형식일 뿐이고, 율법의 내용은 복음이다. 복음 때문에 하나님의 명령은 행할 수 있는 명령이고, 감사함으로 행하는 명령이다. 그리고 인간은 이 하나님의 명령을 행함으로 인간답게 되고, 거룩해지고, 존귀한 인간이 된다.

부쉬에 의하면 바르트의 윤리학에서 하나님의 명령은 강요가 아니라 허락의 성격을 갖고 있다.[236] 하나님의 명령은 인간에게 용기를 불어넣는 것이고, 인간이 할 수 있다는 것을 격려하는 것이고, 할 수 있는 환경이 주어져 있음을 알리는 명령이다. 그것은 또한 인간이 자유롭게 결정할 것을 기다리는 하나님의 명령이다. 인간이 이 자유를 잘

---

236) E. Busch, *Die grosse Leidenschaft*, 175; K. Barth, *Predigten 1954-1967*(Zürich: Theologischer Verlag, 2003), 163-170.

못 사용해서 인간에게 허락되어 있는 것을 행하지 않는 것은 인간의 자유의 오용이고, 죄이다. 바르트에 의하면 인간이 할 수 있도록 허락되어 있는 것을 행하지 않는 것이 인간의 죄이다. 하나님의 명령은 행할 수 없는 명령이 아니라 행할 수 있는 명령이고, 행할 수 있는 여건이 주어져 있는 명령이다. 이 모든 여건과 행할 수 있는 능력은 복음과 하나님의 은총으로 주어져 있다. 그러나 이 명령을 행하는 것은 인간의 행위이고, 인간에게는 이 자유와 책임이 주어져 있다. 이런 까닭에 바르트의 윤리학은 복음의 윤리학이고 자유와 책임의 윤리학이고 감사의 윤리학이다.

기독교 윤리와 비기독교 윤리

바르트에 의하면 비 기독교 윤리의 존재는 그것이 존재하는 것 자체가 하나님의 은총이다. 그것은 인간에게 무엇이 선한 것인가에 대한 물음과 결부되어 있는 것인데, 인간이 이 질문을 제기하는 것 자체도 하나님의 은총에 의한 것이다. 인간은 하나님의 은총을 떠날 수 없고, 그런 까닭에 인간에게는 본질적으로 윤리적 질문과 과제가 주어져 있다.

모든 윤리의 배후에 하나님의 은총이 있기 때문에 기독교 윤리는 비기독교 윤리에 의해 배울 수 있고 또한 스스로를 고칠 수 있다.[237] 비록 세상의 윤리라 할지라도 하나님의 은총에서 완전히 이탈될 수는 없다. 그런 까닭에 기독교 윤리와 비 기독교 윤리와의 대화는 충분히 가

---
237) *KD* II/2, 574.

능하고, 이 대화를 통해 기독교 윤리는 하나님의 은총의 어떤 것, 선한 어떤 것을 찾을 수 있고, 스스로의 잘못을 수정할 수 있다.

그러나 바르트는 세상의 윤리에 대한 낙관론을 철저히 경계했다. 왜냐하면 세상의 윤리는 죄와 깊이 결부되어 있기 때문이다. "일반적 개념의 윤리는 너무나 놀랍게도 정확히 죄라는 개념과 결부되어 있다."[238] 세상의 윤리는 인간이 스스로 만든 것인데, 참으로 인간을 살리고 바르게 하는 하나님의 명령과는 깊은 간격이 있다. 그것은 하나님께서 명하신 참으로 선한 것이 아니고 인간이 자의적으로 만든 어떤 것이다. 세상의 윤리는 하나님께서 명하신 참된 선의 당위적(sollen)인 것이 아니고, 무엇이 참으로 인간을 살리고 바르게 하는 것인지 모르는 인간이 스스로 원해서 만든 자의적(wollen)인 것이다.

하나님의 은총과 복음에서 이탈된 인간의 윤리는 결국 인간을 억압하고, 인간을 살리지도 바르게 하지도 못한다. 예수 그리스도 안에 나타난 하나님의 참된 계시와 복음을 알지 못하는 인간은 무엇이 참으로 선한 것인지 알지 못한다. 선의 근원은 예수 그리스도 안에 있다. 예수 그리스도를 떠난 참된 선은 없다. 예수 그리스도를 통해 계시된 하나님의 명령으로 세상의 윤리를 해방시켜야 한다. 세상은 스스로 선이 무엇인지 알고 있다는 교만을 갖고 있지만, 이 자체가 이미 죄이다. 인간은 참으로 선한 것이 무엇인지 알지 못하기 때문에, 복음을 들어야 하고, 하나님의 명령을 들어야 하고, 하나님의 명령을 통해 참으로 자신을 살리고 바르게 하는 길이 무엇인지 깨달아서 이를 행해야 한다.

---

[238] *Ibid.*

기도로 시작되는 기독교 윤리

바르트 신학 이해에 있어서 하나님을 찾는 기도는 매우 중요하다. 특히 바르트 신학의 윤리학 이해에 있어서 기도는 절대적 중요성을 갖고 있다. 존 웹스터(J. Webster)는 바르트의 윤리학이 기도론의 특징이 있음을 잘 밝히고 있다.[239] 바르트에 의하면 그리스도인의 행위와 윤리는 기도에서 시작하고 기도와 언제나 동반되어야 하고 기도로 종국에 이른다. "기도 속에서 인간은 바로 가장 핵심적인 것을 행하는데, 그것은 인간이 그 밖에 행하는 모든 것에 앞서고, 동반되고, 또한 뒤따르는 것이다."[240] 바르트에 의하면 인간의 삶과 행위에 있어서 너무나도 필요하신 분은 하나님이시고 "인간은 이 기도 속에서 그 하나님을 전적으로 의존하는 자로 행동하는 것"이다.[241] 그리스도인을 향한 하나님의 윤리적 명령의 시작은 하나님을 찾으라는 것이다. "하나님을 찾으라"(시50:15)는 명령어를 모든 신적인 명령의 토대로 이해한다.[242] 하나님을 찾는 삶이 그리스도인의 삶이고, 역으로 그리스도인의 삶과 윤리의 특징은 하나님을 찾는 기도의 행위이다.

곤경 속에 있는 인간은 하나님의 도움이 없이는 아무 것도 할 수 없다. 모든 선한 것과 모든 풍요로움은 하나님으로부터 오기 때문에 인간의 선함과 윤리적 삶도 전적으로 하나님께 의지하고 있다. 하나님만이 곤경 속에 있는 인간의 유일한 도움이시고, 모든 선함의 원천이

---

239) J. Webster, *Karl Barth*(London/New York: Continuum, 2000), 158-160.
240) K. Barth, *Das Christliche Leben*, 67.
241) *Ibid.*
242) *Ibid.*, 69.

요, 모든 선한 것을 분여해 주시는 분이시다. 이 하나님의 도움과 은총이 없이는 인간의 바른 윤리적 삶은 불가능하다. 그러므로 하나님을 찾는 기도는 많은 것들 가운데 가장 중심적인 바로 "그 한 가지"(Das Eine) 이고, 하나님으로부터 인간에게 명령되어 있는 모든 과제를 수행할 수 있는 "열쇠"이다. [243]

그리스도인의 윤리적 삶은 불의에 대한 투쟁이지만 더 깊은 차원에서는 무(Nichtiges)의 세력과의 투쟁이다. 이 무의 세력은 성서적 표현으로는 세상권세를 잡고 있는 마귀의 세력이다. 이 무의 세력과의 싸움에서 이길 수 있는 길은 하나님을 찾는 길 외에 다른 길은 없다. 1917년 바르트가 그의 친구 투르나이젠과 함께 펴낸 설교집 「하나님을 찾으라 그리하면 살리라」(Suchet Gott, so werdet ihr leben!)에서 강조한 젊은 바르트의 예언자적 목소리는 그의 일생을 통해 더욱 심화되었고, 그가 노년에 쓴 그의 화해론의 윤리학인 「그리스도인의 삶」은 주기도문을 해설하는 기도론을 그의 윤리학의 시작으로 삼았고, 불의에 대항해서 싸우는 싸움에서 인간이 해야 할 가장 중요하고 핵심적인 일이 바로 하나님을 찾는 일인 기도임을 강조했다. [244] 바르트에 의하면 하나님께서 직접 행동하시지 않고서는 무의 세력을 이길 수 없다. 그런 까닭에 불의에 대항해서 싸우는 싸움에서 단 하나 가장 중요한 일은 하나님을 찾는 일이고, 그것이 사는 일이고 진정한 윤리적 삶이다.

그에 의하면 "인간이 하나님으로부터 멀어지고, 하나님과 이탈된 것이 모든 악의 뿌리이다." [245] 이 악의 뿌리를 정확하게 인식하지 않고서는 참된 그리스도인의 윤리적 삶은 불가능하다. 그리스도인의 윤

---

243) *Ibid.*, 67-68.
244) *Ibid.*, 451.
245) *Ibid.*, 363.

리적 삶은 하나님을 사랑하는 아버지로 알고, 이 하나님 아버지를 찾는 삶에서 시작된다. 하나님 아버지를 부르는 순간이 어둠이 걷히는 순간이고, 하늘의 은혜가 땅에 임하는 순간이고, 악에서 떠나 선으로 향하는 순간이다. 바르트에 의하면 인간은 하나님께 기도하면서 완전히 질적으로 다른 삶을 살게 된다. 악과 불의에 대항할 수 있는 인간 편에서의 가장 강력한 대항 수단은 하나님을 기다리는 것이고 하나님께 기도하는 것이다. 이 기도 속에서 인간은 스스로 행할 수 있는 "가장 훌륭한 것보다 질적으로 훨씬 더 나은 것을"(qualitativ mehr und Besseres als das Beste)[246] 행하는 인간이 된다.

바르트의 윤리학은 인간의 자연적 능력을 신뢰하는 윤리학이 아니다. 현실의 인간은 죄인이고 하나님의 선에 이를 수 없는 무능한 인간이다. 인간은 하나님의 의를 알지도 못하고 하나님의 의에 이를 수 있는 능력도 없다. 인간은 죄에 물들어 있고 무의 세력에 사로잡혀 있다. 인간이 선에 이르고 의를 행하는 것은 철저히 하나님의 은혜요, 하나님의 도움이다. 바르트의 윤리학은 기도를 요청하는 윤리학이요, 역으로 기도는 바르트 윤리학의 뼈대요, 토대이다.

기도는 하나님의 명령이다. 인간은 기도하도록 하나님으로부터 명령을 받았다. 그리고 이 기도하라는 명령은 하나님의 다른 모든 명령에 앞서 있고, 동반되어 있다. 하나님은 기도의 중요성과 필요성을 끊임없이 깨우쳐주신다. 그러나 기도는 인간의 일이지 하나님의 일은 아니다. 바르트의 윤리학은 하나님의 일과 인간의 일이 혼동되거나 혼합되어 있는 윤리학이 아니다. 인간이 선에 이르고 의에 이르는 것은 전적으로 하나님의 은혜이고 하나님의 도움이지만, 그러나 그것은

---

246) *Ibid.*, 452.

철저히 인간의 일이다. 하나님께서는 인간이 선에 이를 수 있도록 모든 것을 준비하시고 돕고 계시지만 기도하지 않는 인간에게는 이 모든 것이 현실화되기 어렵다. 그런 까닭에 하나님께서는 인간에게 기도하라고 명령하고 계신 것이다. 그런데 인간의 기도로 하나님의 은혜가 넘치는 삶이 인간에게 주어졌다 해도, 그 풍요롭고 선한 삶이 인간에게서 기인된 삶이 아니다. 그러므로 인간의 의와 선은 결코 인간에게 그 근원이 있는 것이 아니고 하나님께 있는 것이다. 그 모든 것은 하나님의 은혜이고 하나님의 도움이다.

하나님의 직접적인 명령으로서의 윤리학

하나님의 명령은 은총이고 복음이다. 하나님의 명령은 인간과 세상을 살리고 바르게 하는 귀중한 명령이다. 그런데 이 하나님의 명령을 어떻게 알 수 있을까? 이 하나님의 명령을 자연법으로 알 수 있을까? 아니면 인간의 이성이나 양심으로 알 수 있을까? 아니면 교회의 전통이나 성서에 기록된 문자로 알 수 있을까?

바르트의 「로마서 강해」 제 2판은 "하나님은 하늘에 계시고 너는 땅에 있다"는 세계를 놀라게 한 바르트의 유명한 말이 기록되어 있다. 이 말은 하나님과 인간의 근본적 질적 차이를 강조하려는 바르트의 의도가 들어 있는 말인데, 자연법이나 인간의 이성이나 양심으로 알고 있는 하나님은 참 하나님이 아니라는, 19C의 문화기독교주의를 근원적으로 부정하는 바르트의 말이었다. 인간과 세상을 살리는 은총의 명령인 하나님의 명령 역시 바르트에 의하면 자연법이나 인간의 이성이나 양심으로 추론할 수 있는 어떤 것이 아니다.

개신교 옛 정통주의자들은 하나님의 명령과 성서의 문자적 내용을 일치시켰다. 즉 성서의 문자적 내용을 따르는 것이 하나님의 명령을 따른다는 생각이었다. 이와 같은 생각은 옛 정통주의 신학의 영향이 강한 한국의 다수의 교회에 그대로 남아있고, 한국의 다수의 교회와 성도들은 성서의 문자적 내용과 하나님의 명령과의 일치를 조금도 의심하지 않고 받아들이고 있다. 그러나 바르트에 의하면 성서의 문자와 하나님의 명령은 언제나 일치하는 것이 아니다. 하나님의 명령이 때로는 성서의 문자적 내용과 정반대가 되는 경우도 있다. 유대인 600만이 죽어가고, 히틀러가 일으킨 전쟁으로 수천만이 죽어가는 상황에서의 하나님의 명령은 히틀러를 죽이는 것이었다. 성서의 문자적 내용은 "살인하지 말라"이지만, 히틀러적 상황이라는 극한적 상황에서의 하나님의 명령은, 히틀러를 죽이는 것이라고 바르트는 이해했다. 바르트는 히틀러를 죽이고자 했던 본회퍼의 신학적 결단을 하나님의 명령에 대한 바른 신학적 결단으로 보았다. 바르트에 의하면 하나님은 살아계시고, "지금", "여기에서" 명령하고 계신다. 바르트의 윤리학에 있어서 "지금", "여기에서"는 매우 중요한 개념이다. 그것은 바르트의 윤리학을 이해하는 귀중한 열쇠이다. 바르트는 생명에 대한 존중과 생명 앞에서의 경외가 하나님의 뜻이기 때문에 사형제도를 반대한 신학자였음에도 불구하고 히틀러적 상황 속에서의 하나님의 명령은 히틀러를 죽이는 것이라고 보았다. 바르트에 의하면 하나님은 살아계시고, 구체적 역사적 정황에서

---

247) 바르트 윤리학의 특징을 이해하기 위해서 다음의 글을 참고하라. N. Beggar, "Hearing God's Command and Thinking about What's right: With and Beyond Barth", in: N. Biggar(ed.), *Reckoning with Barth*(London: Mowbray, 1988), 101-118.

구체적으로 명령하신다.247) 어떤 한 가지 원리를 추론해서 그 원리를 모든 상황 속에 적용하는 윤리학은 살아계신 하나님의 살아계신 말씀과 명령을 해칠 위험이 있다. 살아계신 하나님의 명령은 때로는 윤리학의 원칙을 뒤엎고, 때로는 성경의 문자적 내용과 정반대로 나타날 수도 있다.

그에 의하면 하나님은 구체적 상황 속에서 직접적으로 명령하신다. 그리고 하나님의 명령은 매우 개별적이다. 모든 사람에게 똑같이 적용되는 하나님의 명령의 원칙은 없다. 사람은 사람마다 주어진 환경과 상황이 다르기 때문에 하나님은 각 사람에게 그들의 주어진 환경과 상황 속에서 그들을 살리고 바르게 하는 은총의 명령을 말씀하신다. 획일화된 윤리학은 복음적 윤리학이 아니다. 그것은 인간을 고상한 원리에 묶어버리는 윤리학인데, 이런 윤리학은 결국 인간을 율법 속에 가두어 버린다. 바르트의 윤리학은 자유의 윤리학이고 개별적인 윤리학이다. 하나님만이 인간이 처한 상황을 정확히 알고 계신다. 고상한 윤리적 원리가 인간을 구원하는 것이 아니고, 하나님께서 인간을 구원하시고 살리신다. 인간을 살리고 바르게 하고, 인간을 구원하고, 인간이 기쁨으로 따를 수 있는 하나님의 명령은 하나님만이 정확히 알고 계신다. 살아계신 은총의 하나님만이 얽히고 묶인 정황 속에서 곤경 속에 빠진 인간을 살리는 은총의 명령을 말씀하실 수 있다. 진정한 자유의 윤리학은 개별적인 윤리학이다. 바르트에 의하면 하나님께서는 개개인에게 개별적으로 직접 말씀하시고 명령하신다. 바로 이 하나님의 명령이 인간이 기쁨으로 따를 수 있는 은총의 명령이다.

바르트의 윤리학이 성서적 문자주의를 반대하고 "지금", "여기에서"라는 상황을 깊이 고려하는 특징을 갖고 있기 때문에 상황윤리로 잘못 이해되어 비판을 받기도 하지만 이는 바르트의 윤리학을 깊이 이해하지 못한데서 나온 오류이다. 바르트의 윤리학은 하나님의 직접적 명령으로서의 윤리학이지 상황윤리가 아니다. 바르트는 근본적으로 하나님께서만 인간을 살리고 바르게 할 뿐 인간이 만든 어떤 고상한 원리가 인간을 살리고 바르게 한다고 믿지 않고 있었던 신학자였다. 상황윤리가 성서적 문자주의에 매달리지 아니하고 "지금", "여기에서"라는 상황을 깊이 고려하고 있는 점은 바르트의 윤리학과 유사한 점이 있지만 사랑이라는 고상한 원리를 윤리적 판단의 척도로 삼고 있는 점이 바르트의 윤리학과는 근본적인 차이가 있다. 바르트에 의하면 사랑이나 생명에 대한 존중, 정의 등은 하나님의 명령을 이해하는 예비적 성격을 갖고 있는 것이지, 최종적인 하나님의 명령이 아니다. 그리고 인간이 해석한 사랑과 정의가 참으로 하나님께서 해석한 사랑과 정의와 일치하지 않으며, 다수가 해석한 사랑과 정의가 소수로 고통 속에 있는 자들의 사랑과 정의와 일치하지 않는다. 바르트에 의하면 하나님께서는 개별적으로 말씀하시기에, 이 개별적 말씀이 진정한 사랑이고 정의이다. 인간이 파악하고 해석한 사랑의 원리가 인간을 구원하고 바르게 하는 것이 아니고, 하나님께서 상황을 파악하시고 살리시기 위한 구체적 명령이 참으로 인간을 구원하시는 하나님의 은총의 명령이다.

하나님의 명령이 직접적이고 개별적 특징을 갖고 있기 때문에 기독교 윤리학은 근본적으로 한계를 지니고 있다. 기독교 윤리학은 개개인에게 떨어지는 하나님의 명령을 일일이 규정할 수도 없고, 또한 그렇게 해서도 안 된다. 그것은 오직 방향을 지시할 수 있을 뿐이다. 더구나 제 1세계의 유럽 땅에 있는 부유한 신학자가 제 3세계의 삶의 투쟁 속에 있는 그리스도인들에게 떨어지는 하나님의 명령을 규정하는 것은 어불성설이다.

하나님의 명령이 직접적이고 개별적이기 때문에 하나님의 명령을 바르게 이행하기 위해서 인간은 이런 저런 이론으로 무장하고 추론하는 것으로 최종적 윤리적 답을 얻어서는 안 되고, 겸손히 하나님의 명령을 들어야 한다. 그러므로 바른 윤리적 삶은 기도 속에서 이루어진다. 인간은 기도 속에서 하나님을 만나고, 자신과 세상을 참으로 살리고, 바르게 하고, 구원하시는 하나님의 은총의 명령을 듣게 된다. 그리스도인의 윤리적 삶은 추상적 논리 속에서 일어나는 것이 아니고, 은총의 하나님과의 직접적 만남 속에서 일어난다. 이런 까닭에 바르트의 윤리학은 성령론적 특징을 갖고 있다.

바르트에 의하면 하나님은 객체가 아니고 주체이시다. 하나님께서 객체가 아니고 주체이시다란 말은 하나님은 살아계신 하나님이요, 인격적이신 하나님이시고 행동하시는 하나님이시다란 말과 같은 말이다. 하나님은 어떤 개념이나 원리로 규정되실 수 있는 분이 아니다. 어떤 개념이나 원리로 규정되는 존재는 이미 하나님이 아니다. 인간이 만든 어떤 개념이나 원리가 하나님을 규정할 수 있는 것이 아니고, 하나님께서 스스로 행동하시면서 인간의 어떤 개념이나 원리를 사로잡아 사용하시는 것뿐이다. 하나님께서는 언제나 주체라는 말은 하나님께서 스스로 행동하시면서 인간적, 세상적 객체들을 사로잡아 사용하실 뿐이지 결코 그 역이 될 수 없다는 말이다. 이런 까닭에 인간이 하나님을 아는 길도 개념적 언어의 나열과 체계화를 통해 일어나는 것이 아니고 하나님과의 인격적 만남 속에서 일어나는 것이고, 성령을 통해 가능한 것이고, 이 만남 속에서 비로소 인간은 하나님의 말씀을 듣고 하나님의 명령을 알게 되는 것이다.

이와 같은 바르트의 윤리학에 대한 비판은 바르트의 윤리학이 본질적으로 사적인 계시와 주관적인 만남에 기초하고 있기 때문에 비이성적이고, 객관성이 결여되어 있고, 개인적 판단을 절대화시키는 주관주의의 위험이 깊이 도사리고 있다는 것이다. 또한 이 윤리학은 윤리학의 원칙을 허물어뜨리는데, 처음부터 규범적 윤리학이 아니라고 한다. 또한 분명하고 객관적이고 규범적이고 도덕적 인도를 근본적으로 거부하고 있기 때문에 근원적 문제점을 지니고 있다고 비판한다.

그러나 이와 같은 비판은 바르트의 윤리학에 대한 오해에서 비롯된 것이라고 볼 수 있다. 왜냐하면 바르트의 윤리학은 결코 주관주의에 빠진 윤리학이 아니기 때문이다. 일부 성령운동가들에게 볼 수 있는 독선적인 자기 주장을 하나님의 명령과 일치시키는 것은 바르트의 윤리학과는 너무나 거리가 멀다. 왜냐하면 바르트는 언제나 하나님의 말씀과 명령을 성서를 통해서 들어야 한다는, 일생을 통해 변치 않는 대원칙을 갖고 있었기 때문이다. 객관적으로 우리에게 주어진 성서를 떠나 하나님의 말씀이나 계시를 찾는 것은 바르트에 의하면 우상숭배이다. 그리고 바르트는 성서비평학의 가치나 기능도 잘 알고 있는 신학자였다. 성서비평학의 가치를 지나치게, 필요이상으로 강조하던 당시의 자유주의 신학자들에 대해 강력한 비판을 가했지만 성서비평학이 하나님의 말씀을 이해하는 도구로 불필요하다는 입장을 바르트는 한 번도 피력한 적이 없었다. 바르트가 강조하고자 하는 것은 성서해석에 있어서 성서본문인 텍스트와 성경해석자만 있는 것이 아니고, 이 둘보다 더욱 중요한 분이 있다는 것이었다. 즉 성서해석에 있어서 가장 중요한 것은 성서를 통해서 말씀하시고 명령하시는 하나님이 계시고 이 하나님께 초점을 맞추어야 한다는 것이다. 바르트는 인간이 자의적으로 성서를 해석해서 어떤 결론에 도달하는 것은 주관주의로 흐를 수 있는 위험이 내포되고 있다고 보았다. 수많은 성서해석자들이 자신의 선입견이나 자신의 이익이나 당파의 이익 때문에 자신들이 좋아하는 성서해석 방법론을 사용해서 하나님의 말씀을 제멋대로 재단하는 것이 주관주의적 성서해석의 크나큰 위험이고, 바로 이런 위험이 심각하게 존재하고 있다고 바르트는 본 것이었다. 우리가 하나님의 말씀과 명령을 듣는 길은 우리 자신의 주장과 고집을 내려놓고 하나님이 말씀하시고 명령하시는 것을 듣는 것이다.

또한 바르트의 윤리학이 규범이 없다는 비판도 바르트의 윤리학에 대한 오해에서 비롯되었다. 바르트는 규범적 윤리학의 오류를 비판한 것이지 규범도 없이 갈 지(之)자 행보를 하는 기독교 윤리학을 주장한 것은 아니다. 바르트의 「교회교의학」 III/4에서 거대하게 펼쳐지고 있는 바르트의 창조론의 윤리학과 「교회교의학」 화해론의 윤리학인 "그리스도인의 삶"에서 전개되고 있는 윤리학을 보면 바르트는 분명한 윤리적 방향과 지향점을 제시하고 있다. 바르트의 윤리학은 인간을 향한 무한한 긍정의 윤리학이고, 생명 앞에서의 경외와 생명존중의 윤리학이고, 하나님 나라를 향해 의를 세워나가는 윤리학이다. 바르트의 윤리학은 진정한 휴머니즘을 향하고 있고 사랑과 자유와 평화를 위한 윤리학이다. 그리고 이 윤리학이 구체적 정황 속에서 어떤 방향으로 향해야 되는지 바르트는 분명히 제시하고 있다. 그러나 바르트가 말하고자 하는 것은 위와 같은 기독교 윤리학의 모든 내용들도 하나의 방향지시일 뿐 최종적 답이 아니라는 점이다. 왜냐하면 살아계신 하나님께서 직접 말씀하시고 명령하고 계시기 때문이다. 인간을 살리고 바르게 하기 위해 하나님께서는 지금도 행동하시고 인간을 도우시고 계시기 때문에, 그 하나님께 묻고 그 하나님께 답을 얻어야 함을 바르트는 강조하고 있는 것이다. 그리고 그 하나님께로부터 나오는 명령만이 참으로 인간을 살리고 바르게 하는 은총의 명령임을 바르트가 말하고자 하는 것이다.

하나님 나라를 향한 윤리학

바르트의 윤리학은 하나님 나라를 향한 윤리학이다. 바르트는 이미 「로마서 강해」 제 1판에서 하나님 나라를 향한 자신의 신학을 발전시킨 바 있다. 그런데 이 하나님 나라를 향한 바르트의 신학은 특히 그의 「교회교의학」 제 4권 화해론에서 매우 체계적으로 발전되어 있다. 바르트는 이 화해론에서 하나님 나라를 향한 신학을 체계화시키면서 하나님 나라를 향한 윤리학을 발전시켰다.

하나님 나라의 선취로서의 예수 그리스도의 부활

예수 그리스도의 부활이 종말에 나타날 하나님 나라의 선취라는 사상은 20C 후반에 판넨베르크와 몰트만에게서 나타나는 매우 중요한 신학정신이다. 특히 몰트만은 1964년 「희망의 신학」(*Theologie der Hoffnung*)을 저술하면서 예수 그리스도의 부활은 종말에 나타날 하나님 나라의 선취 혹은 예기적 사건임을 강조했고, 이 예수 그리스도 안에 나타난 하나님 나라의 역사 속에서의 침투와 확장과 이와 동반된 세상 속의 불의의 세력과의 불가피한 투쟁을 언급했다. 몰트만이 「희망의 신학」에서 강조한 하나님 나라와 세상과의 투쟁은 20C 후반에 전 세계에 크게 영향을 미쳤고 세계 도처에서 일어난 인종차별 철폐를 위한 투쟁, 반독재 투쟁, 인권과 정의를 위한 투쟁, 동서냉전의 종식을 위한 노력 등 수많은 현대사의 큰 역사적 운동에 사상적 배경으로 존재하고 있었다.

그런데 몰트만이 「희망의 신학」에서 예수 그리스도의 부활의 하나님 나라의 선취적 성격과 하나님 나라와 세상과의 갈등과 투쟁을 언급하기 이전에 이미 바르트가 그의 「교회교의학」 화해론에서 몰트만과 매우 유사한 신학사상을 발전시키고 체계화시킨 사실은 매우 놀라운 일이다. 그런데 이 놀라운 사실이 최근에야 비로소 전 세계 신학에 알려지게 된 것은 매우 안타까운 일이다. 바르트의 신학이 전 세계에 널리 알려졌지만 바르트의 전기 사상이 주로 알려졌을 뿐이고 바르트의 후기 사상은 최근에야 비로소 알려지고 있고, 또한 상당 부분은 지금도 연구되고 있다. 바르트의 신학사상과 윤리학이 하나님 나라를 향하고 있고, 바르트 신학의 해방을 위한 신학과 자유를 위한 신학의 특징과 예수 그리스도의 부활의 하나님 나라의 선취적 성격은 특히 1994년에 출간된 클라페르트의 「화해와 해방」(Vershnung und Befreiung)이라는 바르트의 화해론에 대한 매우 중요한 저술을 통해 분명해졌다. 클라페르트에 의하면 몰트만이 언급한 중요한 신학정신의 다수가 놀랍게도 바르트의 신학 속에 매우 정교하게 체계화 되어있고, 몰트만의 신학이 하나님 나라를 향한 메시아적 신학이라면, 바르트의 신학은 몰트만 이전에 이미 하나님 나라를 향한 메시아적 신학이었다.[248]

---

[248] B. Klappert, *Versöhnung und Befreiung*, 53-95.

바르트에 의하면 예수 그리스도의 부활은 종말에 나타날 하나님 나라의 선취이고, 예기적 사건이다. 하나님의 영광의 미래는 예수 안에서 이미 시작되었다. 하나님 나라는 우리의 해방이 완성된 나라이다. 곧 죽음도 슬픔도 눈물도 없는 나라(계21:4)이다. 그곳은 또한 의와 자유와 평화의 나라이다. 그런데 이 나라가 예수 안에서 예기적으로 역사 속에 나타났다. 그의 부활은 무의 세력의 파멸과 구원받은 새 세계의 등장이었다. 예수 그리스도는 승리자이시고, 이제 죽음과 죄와 악의 세력에 대한 승리는 분명해졌고, 역사 속에 나타날 것이다.

그러나 예수 그리스도는 현재 싸우고(im Kampf) 계신다. 이것은 예수 그리스도 사역의 불완전성을 말하는 것이 아니다. 십자가와 부활을 통해 예수 그리스도는 화해의 사역을 완성하셨다. 무의 세력은 십자가에서 파괴되었고, 인류의 구원은 객관적으로 확정되었다. 그러나 이 사건이 구체적으로 구현되기 위해서는 구원하시는 성령의 역사가 필요하고, 인간의 기도와 믿음이 필요하고 성령의 인도하심에 상응하는 인간의 삶이 요청된다. 세상은 아직 무의 세력이 지배하고 있고 악과 죽음이 세상을 뒤덮고 있다. 바르트에 의하면 예수 그리스도는 성령 안에서 그의 목표를 향해 싸우면서 나아가고 계신다. 예수 그리스도 안에 나타난 하나님의 나라는 세상 속에 확장되어 나가야 한다. 예수 그리스도께서는 이 하나님 나라를 세우시기 위해 성령 안에서 세상을 지배하는 무의 세력과 오늘도 싸우고 계시고, 이 싸움에 그리스도인의 동참을 기다리고 계신다. 그리스도께서는 세상을 구원하시고 하나님 나라를 세우시기 위한 메시아적 투쟁 속에 계신다.

하나님 나라를 향한 그리스도인의 부르심

바르트에 의하면 성령께서 인간을 부르신 일차적 목적은 인간의 칭의와 성화이다. 인간의 칭의와 성화가 성령께서 인간을 부르신 목적이라는 것은 이미 전통적 구원론에서, 또한 종교개혁자들의 구원론에서도 분명히 나타나 있다. 그러나 예수 그리스도의 십자가와 부활을 통해 나타난 인간의 칭의와 성화를 인간들이 향유하는 것만이 성령께서 인간을 부르신 목적은 아니다. 성령께서 인간을 부르신 또 하나의 중요한 목적은 소명, 곧 하나님 나라를 향한 인간의 소명이다.

바르트에 의하면 그리스도인의 공동체인 교회의 목적은 예수 그리스도에 대한 증인 됨에 있다. 곧 교회의 소명이 예수 그리스도에 대한 증인이라는 것이다. 복음을 전하는 것이 교회의 목적이라는 바르트의 말은 정의와 평화를 위한 세상 속에서의 교회의 책임은 뒤로 물러가고 말로 전도하는 것이 교회의 가장 중요한 우선적인 과제라는 뜻으로 곡해되면 안 된다. 그에 의하면 복음을 증언하는 방법에는 두 가지가 있다. 첫째는 언어로 복음을 증언하는 것이다. 언어로 복음을 증언하는 것은 말로 전도하는 것과 깊이 연계되어 있다. 그러나 복음을 증언하는 것은 말로만 하는 것이 아니다. 그리스도인들은 행위로 복음을 증언해야 한다. 이 행위로 복음을 증언하는 일 속에는 20C 후반의 세계교회협의회(WCC)가 중요하게 교회의 과제로 설정했던 정의와 평화의 문제가 본질적으로 포함되어 있다.

예수 그리스도의 복음을 전하는 것은 예수 그리스도 안에서 무의 세력은 박멸되었다는 것을 전하는 것이고, 이를 구체적 삶과 역사 속에서 구현시키는 것이다. 예수께서 승리자이심을 전하는 것이 복음을 전하는 것이고, 승리자이신 예수의 영광이 세상의 모든 영역 속에 찬란하게 나타나게 하는 것이 행위로 복음을 전하는 것이다. 예수 안에 나타난 구원과 자유와 기쁨과 의는 악과 어둠의 세력이 지배하는 세상 속에 구현되어야 하고 나타나야 한다. 바로 여기에 그리스도인의 복음의 증인 됨이 있고, 하나님 나라를 향한 소명이 있다. 하나님께서 예수 그리스도 안에서 인간을 위해 존재하시고, 인간을 위해 행하셨고, 행하시는 모든 것을 드러내는 것이 복음의 증인이 되는 것이다.[249]

하나님 나라를 위한 그리스도인의 소명에 있어서 그 소명을 이루기 위한 첫째 일은 하나님 나라와 하나님의 의가 이 땅에 임하도록 기도하는 것이다. 하나님 나라와 하나님의 의는 하나님께서 스스로 세우시는 나라이고 만드시는 의이다. 그런 까닭에 하나님 나라와 하나님의 의를 위한 기도는 하나님 나라를 위한 그리스도인의 소명의 첫째가는 행위이고, 하나님으로부터 받은 첫째가는 명령이다. 그러나 기도만 하고 인간이 아무 것도 안 하는 것은 잘못이다. 바른 기도는 그것을 이루기 위한 인간적 노력이 동반된다. 그에 의하면 하나님 나라와 하나님의 의에 상응하는 "인간적 의"(menschliche Gerechtigkeit)[250]를 세우기 위해 노력하는 것이 하나님 나라를 향한 인간의 책임이다. 이 인간적 의는 하나님 나라를 바라보면서 인간이 하나님을 향한 기도와 감사와 희망 속에서 행하는 의이다. 물론 이 의도 성령 안에서, 성령의 도우심을 받아 행하는 인간의 의이다. 그러나 이 의는 하나님의 완전한 의와는 질적으로 큰 차이가 있고, 가장 훌륭한 경우에도 불완전하고 문제투성

---

249) K. Barth, *Das Christliche Leben*, 462
250) *Ibid.*, 457.
251) *Ibid.*, 458.

이의 의이다.[251] 그러나 이 의는 하나님 나라와 하나님의 의에 "상응하는"(Entsprechung) 의이다. 이 인간적 의와 하나님 나라의 의는 서로 분명히 같지 않지만 그렇다고 해서 같은 점이 전혀 없는 것도 아니다. 그것은 분명히 한계를 지니고 있지만 그럼에도 불구하고 하나님 나라에 적합성을 지니고 있는 곧 하나님 나라에 상응하고 있는 인간적 행위인 것이다. 하나님 나라의 증인들은 바로 이와 같은 하나님 나라에 상응하는 행위를 통해 하나님 나라를 드러내는 자들이다. 곧 하나님의 의에 상응하는, 하나님의 의를 향하고 있는 인간적 의를 드러내는 자들이다. 바르트는 예수의 "너희는 하나님의 나라와 그의 의를 구하라"(마6:33)는 말씀을 이와 같은 관점에서 해석하면서 하나님 나라와 상응하는 인간적 의를 드러내야 하는 그리스도인의 책임의 중요성을 강조했다.

바르트 신학의 발전과 사회주의

바르트 신학의 발전과 사회주의

바르트는 사회주의자였는가? 마르쉬(W. D. Marsch)는 바르트가 특정의 이데올로기, 즉 마르크스 이데올로기에 신학적 우위성을 부여했고, 이에 대해서는 그 누구도 부인 못할 것이라고 주장했다.252) 그 이후 바르드와 사회주의 운동과의 관계에 대해 연구한 마르크바르트의 경악할 만한 논문「신학과 사회주의」(Theologie und Sozialismus. Das Beispiel Karl Barths)253)가 출판된 1972년 이후 이 문제는 바르트 신학 연구의 새로운 논쟁점으로 부각되었다. 마르크바르트의 논문이 출판된 같은 해에 그의 스승 헬무트 골비처(H. Gollwitzer)가 그의 제자의 논문을 더욱 뒷받침하는 책「칼 바르트에 있어서 하나님의 나라와 사회주의」(Reich Gottes und Sozialismus bei Karl Barth)254)를 발표했고, 그 이후 울리히 단네만(U. Dannemann)과 에버하르트 윙엘(E. Jüngel) 등이 이 문제에 대해

---

252) W. D. Marsch, "Gerechtigkeit im Tal des Todes. Christlicher Glaube und politische Vernunft im Denken Karl Barths." W. Dantine/K. Lüth(ed.), Theologie Zwischen Gestern und Morgen. Interpertationen und Anfragen zum Werk Karl Barths(München: 1968), 181.
253) F. W. Marquardt, Theologie und Sozialismus(München/Mainz: 1972).
254) H. Gollwitzer, Reich Gottes und Sozialismus bei Karl Barth(München: 1972).

한층 더 심도 깊은 토론을 전개했다.[255]

그러나 바르트가 사회주의자였는가라는 이 질문은 한마디로 긍정할 수도 부정할 수도 없는 성격의 질문이다. 왜냐하면 이 질문은 바르트의 신학적 견해의 변천에 따라 답이 달라지기 때문이다. 바르트는 한때는 사회주의자였고, 한때는 사회주의를 부정하는 자였다. 그러나 그의 전 생애를 통해서 볼 때, 그는 사회주의의 신학적 가치를 상대적으로 인정하는 신학자였다. 그러나 중요한 것은 그가 왜 사회주의를 긍정하고, 또 부정하고, 또 사회주의의 신학적 가치를 상대적으로 인정했는가 하는 점이다.

사회주의 운동을 긍정한
자펜빌의 젊은 목사 칼 바르트

자펜빌의 젊은 목사 바르트는 사회주의자였다. 1911년 스위스 아르가우(Aargau)주에 있는 자펜빌에, 그의 생애 최초로 목사로 부임해 왔을 때의 바르트는 아직 변증법적 신학자도, 말씀의 신학자도 아니었다. 그는 자유주의자였으며 종교사회주의자였다. 그의 스승은 종교개혁자들이나 어거스틴이나 바울이 아니었고, 마르부르크의 자유주의 신학자 헤르만, 종교사회주의자 헤르만 쿠터(H. Kutter)와 레온하르트 라가츠(L. Ragaz)였다. 대개의 자유주의 신학자들과 마찬가지로 자유주의자 바르트도 인간적인 것과 신적인 것의 일치 가능성에 대해 전혀 의심치

---

255) E. Jüngel, *Barth-Studien*(Zürich/Köln: 1982); U. Dannemann, *Theolgie und Politik im Denken Karl Barths, Systematische Beiträge 22*(München: 1972).

않았다. 아직 인간의 죄악성과 신과 인간의 질적 차이에 대해 깊이 생각지 않고 있었다. 그는 인간의 이성이나 의지가 영원한 하나님의 의지를 직접적으로 반영할 수 있다고 생각했다.

> 그 영원한 창조주, 모든 사물의 아버지께서 인간의 아들들의 이성과 의지를 통해 자신의 능력을 나타내고 있지 않는가![256]
>
> 인간은 이곳 땅 위에 있는 제 2의 신이다.[257]
>
> 인간의 활동이 언젠가는 완전한 것이 될 것이다.[258]

따라서 위대한 인간의 역사란 "하나의 거대한… 하나님의 계시이다."[259] 바르트는 인간 이성의 위대한 산물인 사회주의는 영원한 하나님께서 자신의 뜻을 인간의 이성을 통해 나타낸 것으로 생각했다. 사회주의 운동가들은 하나님의 뜻과 의지를 이 땅 위에서 수행하는 걸어 다니는 제 2의 신인 것이다. 바로 이런 관점에서 바르트는 다음과 같이 정의했다. "예수는 사회주의 운동이고, 사회주의 운동이 현존하는 예수이다."[260]

당시 스위스에서는 종교사회주의의 열풍이 거세게 밀어닥치고 있었다. 1903년 스위스 종교사회주의 운동의 선풍적인 인기를 누린 쿠터의 저서 「여러분은 행해야 합니다」(Sie müssen)가 출간되었다. 이 책은 스위스 종교사회주의 운동에 큰 영향을 미쳤고 바르트에게도 깊은

---

256) K. Barth, *Predigten 1914* (Zürich: 1974). 308.
257) *Ibid.*, 306.
258) *Ibid.*, 309.
259) K. Barth, *Predigten 1913* (Zürich: 1976). 168.
260) E. Jüngel, *Barth-Studien* (Zürich: 1982). 32.

영향을 미쳤다. 이 저서는 사회문제에 대하여 기독교를 향한 공개장으로 교회가 금력과 권력을 섬기는 동안 교회가 할 일을 사회 민주주의자들이 대행하고 있다는 질책의 선언이었다. 스위스 종교사회주의자들은 종교사회주의 운동을 위해 1906년 동지적 규합을 결성하고 기관지「새로운 길」(Neue Wege-Blätter für religiöse Arbeit)을 출간시키고 매년 대회를 개최하면서 그 운동을 계속 확대시켜 나가고 있었다.

종교사회주의 운동은 20C 초엽 스위스와 독일을 중심으로 해서 유럽 전역에 걸쳐 일어난 가장 중요한 신학 운동 중의 하나였다. 이 운동이 거세게 일어난 이유는 20C 초엽의 스위스, 독일 및 유럽 대륙의 상황이 산업화로 일어난 노동문제, 근로자의 문제로 그야말로 매우 심각했기 때문이었다. 빈익빈 부익부의 문제는 유럽대륙이 앓고 있었던 심각한 질병이었다. 이 질병 때문에 러시아에서는 마침내 혁명이 일어났고 공산화의 길을 걸었다. 조그마한 도시 자펜빌에 부임해 온 젊은 목사 바르트 역시 자신의 목회지에서 일어나고 있던 기업가와 노동자 사이의 계층적 모순을 절감했다. 이 모순 때문에 고통당하는 노동자들을 돕는 것은 영혼이나 위로하는 설교가 아니고 구체적 사랑의 선한 행위여야 하는데, 이 구체적 사랑의 선한 행위는 곧 사회주의 운동이라고 바르트는 굳게 믿었다. 1911년 아르가우(Aargau)주 노동당의 공식 기관지인「자유 아르가우」(Der freie Aargau)에서 "예수 그리스도와 사회주의 운동"(Jesus Christus und die sozialistische Bewegung)이라는 제목하에서 바르트는 다음과 같이 자신이 믿고 있는 바를 나타내었다. "예수께서는 단결의 하나님, 곧 사회주의의 하나님밖에 계시지 않았다. 그러므로 또한 오직 단결의 종교, 사회주의적 종교가 있을 뿐이다." "인간은… 인간이 되기 위해서 동료(Genosse)가 되어야 한다."[261]

바르트는 사회주의자보다 더욱더 사회주의 정신에 충실한 사회주의자가 되기를 원했다.[262] 1913년 바르트는 「기독교 세계」(Christliche Welt)지에 "도움"(Hilfe)이라는 제목의 글을 쓰면서 사회주의적 의지가 정치적 영역 속에 실현되기를 희망했다. "사회 민주주의적 의지는 정치적 영역에서 절대자, 곧 하나님께서 깊이 고려되었다는 점에서 모든 다른 정치적인 것들에 비해 탁월하다."[263]

자펜빌의 젊은 목사 바르트는 사회주의를 정의의 "혁명적 실재"[264]로 표현했다. 사회주의란 하나님으로부터 오는, 세상과는 "다른 어떤 것"[265]이고, 기존하는 질서에 대해 본질적으로 "혁명적인 것"이다.[266] 사회주의는 "인간다운 공동체적 삶이라는 절대적 목표를 추구하는 것"[267]이다. 이 사회주의 운동이 하나님의 의지를 구체적 삶의 현장에 실현시키는 복음적 운동이라고 바르트는 주장했다. "사회주의는 복음의 중요하고도 불가피한 적용이다."[268] "참된 그리스도인은 사회주의자가 되어야 한다. …참된 사회주의자는 그리스도인임에 틀림없다."[269]

이런 관점에서 바르트는 사회주의 정신을 실천할 것을 교회에서 설교했고, 보다 나은 근로 조건과 고용주로부터 적정 임금을 받아내기 위해 투쟁했던 자펜빌의 근로자들을 적극적으로 편들었다. 이와 같은

---

261) *Ibid.*, 32.
262) *Ibid.*
263) K. Barth, "Die Hilfe" 1913, *Christliche Welt 28* (1914), 777.
264) *Ibid.*, 778.
265) *Ibid.*, 776.
266) *Ibid.*
267) *Ibid.*
268) E. Busch, *Karl Barths Lebenslauf* (München: 1978), 92.
269) 1915년 2월 14일 "Krieg, Sozialismus, Christentum"이란 제목으로 행한 강연.

사회문제에 대한 그의 입장 때문에 그 마을 사람들은 그를 공산주의자라고 말할 정도였다. 바르트는 자신의 교회 안에서도 사회주의 정신의 실천을 위해 투쟁했고, 그 결과 공장 소유자 중 한 사람은 바르트의 개혁교회를 떠나 가톨릭교회로 가버렸다.[270]

사회주의 운동을 부정하면서도 긍정한 「로마서 강해」 제1판(1919)의 변증법적 신학

사회주의 운동과 자유주의 신학에 대한 바르트의 태도 변화는 1914년 8월 발발한 제1차 세계대전과 깊은 관련을 맺고 있다. 93명의 독일 지식인들이 빌헬름 2세의 전쟁 선포에 지지 성명을 발표한 부끄러운 사건에 바르트가 그토록 존경했던 자유주의 신학의 스승들의 이름이 들어 있었기 때문이었다.

> 그해(1914년) 8월 초순은 적어도 나에게 있어서 암흑의 날이었다. 93인의 독일 지식인들이 빌헬름 2세의 전쟁 선포에 대해서 공식적으로 지지 성명을 발표한 날이었다. 이 지식인들 중에는 이제까지 숭앙해 왔던 신학 스승들의 이름이 함께 있었으므로 더욱 경악케 했다. 이제 나는 더 이상 이들의 윤리학과 교의학과 성서해석과 역사관을 따르지 않기로 작정했고, 더욱이 19C의 신학이 더 이상 장래를 기약할 수 없는 점을 절감했다.[271]

---

270) J. D. Godsey, *How I Changed My Mind*, 김희은 역 「바르트 사상의 변화」(서울: 대한기독교서회, 1981). 28-29.

제 1차 세계대전은 물론 독일의 국가적 이기주의를 위한 전쟁이었지만, 전쟁의 타당성을 위해 독일은 사회주의 이념을 사용했다. 즉 타락한 자본주의와 무절제로 방종에 빠진 자유주의를 독일의 사회주의 이념으로 전 세계를 구원한다는 전쟁을 위한 윤리적 타당성을 내세웠던 것이다. 이 전쟁이 세계를 구원하는 하나님의 뜻이라는 선전이었고, 사회주의를 신봉하던 많은 이들이 사회주의의 정치적 실천을 위해 이 전쟁에 기꺼이 가담했다. 1914년 프리드리히 나우만(Friedrich Naumann)은 전쟁과 독일의 사회 민주주의와의 관계에 대해 다음과 같이 천명했다.

> 사회 민주주의는 현실이라는 땅 위에 두 발을 딛고 서 있는 조국의 노동자 운동이다. 사회 민주주의는 전쟁을 위한 지출을 승인한다. …이제 유럽 전쟁의 뇌우 속에서 독일 이상주의자들의 국가적 희망이 성취되고 있다.[272]

그러나 나우만이 그의 희망의 성취라고 했던 바로 그것이 바르트에게 있어서는 정반대로 그가 사회 민주주의에 걸었던 희망의 실망을 의미했다.

하나님 나라의 실현이라고 생각했던 사회주의가 전쟁을 위한 이념적 도구로 전락하는 비참한 모습을 바르트는 똑똑히 보고 있었기 때문이었다. 제 1차 세계대전과 더불어 바르트는 사회주의 운동에 대한 신학적 가치를 심각하게 재고하기 시작했다. 그러나 바르트의 신학적 변천이 즉시 일어난 것은 아니다. 그가 사회주의 운동을 새로운 각도

---

271) K. Barth, *Evangelische Theologie im 19. Jahrhundert* (Zürich:1957), 6.
272) Th. Heuss, *Friedrich Naummann. Der Mann, das Werk, die Zeit* (1949), 325f.

에서 이해할 수 있는 중요한 도움은 1915년 4월 독일 남서부 지방에 있는 받볼에서의 블룸하르트와의 만남과 성서에 대한(특히 로마서) 새로운 연구를 통해서였다. 자유주의자였고 사회주의 신봉자였던 바르트의 최초의 신학의 변천은 이때 시작되었다.[273] 바르트는 블룸하르트를 통해 하나님은 세상적인 것과 혼동될 수 없는, 세상과는 전적으로 다른 분으로서 세상을 변화시키고 새롭게 하는 분이라는 것을 깨달았다.[274] 인간이 아니라 하나님께서 스스로 세상을 변화시키고 새롭게 한다. 하나님께서 역사의 주체자이시고, 그 어떤 인간적인 것도 하나님을 대신할 수 없다는 사상은 이때부터 바르트 신학의 중심에 자리잡기 시작했다.

블룸하르트를 만난 이후 바르트의 성서에 대한 새로운 연구가 시작되었다. 이때 바르트는 성서가 무엇을 말하고 있는지 발견하기 시작했다. "성서 안에 있는 새로운 세계",[275] 이것을 바르트는 제 1차 세계대전의 포화를 들으면서 깨닫기 시작했다. 그가 발견한 것은 다음과 같다. 즉 성서가 말하는 것은 세상적인 그 어떤 것(그것이 아무리 숭고한 것이라 해도)과도 비교할 수 없으며, 근본적으로 다르다는 발견이었다. 1918년 11월 11일 바르트는 자기의 가장 친한 친구 투르나이젠에게 다음과 같이 자신이 성서 연구를 통해 얻은 놀라움을 편지로 쓰고 있다.

---

273) E. Jüngel은 1915년부터 등장하는 K. Barth 신학의 변천에 대해 6항목으로 간략히 정리했다. E. Jüngel, op. cit., 113.
274) E. Busch, op. cit., 97.
275) K. Barth, "Die neue Welt in der Bibel," in: K. Barth, *Das Wort Gottes und die Theologie* (München: 1924).

신약성서의 세계를 조금이라도 들여다보는 일이 우리에게는 너무 늦게 이루어졌다. …만일 우리들이 조금이라도 먼저 성서로 돌아갔다면 우리들은 발밑에 확고한 근거를 지닌 사람들이 될 수 있었을 것이다. 이젠 우리는 신약성서와 신문 양편을 훑어보면서, 놀랍게도 두 세계 사이엔 거의 아무런 본질적인 연관성이 없다는 사실을 발견하고 있다. [276]

바르트는 성서 안에서 지금까지 자유주의 신학이 간과했던 것, 즉 하나님과 인간 사이의 근본적 불연속성을 발견했다. 그리고 오랫동안 잊혀졌던 구원의 주체자가 인간이 아니라 하나님이라는 것을 깨닫기 시작했다. 1917년 바르트와 투르나이젠이 공동으로 펴낸 설교집 「하나님을 찾으라. 그리하면 너희가 살리라」는 구원의 주체자가 누구인가를 한 문장으로 밝히는 선언이었다. 세상의 구원을 위해 "단 하나 꼭 필요한 것"(Das eine Notwendige)은 하나님 자신의 활동이다. 바르트는 1916년 아라우의 기독교학생회합에서 "단 하나 꼭 필요한 것"이란 제목으로 강연했다. 「로마서 강해」 제 1판의 신학은 바로 이 오랫동안 잊혀졌던 구원의 주체자가 누구인가를 명백히 밝히는 선언이었고, 인간적인 어떤 것(사회주의 운동까지도)이 직접적으로 신적인 것을 대행해서 구원의 주체자로 나설 수 없음을 성서를 통해 밝힘으로 말미암아, 오랫동안 인간 만세를 외치며 자유주의와 사회주의에 눈이 가려 앞 못 보던 세계의 신학자들을 경악케 했다.

「로마서 강해」 제 1판에서 바르트가 외친 예언자적인 새로운 신학을 우리는 사회주의와 연관해서 다음과 같이 요약 정리할 수 있다.

---

276) K. Barth, E. *Thurneysen, Briefwechsel Band I 1912-1921*(Zürich: 1973), 299f.

바르트는 「로마서 강해」제 1판에서 하나님과 인간 사이의 질적 차이를 깊이 느끼기 시작했다. 인간은 땅 위를 걸어 다니는 제 2의 신이 아니고 보잘 것 없는 죄인에 불과하다. 인간의 이성 속에는 성령께서 내주하고 있는 것이 아니고, 붉은 죄악이 깃들어 있다. 인간과 하나님과의 직접적인 관계는 파괴되었고 인간은 죄와 죽음의 그늘 아래 살고 있다.[277] 인간의 역사는 하나의 거대한 하나님의 계시의 역사가 아니고 탐욕과 살인과 전쟁의 역사이다. 인간의 이성은 절름발이가 되어 있다. 그것은 유한한 것, 인간적인 것, 일시적인 것은 알 수 있지만 참으로 본질적인 것, 궁극적인 것, 신적인 것은 알지 못한다.[278] 그러므로 인간의 이성이 창조한 것도 인간적인 어떤 것, 일시적인 어떤 것이지 결코 신적인 어떤 것, 영원한 어떤 것이 될 수는 없다. 따라서 인간의 이성에서 나온 어떤 것(사회주의)이 신적인 어떤 것, 하나님 나라의 어떤 것으로 직접적으로 숭배받을 수는 없다.

바르트의 유명한 표현 "하나님은 하나님이시다"(Gott ist Gott)라는 표현은 제 1차 세계대전 직후까지 등장하지 않다가 1915년 말엽에 가서 깊은 신학적 의미를 지니고 등장하기 시작한다. 1915년 11월 15일 "전쟁 시대와 하나님 나라"(Kriegszeit und Gottesreich)라는 강연에서 바르트는 비로소 세상은 세상일 뿐이고 하나님은 하나님이시다라는 선언을 했다. 이 말의 기본적 뜻은 인간이 감히 하나의 신성을 대행해서 스스로 신격화 할 수 없다는 의미이다. 이것은 결국 그가 1년 전에 행한 인간은 제 2의 신이라는 설교를 스스로 뒤엎은 언급의 시작이다. 하나님과 인간 사이에는 분명한 구별이 존재한다. 인간의 진보가 하나님께서

---

277) *RI*, 10.
278) K.Barth "Die Gerechtigkeit Gottes", 5.

세상을 새롭게 하는 것과 혼동되어서는 결코 안 된다.[279]

하나님 나라는 하나님께서 스스로 건설하신다. 사회주의와 하나님 나라와의 동일시는 불가능하다. "신적인 것이 정치화되어서도 안 되고 인간적인 것이 신성화되어서도 안 된다. 그것이 민주주의를 위한 것이든 사회 민주주의를 위한 것이든 마찬가지이다."[280] 평화주의자와 사회 민주주의는 하나님 나라를 대신하는 것이 아니고, 새로운 형태로 인간이 만든 옛 왕국을 대변할 뿐이다.[281] 그것들은 모두 이 세상적인 것이다. 그것들은 "곤궁에서 나온 어떤 것이지, 참 도움이신 분에게서 나온 것은 아니다".[282] 사회주의가 기존하는 자본주의 체제에 대한 혁명을 의미한다면 하나님 나라는 세상에서 혁명이라고 부르는 것의 혁명을 의미한다.[283] 하나님 나라는 인간이 행하는 그 어떤 혁명도 혁명해 버리는 혁명이다. 따라서 하나님 나라는 "레닌주의 이상이다".[284] 하나님 나라는 레닌주의 이상이라는 말은 하나님 나라는 인간이 사회 개선을 위해 행하는 모든 혁명적 노력조차도 부인하는, 다시 말하면 하나님 자신이 스스로 세우는 것이 아닌 모든 것을 부정한다는 뜻이다. 하나님 나라는 하나님 스스로 세우신다.

「로마서 강해」 제 1판에 의하면 사회주의는 인간이 만든 옛 왕국에 속한다. 하나님 나라는 사회주의를 부정한다. 그러나 주의해야 할 것은 「로마서 강해」 제 1판에서 사회주의는 하나님 나라가 전조가 될 수 있다고 바르트는 분명히 언급하고 있다. 요약해서 말하면 사회주의는

---

279) RI, 381.
280) RI, 381.
281) RI, 24.
282) RI, 24f.
283) RI, 34f.
284) RI, 379f.

하나님 나라의 전조일 수도 있고 아닐 수도 있다는 말이다. 이것이 「로마서 강해」 제 1판에 존재하고 있다. 그리고 1919년의 탐바하 강연인 "사회 속의 그리스도인"(Der Christ in der Gesellschaft)에서 더욱 뚜렷이 등장하고 있는 그의 신학의 변증법적 구조이다.

「로마서 강해」 제 1판에서 바르트는 인간 이성의 무능과 죄악성을 언급하면서도, 동시에 성령이 우리 마음 속에 있다고 언급하고 있다. 성령이 "네 안에,"285) 그리스도께서 "너희 안에,"286) 하나님의 법이 "우리의 마음 속에"287) 있다.

인간적인 것은 하나님에 의해 부정되면서도 동시에 긍정된다. 그런데 여기서 중요한 것은 인간적인 것에 대한 하나님의 긍정은 오직 그리스도 안에 있는 자에게만 가능하다는 점이다.288) 그리스도 안에 있는 자의 마음 속에 성령이 거하신다. 이때 그는 하나님의 동역자가 될 수 있다. 우리의 마음을 하나님께서 지배하실 때, 우리는 하나님의 나라 건설을 위한 일꾼이 될 수 있다.

바르트에 의하면 하나님은 정(Thesis) 속에도 반(Antithesis) 속에도 계시지 않고, 합(Synthesis) 속에 계신다.289) 이 말의 뜻은 하나님은 긍정 속에도 부정 속에도 계시지 않고 긍정과 부정이 흘러나오는 출발점에 계신다는 뜻이다.290) 다시 말하면 모든 긍정과 부정은 하나님 자신에 의해 규정된다는 뜻이다.

하나님은 자신의 결정에 의해 사회주의를 긍정하실 수도 있고 부정

---

285) *RI*, 221.
286) *RI*, 219.
287) *RI*, 221.
288) Kim Myung Yong, *Der Gottesbegriff Karl Barth in der heutigen Diskussion*, 18-22.
289) K. Barth, "Der Christ in der Gesellschaft", 34.
290) K. Barth, "Biblische Fragen, Einsichten und Ausblicke", 63.

하실 수도 있다. 사회주의가 하나님에 의해 긍정받을 수 있는 가능성은 하나님께서 사회주의 속에서 행동하시기 원하신다는 전제에 의해 규정된다. 즉 하나님께서 사회주의 속에서 행동하실 때, 사회주의는 신적인 어떤 것을 나타내는 하나님 나라의 전조일 수 있지만, 하나님께서 그곳에 활동하시기를 원치 않는 한, 그것은 한낱 인간이 만든 보잘 것 없는 어떤 것에 불과하게 된다. 그러므로 여기서 중요한 핵심적인 관건은 하나님께서 사회주의 속에서 일하기를 원하시는가 하는 점이다. 그런데 사회주의가 전쟁을 위한 도구가 될 때, 하나님께서 사회주의 속에서 일하시기를 멈추셨다는 것을 명백히 알 수 있다. 따라서 전쟁을 위한 도구로서의 사회주의는 하나님에 의해 부정되고 폐기될 수밖에 없다.

이상과 같은 변증법적 신학은 하나님께서 어디서 활동하시기를 원하시는가 하는 점에 당연히 관심이 집중된다. 만일 하나님께서 오늘 사회주의 속에서 일하시기를 원하시면, 오늘 사회주의는 "하나님 나라의 거울이나 징조나 표식"[291]이 된다. 바로 이 점에서 바르트는 블룸하르트의 예언적 목소리를 다시금 상기했다. 우리는 하나님의 말씀을 듣기 위하여 "기다려야"(warten)하고, 하나님과 함께 일하기 위해 "서둘러야"(eilen)한다.[292] 기다림과 서두름 속에 존재하는 블룸하르트의 비밀이 이 시기의 바르트 신학 이해의 열쇠가 되었다.

이제 이 시기의 바르트의 사회주의 운동에 대한 견해를 요약하면 다음과 같다.

---

291) E. Jüngel, Barth Studien, 112.
292) K. Barth, "Vergangenheit und Zukunft. Friedrich Naumann und Christoph Blumhardt", in: J. Moltmann(ed.), *Anfänge der dialektischen Theologie*, Teil I (München: 1977), 48.

- 사회주의가 하나님 나라를 실현시키는 것은 아니다. 하나님 나라의 실현은 오직 하나님께서 친히 행하시는 활동에 의존한다. 이 하나님의 활동은 경우에 따라서는 특정의 인간적인 제도나 사상을 사용하시기도 하지만, 경우에 따라서는 그것을 부정하고 폐기시킨다.
- 사회주의도 하나님에 의해 폐기될 수 있는 인간적 도구에 불과하다. 그러나 그것이 하나님의 뜻에 복종하고, 하나님께서 그곳에서 활동하시기를 원하시는 한 그것은 하나님의 나라를 잠정적으로 나타내는 도구가 될 수 있다.

이런 관점에서 바르트는 하나님의 행동의 절대적 우위성과 사회주의 운동의 상대적 가치성을 인정했다.

사회주의 운동을 전적으로 부정한 「로마서 강해」 제 2판(1922)의 역설의 신학

1922년 출판된 「로마서 강해」 제 2판은 제 1판과 전혀 다른 바르트의 새로운 신학의 노작이었다. 「로마서 강해」 제 1판이 블룸하르트와 헤겔의 영향을 받은 변증법적 신학(Dialektische Theologie)이라면 제 2판은 키에르케고르와 오버벡의 영향을 받은 역설의 신학(Paradoxe Theologie)이었다. 만일 「로마서 강해」 제 2판을 변증법적 신학이라고 지칭하고자 한다면 역설적 변증법의 신학이라고 칭해야 한다.

「로마서 강해」 제 2판을 역설의 신학으로 규정하는 이유는 시간(正)과 영원(反), 인간적인 것(正)과 신적인 것(反) 사이를 연결하는 합(合)의 지점을 찾을 수 없기 때문이다. 이 세상과 하나님 나라 사이에는 빙하의 계곡(Gletscherspalte)이 있고 극지역(Polarregion)과 황폐지역(Verwüstungszone)이 존재하고 있어서 두 세계 사이가 겹쳐질 수 있는 가능성은 존재하지 않는다. 인간적인 것과 신적인 것은 영원히 서로가 서로를 부정하고 대립되는 관계에 있기 때문에, 인간적인 어떤 것이 신적인 것을 지니거나 대행할 수 있는 가능성은 없다. 세계사 속에는 구원의 역사도 존재하지 않는다.[293] 왜냐하면 하나님의 영원성은 시간의 역사 속에는 그 자리가 없기 때문이다.

「로마서 강해」 제 1판에서의 하나님은 인간의 협력을 필요로 하는 분이었다. 그는 그의 동역자(Mitarbeiter)를 필요로 했고, 세상적인 이념(사회주의)이 그의 나라를 위한 도구로 기여할 수 있었다. 그러나 「로마서 강해」 제 2판에서는 하나님과 인간 사이의 질적 차이를 극단화시키면서 바르트는 인간과 하나님 사이의 어떠한 종류의 협력도(그것이 하나님에 의해 주도되는 협력 관계까지도) 거부했다. 영원은 시간이라는 도구를 지닐 수 없다. 모든 인간적인 이데올로기 역시 시간의 세상에 속하는 것으로 영원에 의해 부정될 수밖에 없다. 그것들은 우상에 불과하다.[294]

하나님 나라는 모든 시간적인 것, 인간적인 것을 부정하고 폐기한다. 하나님의 나라는 시간의 세계 속에 머물러 있거나 존재하고 있는 어떤 것이 아니다.[295] 하나님은 시간의 세계 속에 자신의 나라를 건설하지 않으신다. 따라서 하나님의 나라는 시간의 세계 속에 존재하는 어떠한 정치적 체제일 수도 없다.[296] 하나님 나라는 사회주의를 부정

---

293) RII, 32.
294) RII, 18-29.
295) RII, 482.
296) RII, 462.

하면서도 긍정하는 것이 아니라 완전히 부정한다. 왜냐하면 하나님 나라는 시간의 세계 자체를 부정하는 세계이기 때문이다. 하나님 나라는 이생의 모든 긍정적인 것과 부정적인 것을 아울러 부정한다.[297] 하나님 나라는 세상의 변혁을 위한 어떠한 인간적인 이념과도 무관하다.

하나님의 세계와 인간의 세계를 이처럼 극단적으로 분리하고 그 사이의 어떠한 가교도 마련하지 않는 이 신학은 결국 하나님의 세상 밖으로 밀려 나갈 위험을 안고 있다. 판넨베르크의 비판에 의하면 이 신학은 하나님의 역사 개입을 거부하게 되고 궁극적으로는 하나님 나라를 역사 밖의 게토 지역으로 쫓아내는 신학이 되고 만다고 한다.[298] 그러나 「로마서 강해」 제 2판의 역설의 신학은 다행스럽게 바르트의 신학 속에서 매우 짧은 시간 동안만 존재했다. 1924년부터 바르트는 「로마서 강해」 제 2판의 역설의 신학의 문제점을 깨닫고 신학 방향을 수정하기 시작했다. 후기 바르트의 신학은 다시 사회주의의 가치를 인정하는 방향으로 신학적 방향이 크게 선회하는데, 이 방향의 변화를 한스 우르 발타자르(H. Urs von Balthasar)는 변증법에서 유비신학으로의 변화라고 바르게 지적했다. 1938년에 발표된 "칭의와 법"(Rechtfertigung und Recht)과 1946년에 발표된 "그리스도인 공동체와 시민공동체"(Christengemeinde und Brgergemeinde)는 교회와 국가 사이의 관계에 대한 매우 중요한 글들로, 이 글에서 바르트는 하나님 나라에 상응하는 세상 속에서의 유비를 찾는 것의 중요성을 강조하는데, 이 유비개념이 바르트의 후기 신학에서 발견되는 사회주의를 포함한 국가와 교회사이의 관계를 규정

---

297) *RII*, 446.
298) W. Pannenberg. "Dialektische Theologie," *RGG* 3 Bd II, 170f.

하는 핵심개념이다.

사회주의 운동의 하나님 나라의 유비의 가능성을 인정한 후기 바르트의 신학적 입장

사회주의에 대한 후기 바르트의 신학적 입장을 알기 위해서는 우선 바르트가 근원적인 문제에 대한 신학적 언급을 먼저 하고 있다는 점을 유념해야 한다. 바르트에 의하면 사회적 프로그램에 대한 언급이나 사회적 운동을 전개하기 이전에 먼저 악의 뿌리가 어디에 있는가를 인식하는 것이 중요하다. 악의 근원은 깊은 곳에 있는데 곧 하나님의 은혜에 대한 인간의 전도(Verfehlung)에 있다. 이 인간의 근원적인 전도는 세상을 지배하는 악의 힘 곧 무의 힘의 표출이다. 바르트에 의하면 이 깊은 악의 뿌리(Die Wurzel des Übels)에서부터 인간을 비인간화시키고 약탈하는 다양한 형태의 제도와 이데올로기가 등장한다. 그러므로 그리스도인 공동체의 궁극적이고 결정적인 행위는 인간의 모든 불의와 무신성에 대항하는 하나님의 혁명(Revolution Gottes)과 이미 도래했고 또 도래하고 있는 그의 나라를 선포하는 데 있다.[299] 하나님 앞에서의 거대한 회개가 없이는 비인간화와 인간에 대한 인간의 약탈을 그 뿌리에서 종식시키는 것은 불가능하다. 전도된 인간이 존재하는 한 인간에 대한 인간의 착취는 계속 새로운 형태로 나타날 것이고, 악에 대한 가장 날카로운 저항운동 속에도 이 인간에 의한 인간의 착취는 완전히 사라지지 않는다.[300] 그러므로 교회가 복음을 선포하고 그리스도 안

---

299) KD III/4, 626.

에 존재하는 새로운 인간을 만드는 것은 하나님 나라를 향한 사회변혁을 위해 그 무엇보다도 귀중한 일이다.

그러나 중요한 것은 한국의 일부 복음주의자들의 설교에서 나타나는 것처럼 복음전도를 통한 인간의 변혁만을 강조하고 교회의 세상적 정치적 실천을 반대하는 입장과 바르트의 신학적 관점은 전혀 다르다는 것이다. 하나님 나라의 질서에 상응하는 세상적 질서를 교회는 구현하기 위해 노력해야 한다. 비록 그 질서가 완전하지 않다고 하더라도, 또한 그 질서 속에 전도된 인간의 숨은 악이 계속 존재한다 하더라도 하나님 나라에 상응하는 세상적 질서는 상당 부분 악을 억제하는 기능을 갖고 있다. 그렇다면 하나님 나라에 상응하는 세상적 질서는 어떤 것일까?

바르트는 그리스도인 공동체는 구체적 시간과 구체적 장소와 주어져 있는 구체적 환경에 따라 가장 적절한 사회적 얼굴과 프로그램을 선택해야 한다고 보았다. 이것은 바르트가 어떤 특정 이데올로기를 절대화하거나 상황적 고려 없이 그리스도인의 사회적 활동으로 일치시키는 것을 거부하고 있다는 뜻이다. 그리스도인의 공동체는 어떤 경우에는 사회적 진보를 위한 프로그램을 위해, 또 어떤 경우에는 사회주의적 프로그램을 위해 일할 수 있고, 또한 일해야 한다.[301] 바르트는 이윤과 경쟁의 원리에 따라 동료애를 말살할 위험이 있는 서구의 자본주의 체제의 위험을 비판한 것과 마찬가지로 일부 특정 그룹이나 집단에 의해 다수의 국민을 비인간화시키고 있는 동구의 국가사회주의(Staatssozialismus)에 대해서도 부정적 입장을 취했다.

300) *KD III/4*, 625.
301) *KD III/4*, 626.

바르트의 교회의 사회적 활동을 위한 기본적 정신은 더불어 사는 인간성(Mitmenschlichkeit)의 실천이었다. 자본주의는 그 근원에 경쟁의 정신이 존재하고 있는데 이 경쟁은 일종의 전쟁으로 심각한 비인간적 행위이고, 더불어 사는 인간성을 파괴하는 행위이다.[302] 인간이 자신의 탐욕으로 인해 이웃 인간을 비인간화시키고, 그 결과 자신까지도 이웃이 없는 인간으로 전락하게 되는 사회는 비인간적 사회로 예수 그리스도 안에 나타난 더불어 사는 인간성의 신비와 기쁨을 파괴하는 사회이다. 이런 관점 때문에 바르트는 서구의 자본주의 체제에 대해 심각한 우려를 표시했다. 바르트는 기독교 공동체가 자본주의의 불의한 것의 발전에 대해 너무 늦게 인식한 것을 개탄했다. 자본주의의 불의한 구조의 심각성 때문에 바르트는 이 불의한 구조를 극복하기 위한 소위 좌파적(links) 행동을 긍정했다.[303] 후기의 바르트는 사회적 약자를 위한 연대를 하나님의 명령으로 이해했고,[304] 이와 같은 행위를 그리스도 안에 계시된 더불어 사는 인간성의 사회적, 세상적 표현으로 보았다. 바르트의 이와 같은 관점 때문에 클라페르트는 바르트가 사회주의를 하나님 나라에 상응하는 어떤 것, 혹은 유비(Gleichnis)로 본 것에는 의심할 여지도 없다고 밝혔다.

후기의 바르트가 사회주의를 선호하고 있고, 사회주의가 하나님 나라의 세상적 유비가 될 가능성을 크게 열고 있다는 점은 옳은 판단인 것으로 보인다. 그러나 바르트가 선호한 사회주의는 자유민주주의 체제에 기반을 둔 사회주의였지, 동구의 공산주의는 결코 아니었다. 또한 바르트는 서구의 사회진보를 위한 모든 경제활동을 부정한 것도 아

---

302) *KD* III/4, 620.
303) *KD* III/4, 625.
304) *KD* III/4, 624.

니었다. 중요한 것은 바르트가 사회주의를 선호했다고 해도 언제나 지금 여기에서 하나님 나라에 가장 상응하는 사회적 프로그램이 무엇인가에 초점을 두고 있었다는 점이다. 바르트의 초점은 하나님의 나라에 있었을 뿐 특정 이데올로기를 하나님 나라의 운동과 일치시키는 데 있지 않았다. 바르트는 예수 그리스도 안에 나타난 하나님 나라의 참모습에 가장 근접하는 세상적 이데올로기와 사회적 프로그램을 끊임없이 찾고 있었던 신학자였다.

바르트의 신학과
한국장로교회의 분열

바르트의 신학과 한국 장로교회의 분열

한국 장로교회 안에는 아직도 바르트를 신신학자, 곧 자유주의 신학자로 알고 있는 사람들이 너무나 많다. 세계의 교회와 신학자들이 20C의 가장 성서적이고 복음적인 신학자로 꼽고 있는 바르트가 왜 한국에서는 자유주의 신학자로 알려졌을까? 바르트는 예수 그리스도의 육체적 부활을 부정한 신학자이고 동정녀 탄생을 믿지 않았던 신학자라는 터무니없는 주장들이 한국 장로교회 안에 난무하고 있을 뿐만 아니라 상당수의 신학자들까지 이런 주장을 하고 있다. 바르트는 예수 그리스도의 육체적 부활을 부정한 신학자가 아니라 20C에 그 누구보다도 예수 그리스도의 육체적 부활을 강조하고 이를 기초로 그의 전체 신학을 체계화했고, 예수 그리스도의 동정녀 탄생을 믿지 않았던 신학자가 아니라, 수많은 유럽의 학문적 신학자들의 비판을 받으면서 예수 그리스도의 동정녀 탄생을 강조했던 신학자였다. 그런데 왜 이 성서적이고 복음적인 신학자가 한국의 장로교회 안에서 자유주의 신학자로 규정되었을까?

한국의 장로교회는 바르트 신학과 신정통주의 신학에 대한 심대한 오해로 말미암아 거대한 교회 분열이 일어났고 이 분열은 아직도 치유되지 않고 있다. 바르트 신학과 신정통주의 신학에 대한 오해는 장로교회 안에만 있는 것이 아니다. 성결교회를 비롯한 한국의 여러 교회 안에서도 한국의 장로교회 안에 있는 오해와 비슷한 신학적 오해를 발견할 수 있다. 그러면 도대체 이 오해는 어디서부터 시작되었으며, 무슨 오해가 교회의 분열을 일으켰으며, 또 어떻게 해야 분열된 교회를 일치시킬 수 있을까?

21C가 시작된 오늘에도 한종희는 「정통주의 신학에서 본 칼 바르트 신학」이라는 바르트 신학에 대한 오류가 많은 비판서를 저술했는데, 이 비판서는 2002년에 대한예수교장로회 총회출판부에서 출간했다. 한종희는 바르트를 예수의 육체적 부활을 부정하는 신학자로 규정하고 비판하고 있다. 이 책은 얼마나 한국교회가 바르트를 오해하고 있는가를 극명하게 잘 나타내는 책인 동시에, 이 엄청난 오해의 진원지가 어디에 있는가도 잘 드러내는 책이다. 한종희는 코넬리우스 반틸(C. van Til)이 바르트를 잘못 비판한 것을 그대로 받아들이면서, 바르트의 주 저서인 「교회교의학」도 읽어보지 않고, 또한 읽어 볼 필요도 없다고 언급하면서 바르트를 비판했다. 슬픈 것은 바르트 신학에 대한 신학적 오해가 21C가 시작된 오늘에도 깊다는 것이고, 바르트를 비판하는 비판가들이 「교회교의학」도 제대로 읽지 않고 있다는 점이다.

한국 장로교회의 분열 원인으로서의 미국 장로교회의 분열

한국 장로교회의 분열은 1951년의 장로교 고신측의 분열과 1953년의 조선신학교를 중심으로 한 장로교 기장측의 분열, 그리고 1959년의 장로교 통합측과 합동측의 분열이 가장 대표적인 분열이다. 이 세 가지 대표적인 분열 가운데 일제 때의 신사참배 문제로 야기된 고신측의 분열을 제외한 1953년의 기장측의 분열과 1959년의 통합측과 합동측의 분열은 신학 외적인 문제도 간과할 수 없지만 신학적인 문제도 상당한 영향을 미쳤다. 소위 자유주의 신학으로 알려진 신신학에 대한 논쟁이 1953년 기장측의 분열과 1959년 통합측과 합동측의 분열에 깊이 개입되어 있었다. 그런데 이 신신학으로 말미암은 신학적 논쟁과 그로 인한 교회의 분열은 한국 장로교회를 양육한 모체의 기능을 한 미국 장로교회 안에 있었고, 바로 이 미국 장로교회 안에 있었던 신학적 논쟁과 이로 인한 교회의 분열이 한국 장로교회에 그대로 파급되어 마침내 한국 장로교회가 크게 분열되는 비극을 맞이하게 되었다. 그런데 미국 장로교회는 이 신학적 논쟁과 교회의 분열로 인한 손실은 대단히 미미했던 것에 반해 한국 장로교회는 상상을 초월하는 대 분열로 이어지게 되었고 이로 인한 상처와 갈등은 오늘에 이르기까지 심각하다는 데에 한국 장로교회의 비극이 존재하고 있다.

미국 장로교회(당시 북장로교회)의 분열은 그레샴 메이첸(G. Machen)이라는 인물과 깊이 관련되어 있다. 메이첸은 1929년 미국 뉴저지(New Jersey)주의 프린스턴(Princeton) 신학교를 떠나 필라델피아(Philadelphia)에서 웨스트민스터(Westminster) 신학교를 세우고 1936년에는 미국 장로교회에서 분열된 새로운 교단인 미국 장로교회(Presbyterian Church of America)를 세운 장본인이다. 1936년 메이첸이 세운 미국 장로교회는 후일 정통장로교회(Orthodox Presbyterian Church)로 개명되었다. 메이첸이 미국 장로교회를 떠난 원인은 신학적으로는 그가 주장했던 근본주의 신학이 1920년대 중반부터 미국 장로교회 내에서 압도적인 다수의 사람들에 의해 거부당했기 때문이고, 개인적으로는 그의 독선과 분파성 때문에 프린스턴 신학교의 변증학 정교수로의 인준이 미국 장로교회 총회에서 계속 보류된 것과, 1936년의 미국 장로교회 총회가 분파주의적 행동을 했던 메이첸이 주도한 독립선교부에 소속된 성직자들을 메이첸과 더불어 목사직을 정지시켰기 때문이었다. 1934년 미국 장로교회 총회는 로버트 스피어(R. Speer)가 주도하고 있는, 전 세계적으로 엄청난 숫자의 선교사를 파송하고 있었던 해외 선교부를 신학적으로 문제 삼으면서 1933년 독자적으로 독립선교부를 만들고 메이첸이 초대 회장으로 선출된 메이첸의 독립선교부가 헌법에 위배된다고 선언했다. 이 총회의 결정에 근거해서 1935년 3월 29일 메이첸이 소속된 뉴 브룬스윅(New Brunswick)노회는 특별위원회를 열고 메이첸에 대해 유죄선고를 내리고 정직을 선포한 바 있었다. 메이첸은 1936년 미국 장로교회 총회가 예상했던 대로 자신을 비롯한 독립선교부에 속한 성직자들에게 정직 판결을 확정 짓자 기다렸다는 듯이 새로운 교단을 만들고, 새 교단을 만든 기쁨으로 총회 개막 예배에서 다음과 같이 말했다.[305]

---

305) Dallas M. Roark, J. Gresham Machen: "The Dictionary True Presbyterian Church", *Journal of Presbyterian History* 43(June 1965), 124.

1936년 6월 11일 목요일에 여러 해 동안의 희망이 실현되었습니다. 우리는 마침내 참된 장로교단의 구성원이 되었습니다. 우리는 마침내 참된 기독교적인 교제의 축복을 발견했습니다. 이것이 얼마나 즐거운 순간입니까! 투쟁의 오랜 기간들은 우리의 마음을 가득 채우는 기쁨과 비교될 때 아무 것도 아닌 것으로 가라앉아 버리지 않습니까. … 그 생생한 희망과 함께 우리는 지금 미래를 응시하고 있습니다! 마침내 참된 복음주의가 타협적인 연합들의 족쇄가 없이 진전할 수 있을 것입니다.

그러나 메이첸이 선언했던 기쁨은 사라져가는 힘없는 비명에 지나지 않았다. 브래들리 롱필드(Bradley J. Longfield)는 메이첸에 관한 역사를 기록하면서 다음과 같이 애도했다. "이 기쁨은 오랫동안 그의 것이 되지 못했다. 6개월 안에 메이첸은 해외 독립선교부의 의장직에서 쫓겨났으며 그의 어린 교단은 전 천년설과 알코올음료 사용에 대한 의견 불일치로 다시 갈라졌다. 그러한 싸움에 지친 채로 그는 1936년 12월 소규모의 그의 추종자들을 격려할 목적으로 노스다코타(North Dakota)로 여행하였다. 거기서 그는 폐렴에 걸렸으며 1937년 1월 1일 비스마크(Bismarck)에서 죽었다."[306] 메이첸이 만든 정통장로교회 역시 빈사 상태에서 헤어나지 못한 채 지극히 교세가 미미한 군소교단으로 전락하고 말았다. 1965년 정통장로교회는 교세가 12,867명에 지나지 않았다.[307]

미국 장로교회는 1910년대까지는 근본주의 5대 신학강령을 준수하는 구파 갈빈주의 신학에 기초를 두고 있었던 교회였다. 그렇기 때문

---

306) Bradley J. Longfield, *The Presbyterian Controversy*, 이은선 역, 「미국장로교회 논쟁」(서울: 아가페 문화사, 1992), 334.
307) *Ibid.*, 362.

에 미국 장로교회는 유니온(Union) 신학교에서 당시 최고의 성서학자로서의 명성을 갖고 있었던 찰스 아우구스투스 브릭스(Charles Augustus Briggs)를 성서의 고등비평학을 가르쳤다는 이유로 1891년 총회에서 브릭스의 교수직에 대한 지명을 거부했고, 1910년과 1916년 총회에서 근본주의 5대 신학강령을 계속적으로 채택했다. 뉴욕(New York)의 유니온 신학교는 브릭스 사건을 계기로 미국 장로교회와의 관계를 단절했다. 그러나 1920년대에 들어오면서 미국 장로교회의 분위기는 달라지기 시작했다. 1921년 구파 칼빈주의 신학자의 거장이자 미국 장로교회 안에서의 근본주의 신학의 지도자인 워필드가 세상을 떠났고, 이어서 "근본주의는 이길 것인가?"라는 설교로 유명한 해리 에머슨 파스딕(Harry E. Fosdick) 목사의 재판이 벌어지면서 미국 장로교회의 분위기는 복잡한 양상을 나타내기 시작했다. 이 재판에서 파스딕을 고소한 근본주의자 맥카트니(Clarence E. Macartney)가 총회에서 승리했으나 파스딕이 속한 뉴욕노회는 헨리 코핀(Henry S. Coffin)을 중심으로 해서 총회의 결정에 불복했다. 뉴욕노회가 근본주의를 거부하고 파스딕 목사 편을 든 것은 뉴욕이 미국 전체에서 유럽과의 교류가 가장 활발하고 정신적으로 선진적인 특징이 있었기 때문인 것으로 파악된다. 파스딕은 뉴욕제일장로교회의 목사직을 후일 1925년에 사임했으나 뉴욕노회는 파스딕을 치리하지 않고 사면했다. 308)

1925년 미국 장로교회 총회는 미국 장로교회의 방향을 바꾸는 분수령이었다. 미국 장로교회 총회는 프린스턴 신학교 내에서 메이첸과 대립 관계에 있었던 실천신학 교수인 찰스 어드만(Charles R. Erdmann)을 총회장으로 당선시키면서 총회의 신학적 방향을 배타적인 근본주의

---

308) *Ibid.*, 161.

에서 신학적 관용과 통합의 방향으로 바꾸기 시작했다. 총회가 이처럼 신학적 방향을 바꾸게 된 것은 근본주의로는 더 이상 변화하는 시대의 정신을 지도할 수 없음을 깨닫기 시작했기 때문이었다. 근본주의의 축자영감설적인 성서관은 성서 속의 수많은 불일치의 문제에 대해 합리적인 답을 제공해주지 못했고 과학과 성서 사이의 갈등에 대해 거의 속수무책이었다. 그뿐만 아니라 세기의 재판으로 알려진 스콥스(Scopes) 재판에서 근본주의의 대표자인 윌리엄 제닝스 브라이언(William J. Bryan)은 스콥스 진영의 변호사 클라렌스 대로우(Clarence Darrow)의 질문에 제대로 답을 하지 못하고 만인의 웃음거리가 되었다. 브라이언은 요나의 큰 물고기 사건과 아담의 갈비뼈에서 이브를 창조했다는 성경의 설명들을 문자적으로 믿는다고 주장했지만 가인이 그의 아내를 어디에서 발견할 수 있었는가 같은 단순한 질문에도 답변을 하지 못했다. 이 유명한 진화론에 관한 재판은 근본주의자들이 얼마나 무식하며, 과학적이지 못하고, 시대정신에 역행하는 반동적인 정신이라는 것을 너무나도 명백히 드러내는 계기가 되었다. 진화론에 관한 문제에 있어서 미국 장로교회 내의 상당수 교육받은 지도자들은 이 시기에 이미 유신론적 진화론과 무신론적 진화론을 구별했고, 무신론적 진화론은 반대했지만 하나님의 창조행위로 파악될 수 있는 유신론적 진화론에 대해서는 긍정적인 입장을 갖고 있었다.[309] 스콥스 재판 5일 후에 이 재판의 실질적인 패배자(법적으로는 스콥스가 100달러의 벌금형을 받음)인 근본주의자 브라이언이 갑자기 죽었고, 그의 죽음과 더불어 근본주의 운동은 교육받고 도시적인 문화의 진전과 더불어 사라질 농촌적인 현상이자 사회적 후진 지역의 정신

---

309) 유럽에서는 이와 같은 신학적 관점은 가톨릭 신학자 떼이야르 드 샤르댕에 의해 진화신학이라는 이름으로 구체적으로 체계화되었다.
310) Bradley J. Longfield, *The Presbyterian Controversy*. 242.

이라는 지울 수 없는 강한 인상을 남기게 되었다.310)

1926년의 미국 장로교회의 총회 때부터 미국 장로교회는 압도적으로 근본주의 정신과 결별을 고하기 시작했다. 미국 장로교회는 진리의 핵이 일치하는 곳에서의 견해의 다양성을 받아들이는 관용의 관점을 채택했고 이러한 관점에 기초한 총회 보고서를 작성한 후 총회는 일어서서 3분간이나 박수갈채를 보냈다.311) 이와 더불어 1926년 총회는 메이첸을 프린스턴 신학교의 변증학과 기독교 윤리 교수로 임명하자는 동의안을 무기 연기시켰다.

1925년 이후부터 프린스턴 신학교도 총회의 깊은 영향을 받으면서 근본주의 신학과 구파 칼빈주의 신학을 옹호하던 신학교에서 학문적인 관용을 바탕으로 하면서도 복음적인 신학교의 모습으로 변천하기 시작했다. 이 흐름은 1930년대로 이어지면서 신정통주의 신학적인 특성을 강하게 나타내는 신학교가 되었고, 1937년에는 존 맥케이(John. A. Mackey)가 학장에 취임했고, 오토 파이퍼(Otto Piper)와 엘머 홈릭하우젠(Elmer G. Homrighausen)과 같은 신정통주의 교수진의 면모가 갖추어지게 되었다.

미국 장로교회는 1925년 이후부터 1967년의 바르트와 신정통주의 신학의 영향을 받은 신앙고백서를 채택할 때까지 대체적으로 신정통주의 신학의 영향이 강했고, 신정통주의가 갖고 있는 학문성과 복음적인 특성으로 시대적 요구와 교회적 요구를 비교적 잘 충족시키면서 발전할 수 있었다.312) 1925년을 분수령으로 미국 장로교회가 근본주의와 결별을 선언한 것은 변화하는 시대를 바르게 지도하기 위한 바른

---

311) *Ibid.* 248.
312) 미국 남장로교회는 북장로교회보다 상대적으로 보수적인 경향을 띠긴 했지만, 1983년 남북 장로교회가 통합함으로써 북장로교회와 신학적 일치를 이루었다.

신학적 결단이었다고 볼 수 있다. 근본주의는 1930년대에 들어서면서 미국의 사회와 국민들로부터 버림받은 신학정신이 되었고, 그 결과 마침내 근본주의는 점차 약화되었고 낡은 옛 정신을 반영하는 신학으로 사람들의 기억 속에 남게 되었다.

그런데 이 근본주의를 고집하고 싶었던 신학자 메이첸은 자신의 교수직 임명이 계속적으로 거부당하자 마침내 1929년 프린스턴을 떠나 그해 9월 25일 필라델피아에서 웨스트민스터 신학교를 세우고 프린스턴 신학교를 신신학에 굴복한 신학교로 매도하면서 복음주의적이고 정통주의적인 신학교를 만든다고 천명했다. 이때 프린스턴을 떠난 교수들은 메이첸 외에 오스왈드 알리스(Oswald T. Allis), 로버트 윌슨(R. Wilson), 반틸 등 3명의 교수가 더 있다. 이들 가운데 특히 메이첸과 반틸은 프린스턴 신학교가 신정통주의로 기우는 것에 대해 강도 높게 비난했고, 바르트의 신학을 중심으로 하는 신정통주의는 정통주의를 위장한 자유주의 신학으로 매도하면서 신정통주의 역시 현대주의에 굴복한 신신학으로 규정했다. 바로 이와 같은 메이첸과 반틸에 의한 신학적 매도로 말미암아 유럽에서 가장 복음적이며 정통적인 신학으로 교회의 사랑과 존경을 받았던 바르트의 신학과 신정통주의 신학은 자신들의 신학적인 자유주의 신학과 동일한 것으로 매도되는 어처구니없는 신학적 혼란이 야기되게 되었다.

그러면 이와 같은 미국 장로교회의 분열과 메이첸에 의한 웨스트민스터 신학교와 정통장로교회의 설립은 한국 장로교회와 무슨 관계가 있는가? 어쩌면 이 분열이 한국 장로교회와 아무런 관계가 없을 수도 있었다. 그러나 슬프게도 한국 장로교회의 가장 정통적인 신학자로 일반적으로 알려져 있었던 박형룡이 이 시기에 프린스턴에 유학하고 있었고, 또한 그는 메이첸과 밀접한 관계를 유지하고 있었다. 박형룡은 메이첸의 신학에 심취해 있었고, 또한 그는 메이첸의 근본주의를 한국에 그대로 옮겨놓은 한국의 메이첸이었다. 바로 이 박형룡의 영향으로 근본주의 신학은 한국의 장로교회 안에 깊이 뿌리 내리게 되었다. 또한 박형룡은 메이첸이 일반적으로 새로운 신학사조에 대해 부정적이고 비판적인 입장을 취한 것과 마찬가지로 새로운 신학사조에 대해 비판적이었고 부정적이었다. 박형룡은 메이첸과 반틸이 바르트의 신학과 신정통주의에 대해 내용상 자유주의를 의미하는 신신학으로 규정한 것과 마찬가지로 바르트를 일종의 자유주의 신학자로 매도했고, 신정통주의적 사상을 근본주의적 입장에서 강도 높게 비판했다.

이와 같은 박형룡의 비판이 한국 장로교회의 분열로 나타난 첫 번째 사건은 1953년의 기장의 분열이었다. 기장의 신학적 아버지 김재준은 성서의 고등비평학을 인정했지만 성서가 하나님의 말씀이라는 것을 굳게 믿고 있었던 사람으로 그의 신학을 전체적으로 살펴볼 때 바르트의 신학과 신정통주의적 특징이 강한 사람이었다. 김재준의 신학은 프린스턴 신학교와 미국 장로교회 관점에서 볼 때는 크게 문제 삼을 것이 없었음에도 불구하고 박형룡은 그의 근본주의 신학으로 김재준을 탄핵했고[313] 그 결과 기장의 분열로 나타나게 되었다.

박형룡과 관련된 한국 장로교회의 두 번째 분열은 통합측과 합동측의 분열이다. 통합측과 합동측의 분열은 삼천만환 사건과 에큐메니컬 운동

---

[313] 박형룡은 1948년 총회의 요청을 받아 당시 신학적으로 문제가 되고 있었던 김재준이 자신의 입장을 해명한 진정서를 세밀하게 검토한 후 김재준이 성경의 권위를 인정한다는 말과 성경의 권위를 파괴하는 고등비평은 피차 양립할 수 없다는 해석을 내렸다. 박형룡은 이 입장을 계속적으로 고수했다.

(Ecumenical Movement)에 대한 이견이 그 중심에 있지만 근본주의 신학을 파수하고자 하는 박형룡측과 세계교회와 신학의 흐름에 개방적이고 보다 폭넓은 신학을 원하는 사람들과의 갈등 역시 그 중심에 존재하고 있었다. 이 분열은 1920년대 미국 장로교회가 신학적 넓이와 관용을 원했던 사람들과 옛 칼빈주의와 근본주의 신학을 고수하고자 했던 메이첸을 중심으로 한 근본주의자들의 갈등과 상당 부분 유사성을 지니고 있다.

그러나 한국 장로교회의 비극은 이 갈등으로 말미암아 전국의 장로교회가 완전히 양분되었다는 점에 있다. 미국의 장로교회는 메이첸을 치리했고 이에 불복한 메이첸이 새 교단을 만들었지만 그를 따른 사람들은 미국 장로교회의 1%도 되지 않았다. 결국 이 사건은 미국 장로교회에 거의 영향을 미치지 못한 하나의 일과성 사건에 불과했지만 한국 장로교회는 서울의 큰 교회에서부터 시골의 조그마한 교회에 이르기까지, 아무 것도 모르는 평신도까지 멱살을 잡고 신신학 운운하면서 싸우는 비극으로 발전한 것이다. 왜 그렇게 되었을까? 그것은 당시의 한국교회가 신학적으로 성숙하지 못했기 때문이고 한국의 장로교회가 박형룡 한 사람에게 너무나 신학적으로 의존하고 있었기 때문이었다. 미국 장로교회를 메이첸이 떠났다고 해서 한국의 장로교회가 분열해야 할 이유가 어디 있을까?

이제 한국의 장로교회는 과거의 미국 장로교회의 신학적 식민지 상태에서 벗어나 성숙한 위치에서 바른 신학적 판단을 해야 한다. 미국의 프린스턴 신학교가 분열했다고 남산에 있던 장로회 신학교가 분열하는 한심한 작태는 다시 있어서는 안 된다. 메이첸의 근본주의 운동은 명백히 실패했다. 그렇다고 바르트 신학과 신정통주의 신학이 절대적인 신학은 결코 아니다. 한국의 장로교회가 신학적 일치를 이루기 위해서는 우선 과거의 잘못에서부터 벗어나야 한다. 근본주의 신학이나 성서무오설이 아니면 같이 일할 수 없고 교단 분열도 불사하겠다는 메이첸 식의 편협한 분파주의적 정신은 교회의 일치를 원하는 그리스도의 정신에 위배된다. 근본주의 신학이라는 것은 1895년 미국 나이아가라(Niagara) 휴양지에서 결성된 한시적인 시대적 제약을 받는 신학에 불과한 것으로 절대화해서는 안 된다. 성서무오설 역시 17C 옛 정통주의의 정신으로 근본주의자들에 의해 계승된 것인데 이것 역시 절대화 할 수 있는 성격의 것이 아니다. 성경의 하나님의 말씀 됨과 절대적 권위는 17C의 옛 정통주의자나 근본주의자들과 다른 관점에서 언급될 수 있는 가능성이 충분히 있고 세계교회의 일반적인 이해는 오히려 후자와 더 깊은 관련을 맺고 있다.

성서무오설과 성서의 권위

한국의 장로교회를 분열시키고 있는 신학적 이유의 중심에는 성서관의 차이가 존재하고 있다. 이 성서관의 차이의 중심에는 성경에 대한 역사비판학을 받아들일 수 있느냐 없느냐의 문제가 자리 잡고 있고 아울러 성서무오설을 받아들일 수 있느냐 없느냐의 문제가 놓여 있다.

성서의 절대 무오설을 뒷받침해주는 성경에 대한 축자영감설은 17C 칼빈주의 정통주의에 의해 형성된 사상으로 19C 말엽부터 20C에는 근본주의자들에 의해 계승되었다. 그런데 이 옛 정통주의가 강조했던 성서의 축자영감설은 18C의 계몽주의의 시대와 19C의 개신교 자유주의 시대를 거치면서 유럽에서는 성서비판학의 도전을 받으면서 붕괴되어버린 옛 시대의 신학정신에 불과하다. 이 성서의 축자영감설이 붕괴된 원인은 성서의 과학이 고대인의 과학과 고대인의 우주관을 반영하고 있다는 점이 명백히 드러나게 된 것과(예, 지구는 평평한데 기둥이 이 지구를 받치고 있다고 생각하는 것, 하늘에는 궁창이라는 투명한 막이 있고 이 막 위에 물이 존재하는데 이 궁창의 문을 열면 비가 온다고 믿는 것 등, 궁창 위의 물과 궁창 아래의 물로 나뉘었다는 창세기 1장 7절의 말씀은 이 우주관을 반영하고 있다) 성서 내에 존재하는 불일치 및 착오들이(예, 창세기 1:1-2:3은 나무, 동물, 새 등을 만들고 난 후에 인간을 창조하는데, 창세기 2:4 이하는 아담을 창조했을 때 아직 땅에는 안개만 있었고 나무와 동물, 새 등이 창조되어 있지 않았다. 노아 홍수 때 방주에 들어간 생물의 수효에 대한 창세기 6장 마지막 부분의 보도와 창세기 7장 첫머리의 보도의 불일치, 누가복음 23장 39-43절에서는 십자가에서 한 강도는 예수를 비난했지만 우편 강도는 당신의 나라에 임하실 때 나를 기억해 달라고 말했다고 보도하고 있는 데 반해 마가복음 15장 32절에 의하면 두 강도 모두가 예수를 욕한 것으로 보도하고 있다. 또한 요한복음 12장 3절에는 한 여인이 향유를 예수의 발에 부었다고 보도하고 있는데 마가복음 14장 3절에서는 예수의 머리에 부었다고 보도하고 있다) 많이 발견되었기 때문이다. 바로 이와 같은 성서 내의 모순, 착오, 불일치, 오류들이 밝혀지면서 17C의 옛 정통주의 신학의 지주였던 성서의 축자영감설은 붕괴되었고, 유럽에서는 성서를 인간의 종교적 체험의 산물로 보는 개신교 자유주의 신학이 19C부터 전성기를 구가하기 시작했다. 이 개신교 자유주의 신학의 발전과 더불어 성서에 대한 역사비평학이(미국에서는 고등비평학이라고 많이 언급 됨) 성서 연구에 없어서는 안 될 매우 중요한 도구로 신학계에 인정받게 되었다.

그러나 자유주의 신학이 성서에 대한 학문적 연구를 증진시킨 것은 틀림없으나 그럼에도 불구하고 성서가 인간의 종교적 체험, 곧 인간의 종교적 말로 전락함으로 말미암아 성서의 권위와 하나님의 말씀 됨이 사라질 위기에 처하게 되었고, 바로 이 위기가 심화되고 있을 때, 칼 바르트를 비롯한 신정통주의자들이 등장하면서 성서의 권위와 하나님의 말씀 됨을 회복시키게 되었다. 바르트를 하나님의 말씀의 신학자라고 하는 이유도 여기에 있다. 20C 초엽의 유럽의 신학적 풍토에서 학문적 신학을 공부한 사람치고 성서를 하나님의 말씀이라고 감히 말할 수 없었는데, 느닷없이 한 사람이 나타나 성서가 하나님의 말씀이라고 주장하기 시작한 것이었다. 바르트는 성서를 하나님의 말씀이라고 주장하다가 그의 스승이자 당시의 독일의 자유주의 신학의 거장 하르낙으로부터 "학문적 신학을 조소하는 자"라는 질책을 받아야만 했다. 그러나 바르트의 성서를 하나님의 말씀으로 다시 세우고자 하는 운동은 마침내 유럽의 자유주의 신학자들의 빗발치는 공격과 경멸에도 불구하고 성공하게 되었고 성서의 권위에 입각한 교회의 신앙을 구출했으며 자유주의 공격에 의한 신앙의 와해를 막았다. 신정통주의 신학을 정통주의라고 하는 이유도 여기에 있다. 즉 17C의 옛 정통주의 신앙을 20C에 다시 회복했다는 의미에서 신정통주의 신학이라고 지칭하는 것이다. 그런데 이 바르트의 신학과 신정통주의 신학을 신신학 곧 자유주의 신학으로 매도하는 것은 지극히 잘못일 뿐만 아니라 교회와 신학의 미래를 위해서도 지극히 해롭다. 이와 같은 바르트의 신학과 신정통주의 신학에 대한 잘못된 매도는 이미 앞에서 언급했듯이 메이첸에 의한 프린스턴 신학교의 분열과 미국 정통장로교회의 설립 과정에서 메이첸 진영에서 상대방을 비난하는 과정에서 발생하게 되었다. 특히 반틸은 바르트의 신학과 신정통주의 신학을 비난하는 많은 책을 쓴 사람으로 유명하다. 그러나 그의 비난은 세계 신학계에서 정당한 비판으로 거의 인정받고 있지 못하다.

그러면 바르트는 어떻게 성서의 권위와 성서의 하나님의 말씀 됨을 회복할 수 있었을까? 성서의 권위를 강조하고 성서가 하나님의 말씀이라는 것을 주장한 점에 있어서 옛 정통주의자들과 바르트는 일치하지만 그것을 주장하기 위한 신학적 방법에는 상당한 차이가 존재한다. 옛 정통주의자들은 소위 기계적 영감설의 관점에서 성서의 무오와 권위를 강조했다. 즉 성서는 성령이 불러주는 대로 기계적으로 적었기 때문에 절대 무오한 하나님의 말씀이라는 것이다. 그러나 이와 같은 옛 정통주의자들의 성서의 권위를 확립하기 위한 방법은 성서비평학의 발전과 더불어 답변이 불가능한 비판에 직면하게 되었고 결국 옛 정통주의의 성서관은 붕괴되게 되었다. 즉 성령이 불러주는 대로 기계적으로 적은 성서 속에 모순, 불일치, 착오, 오류들이 존재하는 이유를 도저히 설명할 수 없었기 때문이다. 이 곤경을 헤쳐 나오기 위해 옛 프린스턴 신학교의 구학파 신학을 대변하는 근본주의 신학자 워필드는 "성서 원전의 무오"라는 희한한 사고를 주장하면서 이 문제에 대해 답변하려고 애썼다. 이 성서 원전의 무오라는 주장은 현재 성서의 사본만 존재하기 때문에 사본 상에 나오는 오류를 근거로 성서에 문제가 있다고 하면 안 된다는 것인데 워필드의 충실한 계승자인 메이첸은 설득할 수 있었지만, 학문성이 있고 건전한 사고를 하는 다수의 신학자와 신학도를 설득할 수는 없었다. 왜냐하면 한 원본을 여러 명이 사본했다고 했을 때 사본한 여러 명의 사본 속에 똑같은 오류가 존재한다면 그것은 원본의 오류로 보아야지 원본은 오류가 없는데 사본한 모든 사람이 똑같이 사본과정에서 오류를 범했다고 말하기 어렵기 때문이다.

그러면 바르트는 이 곤경을 어떻게 극복했는가? 바르트는 이 곤경을 극복하기 위해 잘못된 옛 정통주의의 기계적 영감론을 버리고 종교개혁자들의 성서관을 20C적 언어로 재구축해서 성경의 하나님의 말씀 됨을 강조했다. 즉 성경은 자유주의 신학자들이 생각한 것처럼 하나님에 대한 인간의 말이 아니고 인간을 향한 하나님의 계시의 말씀이다. 이 점에 있어서 옛 정통주의자들의 가르침은 정당했다고 바르트는 보았다. 그러나 이 하나님의 계시의 말씀은 인간적인 도구를 통해 인간에게 전달되었다. 즉 바르트에 의하면 성서는 하나님의 말씀인 동시에 이 말씀에 대한 인간적 증언이다. 예컨대, 역사적 예수의 말씀은 절대적인 무오의 하나님의 말씀이다. 그러나 바르트에 의하면 이 하나님의 말씀은 인간적인 증인들(마태, 마가, 요한, 바울 등)에 의해 우리에게 전달되고 있다. 그런데 이 인간적인 증언의 과정 속에서 인간적인 약점이 개입된다. 기억의 불충분성이나 당시의 세계관으로 하나님의 말씀을 이해하는 것 등 이와 같은 인간적인 과정을 통해 오늘 우리에게 전달되고 있는 것이 성서이다. 그런데 바로 이 인간적인 증언의 과정 속에 소위 성서의 오류의 문제가 존재한다고 바르트는 보았다. 그러나 이 인간적인 증언의 약점들 때문에 성서가 하나님의 말씀이 아니고 인간의 말이 되는 것은 결코 아니다. 성서 안에 인간적인 약점들이 존재하고 있음에도 불구하고 성서는 하나님의 말씀이다. 바르트의 이와 같은 성경관이 이미 종교개혁자 마르틴 루터가 가졌던 성서관과 같은 맥락 속에 있는 것으로 이해할 수 있다. 루터에 의하면 성경은 아기 예수가 누워 있는 구유와 같다. 즉 성서의 본질은 하나님이신 예수인데, 그 속에는 지푸라기 같은 인간적인 요소가 섞여 있다는 것이다.

바르트에 의하면 자유주의 신학의 성서관의 근본적인 오류는 성서

속의 인간적 약점에 기인한 일부 오류를 발견하고 이를 근거로 성경의 본질을 뒤엎은 데 있다. 즉 오류가 있으므로 성경은 하나님의 말씀이 아니고 인간의 말로 본 것이 근본적인 잘못이라는 것이다. 바르트는 반면, 17C 옛 정통주의자들은 성서가 하나님의 말씀이라는 본질은 정확히 이해했지만 성서가 기록된 과정을 잘못 이해해서 주장해서는 안 되는 기계적 영감론을 주장했고 그 결과 자유주의 성서비평학의 공격을 받아 붕괴되었다고 보았다. 그러나 바르트는 자유주의 신학과 옛 정통주의 신학의 성서관 중에 양자택일을 강요받는다면 단연코 옛 정통주의 신학의 성서영감설을 따르겠다고 그의 유명한 책 「로마서 강해」에서 밝혔다. 왜냐하면 옛 정통주의 신학의 성서영감설이 자유주의 신학에 비해 성서의 본질에 대해서 바르게 이해하고 있다고 보았기 때문이었다.

이와 같은 바르트의 성서관을 우리는 웨스트민스터 계열의 신학자들이 했던 것과 같이 개혁교회 신학의 정통에서 벗어난 현대주의에 굴복한 자유주의적 성서관으로 이해하면 결코 안 된다. 오히려 바르트의 성서관은 종교개혁자들의 성서관의 20C적 부활이다. 바르트의 성서관은 17C 옛 정통주의자들의 축자영감설과는 차이가 있지만 종교개혁자들의 성서관과는 매우 유사하다. 종교개혁자 마르틴 루터는 성령이 불러주시는 대로 기계적으로 성서를 기록했기 때문에 성서에는 절대 오류가 없다는 식의 17C적인 옛 정통주의식의 성경관을 갖고 있지 않았다. 루터에게는 오히려 성경에 대한 비판적 특징이 존재하고 있었다. 루터는 다음과 같이 생각했다.

    1. 모세가 모세오경을 기록하지 않았다고 해도 상관없다.

2. 열왕기는 민수기에 비해 엄청나게 탁월하다.
3. 요한복음과 바울서신 특히 로마서와 베드로의 편지들은 모든 책들 가운데 알맹이요 골수이다.
4. 사도 바울의 편지들과 사도 베드로의 편지들은 마태, 마가, 누가의 세 복음서보다 훨씬 위에 있다.
5. 히브리서는 세례받은 다음의 죄인의 회개를 부정하고 금하기 때문에 복음서와 사도 바울의 편지에 반대된다.
6. 야고보서는 복음서와 바울의 편지에 비하면 지푸라기 서신이다. 왜냐하면 복음의 본질을 갖고 있지 않기 때문이다.
7. 요한계시록은 사도의 책이 아니다. 이 책은 그리스도를 향하지 않고 그리스도를 알려주지도 않는다.

이상의 루터의 생각들을 기초로 해서 판단할 때 루터는 17C의 정통주의 성경관과는 거리가 상당히 있는 성경관을 갖고 있었다. 루터에게 있어서 성서의 본질은 그리스도와 복음이었다. 그리고 성서가 바로 이 그리스도와 복음을 가르치고 있기 때문에 성서는 하나님의 말씀이었다. 이와 같은 그리스도 중심적인 성서관은 바르트를 중심으로 하는 신정통주의 신학의 성서관과 매우 흡사하다. 루터가 이와 같은 성서관을 갖고 있었기 때문에 독일의 루터교회가 바르트의 신학을 받아들이는 데는 큰 어려움이 없었던 것으로 보인다.

그러면 칼빈의 성서관은 어떠한가? 칼빈의 성서관 역시 17C의 옛 정통주의나 미국의 근본주의자들의 성서관과는 상당한 차이가 존재하는 성서관을 갖고 있었다. 칼빈 역시 성서를 하나님의 말씀으로 가르쳤지만 17C적인 성서의 문자적 절대 무오사상을 갖고 있지 않았다. 칼빈은 성서의 저자인 사도들에게 있어서도 조금씩 결함이 있었다는 것을 알고 있었다. 칼빈은 다음과 같이 생각했다.[314]

1. 사도행전 7:16에서 누가는 창세기 23:9에 비추어서 명백한 실수를 했다. 칼빈에 의하면 이 부분은 수정되어야 한다.
2. 바울은 에베소서 4:8에 대한 주석에서 시편 68:18을 언급하면서 자기의 주장을 뒷받침하기 위해 그 본래의 의미로부터 적지 않게 벗어났다. 심지어 "만물을 인간에게서… 받으시니"라는 시편의 구절을 완전히 정반대의 의미로 바꾸어 놓았다.
3. 베드로후서는 베드로의 말이라고 인지할 수 없었다.
4. 사도행전 4:6의 예루살렘 대제사장의 연대기에서 누가가 안나스를 대제사장이라고 한 것은 이상한 일이다. 누가의 견해보다는 요세푸스의 견해를 더 따르고 싶다.

칼빈에게 있어서 성서를 성서되게 하는 것은 문자적 정확성에 있는 것이 아니었고 성서가 갖고 있는 내적인 권위에 있었다. 즉 성서가 비록 거칠고 세련되지 못한 문체로 쓰였다 해도 성서 속에는 인간이 도저히 상상해 내지 못할 사상으로 채워져 있고 성서 자체가 엄청난 권위와 설득력으로 인간을 감화시킨다는 것이었다.[315] 칼빈은 문자 하나하나에 문제를 제기하고 비판하는 사람들을 오히려 문자의 강요자 내지는 말 한마디에 덫을 놓는 사람들이라고 비난하면서 하나님의 말씀이 천한 문체의 옷을 입고 인간에게 전달되고 있는 것 속에 최고

---

314) 칼빈의 성경관을 이해하기 위해서는 다음의 책을 참고하라. 풍만출판사(편), 「칼빈의 성경관」, (서울: 풍만출판사, 1986).
315) *Ibid.*, p 130-131.

의 신비가 있다고 가르쳤다. 이 가르침은 하나님의 말씀이 더듬거리는 인간의 말을 통해 전달된다고 가르친 바르트의 가르침을 생각나게 한다.

성서의 권위에 대한 종교개혁자들의 가르침은 17C적인 축자영감설에 있지 않았다. 종교개혁자들은 영적인 권위의 축을 교황에게서 성서로 옮기려고 했던 사람들이었다. 즉 교황의 절대권위를 성서의 절대권위로 옮기려고 했던 사람들이 종교개혁자들이었다. 교황의 말이 하나님의 말씀이 아니고 성서의 말씀이 하나님의 말씀이므로 하나님께 참으로 복종하는 것은 성서에 복종하는 것임을 가르치려고 했던 사람들이 종교개혁자들이었다. 이런 의미에서 종교개혁자들은 성서가 하나님의 말씀이라고 가르쳤고, 성서의 절대권위와 무오성을 가르쳤다. 바로 이런 성서의 절대권위에 대한 종교개혁자들의 가르침이 17C에 이르러 더욱 첨예화되면서 성서의 문자적 무오성과 기계적 영감설로 발전되었는데, 바로 이 발전은 결국 잘못된 발전이었다. 왜냐하면 이 잘못된 발전으로 말미암아 옛 정통주의의 성서관은 성서의 역사비평학의 날카로운 공격을 방어할 수 없었고, 성서 내의 많은 인간적인 약점들이 드러나면서 붕괴될 수밖에 없었다.

20C의 신정통주의를 대표하는 바르트의 성서관은 종교개혁자들의 성서관의 20C적 부활이었다. 성서가 하나님의 말씀이라고 가르친 종교개혁자들의 가르침은 18C와 19C를 거치면서 그 소리가 약화되었고, 20C에 들어서면서 거의 듣기 힘들게 되었는데, 바르트가 다시 성서가 하나님의 말씀이라고 우렁차게 선포한 것이다. 21C가 시작되는 오늘의 시점에 있어서 세계교회의 신학에 가장 큰 위험과 도전은 성서가 하나님의 말씀이라는 것을 과연 방어해 낼 수 있을 것인가, 더욱이

21C에도 계속적으로 우렁차게 선포할 수 있을 것인가에 달려 있다. 성서의 역사비평학과 자유주의와 다원주의 사상이 크게 팽창하면서 성서의 권위는 매우 위험한 상황에 와 있는 것으로 보인다. 이 위기를 극복할 수 있는 훌륭한 신학적 체계는 옛 정통주의의 성서관에 있지 않다. 성서비평학의 도전을 근본적으로 백안시하는 근본주의적 축자영감설은 멀지 않은 장래에 더욱 설득력을 잃고 도태될 것이다. 개혁교회는 성서를 하나님의 말씀이라고 생각하는 성서의 절대권위 위에서 태동되고 발전한 교회이다. 개혁교회란 성서를 사랑하고 성서에 복종하는 교회이다. 21C의 개혁교회의 생명과 발전을 위해서 자유주의를 극복했던 바르트의 성서관은 대단히 의미가 있고 유익할 것으로 보인다. 오늘의 세계의 복음적인 다수의 신학자들은 바르트의 성서관을 이어받아 발전시키며 자유주의와 상대주의의 공격을 차단하면서 훌륭하게 복음적인 신학을 건설해 가고 있다. 그러므로 한국의 장로교회는 축자영감설을 믿느냐 안 믿느냐로 싸웠던 지난날의 소아적인 집착에서 벗어나 성서가 하나님의 말씀됨을 21C에도 선포하기 위해 연합해야 한다. 한국의 장로교회는 그 신학적 흐름이 근본주의적이든 신정통주의적이든 모두 성서를 하나님의 말씀으로 믿는 복음적인 전통을 공유하고 있다. 이제 이 복음적인 전통을 21C에도 발전시키기 위해 한국의 장로교회는 세계 신학의 변천과 흐름을 직시하면서 성서의 하나님의 말씀됨을 입증하기 위해 보다 차원 높은 신학을 전개해야 한다. 이 차원 높은 신학의 전개를 위해 바르트의 신학은 결코 해롭지 않다는 점을 근본주의적 경향의 한국의 장로교회들은 유념할 필요가 있다.

폭넓은 개혁신학에 기초한 한국 장로교회의 일치

　세계적으로 살펴볼 때 20C의 개혁신학은 웨스트민스트 신학교의 근본주의 성향의 개혁신학이 개혁신학의 중심에 위치한 정통이 아니고 20C 전반부에는 바르트와 에밀 브룬너, 니부어 형제들(라인홀드와 리처드), 그리고 오늘에 있어서는 독일의 몰트만이나 마이클 벨커(M. Welker), 스위스의 루카스 피셔(L. Vischer)와 얀 밀리치 로흐만(J. M. Lochman), 스코틀랜드의 톰 토란스(T. F. Torrance), 네덜란드의 베르꼬프(H. Berkhof)와 베르까우어(G. C. Berkouwer), 미국의 다니엘 밀리오리(D. L. Migliore)나 거스리(S. C. Guthrie) 등에 의해 가르쳐지고 계승되고 있는 신학 속에 개혁신학의 중심 전통이 존재하고 있다. 개혁신학은 이들에 의해 계승되면서 성서의 하나님 말씀으로서의 권위와 하나님의 주권과 통치 및 개혁신학의 중요한 정신인 세상과 역사를 하나님의 뜻에 일치시키기 위한 역사에 대한 참여와 개혁이 가르쳐지고 있다.[316] 그리고 이들은 모두 오늘날 세계의 신학을 대표하는 신학자들로 개혁교회를 빛나게 하는 인물들이다. 그리고 이들은 모두 신학적인 자유주의 전통을 좋아하지 않는 사람들로 예수 그리스도의 대속의 죽음과 복음에 대한 명확한 신학적 인식이 강하고 동시에 역사에 대한 책임성에 있어서도 다른 신학적 흐름에 앞서는 신학을 전개하고 있다. 그러므로 오늘의 한국 장로교회는 이 개혁신학의 중심에 존재하는 개혁신학자들의 신학사상을 잘 연구하고 계승할 필요가 있다. 오늘의 한국 장로교회의 신학적 분열은 이 개혁신학의 중심 전통을 이어받고 있는 신학자들을 비난하면서

---

316) 김명용,「열린신학 바른교회론」(서울: 장신대출판부, 1997), 168-189.

19C의 옛 프린스턴 신학과 근본주의 성향의 개혁신학에 집착하고자 하는 잘못된 신학적 집착에 기인하고 있다. 19C의 옛 프린스턴 신학이나 20C의 근본주의 성향의 개혁주의 신학도 분명한 개혁신학이다. 그러나 그것은 개혁신학의 지류에 존재하고 있었던 신학이고, 사회적으로 설득력을 많이 갖고 있지 못했던 신학이다. 한국의 장로교회는 바른 개혁신학의 신학적 전통의 중심이 어디에 존재하고 있는지를 빨리 깨닫고 개혁신학의 전통을 바로 잡아야 한다. 바르트의 신학 속에 있는 부분적인 신학적 오류들을 침소봉대(針小棒大)해서 이런 신학적인 오류들이 있기 때문에 바르트는 성서에서 벗어난 신학자라는 식의 신학적 오도가 더 이상 있어서는 안 된다. 바르트에게 신학적 오류가 있으면 워필드와 메이첸에겐 그에 못지 않은 심각한 신학적 오류가 있을 것이다. 개혁신학이란 어떤 한 사람의 신학을 절대화하는 그런 신학이 아니다. 이 점에 있어서는 칼빈의 신학도 절대화될 수 없다. 개혁신학이란 시대와 역사의 변천에 따라 하나님의 말씀에 입각해서 끊임없이 신학을 개혁하는 신학으로 21C에는 또 다른 개혁신학을 개혁교회는 형성해야 할 것이다. 바르트에 의하면 하나님께서는 지금 여기에서 말씀하고 계시고, 그런 까닭에 지금 여기에서 말씀하시는 하나님의 말씀을 기초로 해서 교회는 신학을 개혁하고 하나님의 말씀에 상응하는 삶을 살아야 한다.

21C의 역사 속에 살아남아 발전하는 개혁신학의 형성을 위해 한국의 장로교회는 20C 개혁신학 형성의 주역이었던 바르트와 브룬너, 몰트만 등의 신학정신의 훌륭한 점들을 잘 연구하고 계승해야 한다. 그러나 우리는 20C의 개혁신학의 중심이 바르트와 브룬너, 몰트만 등에 의해 계승되고 있는 것이 사실이라고 해도 근본주의적 성향의 개혁신

학도 배척할 필요는 없다. 왜냐하면 이 개혁신학이 역사와 사회에 대한 책임성과 성서에 대한 수준 높은 학문적 주석에 부분적으로 약점이 있기는 하지만 그럼에도 불구하고 성경의 권위를 사수하고 그리스도의 속죄의 죽음에 기초한 복음적인 신학을 전개하기 위해 꾸준히 노력해 왔기 때문이다.

한국의 장로교회의 신학적 일치를 위한 방향은 우선 바르트의 신학과 신정통신학에 대한 오해를 일소하는 데서 시작되어야 한다. 바르트의 신학과 신정통주의 신학은 결코 현대주의에 굴복한 자유주의 신학이 아니었다. 오히려 그것들은 현대주의를 극복한 20C적인 종교개혁자들의 신학의 부활이었다. 반면에 근본주의 성향의 개혁신학은 20C의 현대주의에 바르게 대처하지 못하고 상당 부분 실패한 개혁신학이었다. 그러므로 한국의 장로교회는 20C의 개혁신학의 성공과 실패를 잘 이해해서 바르트를 비롯한 신정통주의 계열의 신학자와 신학을 배척할 것이 아니라 그 훌륭한 정신들을 잘 흡수해서 21C의 개혁신학을 발전시켜야 한다. 그리고 이 신학과 관련된 편견을 청소하고 갈라진 교파 상호간의 신학적 교류와 연합을 이루어야 한다.

중요한 문헌

중요한 문헌

1. 칼 바르트의 중요 저술

Die Kirchliche Dogmatik I/1, Zürich : 1932-IV/4, Zürich 1967.
(본서에서 KD로 표기)
Der Römerbrief, 1. Aufl. (1919), Zürich 1963.(본서에서 R I 로 표기)
Der Römerbrief, 2. Aufl. (1922), Zürich 1978.(본서에서 R II 로 표기)
Die Auferstehung der Toten, München 1924.
Die Christliche Dogmatik im Entwurf (1927), Zürich 1982.
Fides quaerens intellectum. Anselms Beweis der Existenz Gottes(1931), Zürich 1981.
Nein! Antwort an E. Brunner, ThEx 14, München 1934.
Evangelium und Gesetz, ThEx 32, München 1935.
Credo, München 1935.
Gotteserkenntnis und Gottesdienst, Zollikon 1938.
Eine Schweizer Stimme 1938-1945, Zollikon 1945.
Christengeminde und Bürgergemeinde. ThSt(B)20, Zollikon / Zürich 1946.
Die protestantische Theologie im 19. Jahrhnndert(1946), Zollikon : 1981.
Die Menschlichkeit Gottes, ThSt(B)48, Zollikon / Zürich 1956.
Das christliche Leben, Vorlesungen(1959-1961), Zürich1976.
Einführung in die evangelische Theologie(1962), Zürich 1980.

2. 칼 바르트의 논문집

Das Wort Gottes und die Theologie, München 1924.

Theologie und die Kirche, München 1928.
Theologische Fragen und Antworten, Zollikon 1957.

3. 칼 바르트에 관한 중요 저술

Balthasar, H. U. von, Karl Barth, Einsiedeln 1951.
Berkouwer, G. C., Der Triumph der Gnade in der Theologie Karl Barths, Neukirchen 1957.
Bromiley. G. W., Introduction to the Theology of Karl Barth, Grand Rapids 1979.
Busch, E., Die grosse Leidenschaft, München 1998.
Dannemann, U., Theologie und Politik im Denken Karl Barths, München 1977.
Frey, C., Die Theologie Karl Barths, Qaltrop 1994.
Gollwitzer, H., Reich Gottes und Sozialismus bei Karl Barth, ThEx169, München 1972.
Harle, W., Sein und Gnade, Berlin / New York 1975.
Hedinger, H., Der Freiheitsbegriff in der Kirchlichen Dogmatik von Karl Barth, Zürich / Stuttgart 1962.
Hunsinger, G., How to read Karl Barth, New York / Oxford 1991.
Jüngel, E., Barth Studien, Zürich / köln 1982.
Klappert, B., Die Auferweckung des Gekreuzigten, Neukirchen 1971.
Klappert, B., Versöhnung und Befreiung, Neukirchen 1994.
Kreck, W., Grundentscheidungen in Karl Barths Dogmatik, Neukirchen 1978.
Küng, H., Rechtfertigung, Einsiedeln 1964.
Kupisch, K., Karl Barth in Selbstzeugnissen und Bilddokumenten. Neukirchen, Stuttgart 1977.
Marquardt, F. W., Theologie and Sozialismus, München / Mainz 1972.
Selinger, S., Charlotte von Kirschbaum und Karl Barth, Pennsilvania 1998.
Stock, K., Anthropologie der Verheissung, München 1980.
Torrance, T. F., Karl Barth, Edinburgh 1990.
Weber, O., Karl Barths Kirchliche Dogmatik, Neukirchen 1950.
Webster, J., Karl Barth, London / New York, 2000.